南通大学法学文库

健康权保障的宪法基础与国家责任研究

潘　英◎著

法律出版社
LAW PRESS·CHINA
北京

图书在版编目（CIP）数据

健康权保障的宪法基础与国家责任研究 / 潘英著.
北京：法律出版社，2025. -- ISBN 978-7-5244-0242-8

Ⅰ. D921.04;D621.5

中国国家版本馆 CIP 数据核字第 2025QZ8593 号

健康权保障的宪法基础与国家责任研究
JIANKANG QUAN BAOZHANG DE XIANFA JICHU YU GUOJIA ZEREN YANJIU

潘　英　著

策划编辑 朱海波　杨雨晴
责任编辑 朱海波　杨雨晴
装帧设计 贾丹丹

出版发行 法律出版社
编辑统筹 法律应用出版分社
责任校对 蒋　橙
责任印制 刘晓伟
经　　销 新华书店

开本 710 毫米×1000 毫米　1/16
印张 18　　**字数** 230 千
版本 2025 年 3 月第 1 版
印次 2025 年 3 月第 1 次印刷
印刷 中煤(北京)印务有限公司

地址:北京市丰台区莲花池西里 7 号(100073)
网址:www.lawpress.com.cn
投稿邮箱:info@lawpress.com.cn
举报盗版邮箱:jbwq@lawpress.com.cn

销售电话:010-83938349
客服电话:010-83938350
咨询电话:010-63939796

书号:ISBN 978-7-5244-0242-8
定价:68.00 元

凡购买本社图书,如有印装错误,我社负责退换。电话:010-83938349

CONTENTS

目录

前　言

中国式现代化视野下的健康权

党的二十大报告提出,“人民健康是民族昌盛和国家强盛的重要标志。把保障人民健康放在优先发展的战略位置,完善人民健康促进政策”。这一健康发展定位为健康中国建设提供了全新的指引,将健康保障和促进纳入中国式现代化建设的整体谋篇布局中,必将带来中国健康事业发展的全新升级迭代,为人民群众的生命健康提供充分保障。

中国式现代化是中国共产党关于党带领中国人民实现高质量发展和民族复兴的路线图,其对现代化特征的清晰定位为中国健康事业的全新发展确立了清晰的理论基础。中国式现代化是人口规模巨大的现代化,这意味着健康中国建设必须面对人口规模巨大这个现实条件和因素。人口既是经济发展的生力军,也是健康中国建设的受益者。健康中国事业必须以最大多数人的最大健康福祉作为追求,才能解决如此巨大规模之下的人口的健康需求问题。中国式现代化也是物质文明和精神文明相协调的现代化,这意味着健康事业的发展也要体现出物质文明和精神文明的协同发展,将人民群众的身体健康需要与精神健康需要有机结合,实现全方位意义上的身心健康,让人民体验到获得感和幸福感。

健康事业的发展是一个系统且复杂的工程。在中国式现代化的深谋远虑之下,健康事业的发展既需要国家层面的政策支持和社会层面的共建共享,也需要社会个体的深度参与。中国式现代化需要充分的法治保障,健康中国行动的落实需要在法治层面上进行全面布局。我国宪法规定了公民的健康权,健康权保障也是宪法实施的重要体现。习近平总书记在《谱写新时代中国宪法实践新篇章——纪念现行宪法公布施行40周年》一文中提出:把以人民为中心的发展思想贯穿立法、执法、司法、守法各个环节,加快完善体现权利公平、机会公平、规则公平的法律制度,保障公民人身权、财产权、人格权和基本政治权利不受侵犯,保障公民经济、文化、社会等各方面权利得到落实,才能确保法律面前人人平等。这表明,以健康权为基点推动健康中国事业的蓬勃发展,是以人民为中心的制度体现,也是全面推进依法治国、充分实施宪法的重要路径。

2020年暴发的新冠疫情对全球发展造成了巨大挑战。中国在疫情防控上取得了重大成就,对人民生命健康做出了充分的保障。疫情防控的成功经验表明,以健康权作为价值基础保障人民群众的健康权益,以法治轨道来应对公共卫生危机是必然的制度选择。在疫情危机已经消解,中国步入高质量发展的伟大征程的背景下,以健康权作为探索基点,展现如何构建更为充分的制度来保障健康权益,应对公共卫生挑战,是迫切的宪法学议题,也是紧迫的实践要务。前总理李克强在政府工作报告中提出,在过去五年,我国的健康发展事业取得了重大成就,“深入推进健康中国行动,深化医药卫生体制改革,把基本医疗卫生制度作为公共产品向全民提供,进一步缓解群众看病难、看病贵问题”。[1] 在这种巨大的成就的基础上,

〔1〕《(两会授权发布)李克强在政府工作报告中提出,今年切实保障和改善民生,加强和创新社会治理》,载新华网:http://www.xinhuanet.com//politics/2022lh/2022-03/05/c_1128440167.htm? winzoom=1,最后访问日期:2022年3月5日。

我们仍然需要针对健康权保障之中存在的制度性不足进行反思和破解，才能将健康中国事业的发展推向全新的层次。

穿梭于公共卫生危机之后的健康权，以全方位的方式彰显出其健康意义，也呈现出现实实践之中的制度不足和缺陷。通过对健康权的宪法意义和制度内涵进行探讨，可以对《基本医疗卫生与健康促进法》的价值基础进行提炼，并展示其实施前景。同时，探究健康权的宪法基础和人权本质，能够为疫情催逼下的公共卫生治理现代化提供更为坚实的价值基础。

第一节　什么是健康权

1946 年世界卫生组织将健康权纳入宪章，1948 年《世界人权宣言》正式确立了健康权的基本人权之地位。之后，许多国际性条约、区域性条约、各国宪法都相继加入保护和践行健康权这一大潮之中。在这个过程中，健康权完成了从观念萌芽、权利确立到最终的制度保护和实践这样的转变，获得了前所未有的关注。但仍需注意的是，相较政治、经济权利，它还是处于一定的不确定状态，在理论上仍然有一些难点有待解决。概括来说，可以分为三个方面，第一是就健康权的性质所产生的争论，第二是健康权如何得到法律保护，第三是健康权与医疗制度之间的宪法构建问题。

美国哲学家沃尔夫(Jonathan wolff)坚定地捍卫健康权的概念和意义。沃尔夫认为，健康权是一种正当的权利。对处于健康威胁、保障不足的国家的救助，不能仅仅诉诸人道主义理由，即出于善意和人道责任而出手。人道主义救助通常是在急迫情况下的紧急救助，是即时性的(contingent)。

要保障人的健康，必须确立健康权的人权地位。然而，尽管国际条约已经确立了健康权的地位，并展现了逐步实现和核心义务的理念，但仍然需要探讨的是,到底什么才是健康权的道德基础?这个问题与实践中所出现的问题紧密相关,比如,健康权的边界,究竟哪些人应该承担相应的责任。尽管我们不能明确地说,清楚探讨的健康权内涵能够帮助我们确定政府或其他公民的义务边界,以及立法者或者法院应该做出何种选择,但是健康权作为一种人权,应该体现出其作为人权的道德意义,毕竟在很多时候,当我们使用人权这个概念的时候,我们是在使用它的道德内涵,并根据道德内涵进行推理。

达希尔瓦(Da Silva)认为健康权是一种复杂的权利,包含实质性、程序性和制度性三个方面。他指出了现有的健康权模型面临的如范围、测量、相关性和解释性等一些难题,并提出了一个复杂的健康权模型来解决这些难题。[1]

首先,他指出健康权在国际法和国内宪法中得到了广泛的承认,但是如何理解和实施健康权仍然存在很多问题。他认为,这些问题的一个根源是健康权是一种复杂的权利,由多个相关但不可约化的道德价值组成,而现有的健康权模型都没有充分考虑这种复杂性。他分析了现有的健康权模型面临的以下五个难题:(1)范围问题:如何非任意地确定健康权所涵盖的具体物品或服务;(2)范围原则问题:如何制定一个能够选择合适物品或服务的决策原则;(3)时间和空间问题:如何使健康权能够适应不同地区和时期的变化;(4)测量问题:如何确定一个能够指导行动并评估实现情况的具体标准;(5)相关性问题:如何确定谁是健康权的义务主体以及他们必须履行什么样的义务。他认为,这些难题对于任何一种单一或主要侧重于实质性或程序性的健康权模型来说都是难以解决的。

〔1〕 See Michael Da Silva, "The Complex Structure of Health Rights", *Public Health Ethics*, 2020, Vol. 13, pp. 99 – 110.

达希尔瓦认为,任何合理的健康权都必须包含以下三个方面:(1)实质性方面:指人们对于某些有助于保障基本福祉或平等机会的物品或服务的索取权;(2)程序性方面:指人们对于在卫生领域中享有公平的决策和审查程序的索取权;(3)制度性方面:指人们对于一个能够有效地提供和分配卫生物品或服务,并能够收集和评估相关数据和证据的卫生制度的索取权。这三个方面都是保障健康权的必要条件,也都是健康权的道德价值所在。他认为,这种复杂的健康权模型能够解决范围、测量和相关性等问题,因为它能够提供一个综合的视角,既考虑了实质性的目标,又考虑了程序性的公正,还考虑了制度性的保障。他还认为,这种复杂的健康权模型能够解决时间和空间等问题,因为它能够适应不同的文化和经济条件,并能够随着科技和知识的进步而更新。

这种视角回应了健康权论证中的很多挑战,但仍然存在着论证上的不足,特别是无法提供一种法律保障健康权的完整图景。部分学者认为,健康权虽然是一种人权,但仅局限于道德层面,不能诉诸法律层面的保护。持有这种观点的国外学者主要有米尔恩(Milne, A. J. M.)、科斯夫(George P. Khushf)和沙哈(Sheetal B. Shah),国内学者以夏立安为代表。他们的主要意见:健康权不像法律权利那样能够诉诸国家法律,进行审判和强制实施;健康权主要依赖国家的介入,但是各国环境和经济发展各异,很难用法律规定统一的标准;健康权属于一种广义的文化现象,是一个社会积极追求的目标。也有学者认为人权类型的扩张会带来权利通货膨胀问题。沃尔夫认为权利会带来改变,因为权利关注的是权力和地位的分配,如果不使用权利,那么就不能突出人权所保护的利益的重要性,特别是相较于人道主义论证。人道主义论证关注的是即时的、迫切的利益,但人道主义论证并不稳定,重要的是将个体需求与国家责任嵌入一个稳定的结构之中,这是人权的独特道德意义。

相较而言,大部分学者都持另一种观点,他们认为健康权性质应当为积极的法律权利、一种可以审判和实施之权利。持有这种观点的学者,国外有罗尔斯、埃莉诺·金尼(Eleanor D. Kinney)、乔纳森·曼恩(Jonathan M. Mann)等,国内有尹田、龙卫球、焦洪昌、杨立新、马特等。有趣的是,对于健康权本身是何种法律权利大家仍存在激烈的分歧,一部分人认为是宪法权利或基本权利,另一部分人认为是民事权利。

如焦洪昌教授认为健康权是一种基本权利,这个结论可以从立法和司法两个方面得出。从立法角度来看,有国际人权法和国内宪法两个方面。国际人权法主要指《世界人权宣言》、世界卫生组织宪章和《经济、社会和文化权利国际公约》等文件;国内宪法方面,按照埃莉诺·金尼和布莱恩·亚历山大·克拉(Brain Alexander Clark)两位学者对第二次世界大战后各国宪法条款的分析和归纳,当今全球有67.5%的国家宪法都设立了关乎健康权的条款。根据各国规定形式之差异,可以分为五个类别:目标型规定、权利型规定、义务型规定、方针型规定和指示型规定。从司法角度来看,美国、印度、菲律宾等诸多国家和地区已经确立了健康权的宪法地位。我国宪法虽然没有明确规定健康权,但也不能因此认为在我国健康权并非基本权利,因为宪法保障的基本权利除宪法明确列举的外,还包括从宪法解释中推导出来的权利。在我国,有可能作为健康权依据的条款有第33条第3款、第21条、第26条第1款、第36条第3款、第45条第1款。林志强也赞同将健康权视为一项基本权利,他认为健康权归类为宪法基本权利既有应然性亦有必要性。应然性的体现在于健康权作为基本人权,宪法权利不过是健康权的实证化方式;必要性体现为履行国际人权公约的义务、健康权对社会发展具有重大意义以及弥补卫生服务和医疗保险自由市场的不足。

将健康权定性为民事权利的学者,主要是从人格权的视角组织论证,他们的主要看法:第一,宪法调整的是公民与国家之间的关系,不直接调整公民之间的关系,若将健康权这样的人格权视为宪法权利,则有淹没公私不分之嫌;第二,将健康权等人格权宪法化有违宪法的精神,因为宪法不是裁判规则,多是原则性规范,只能通过部门法适用;第三,宪法的私法效力,当今的德、日等国均持间接效力说。

不过,值得我们注意的是,上述的争论其实并非完全是一种非此即彼的二分法争论。即主张健康权是宪法权利学者并不一定否认健康权同样也是一种私权、民事权利,而那些坚称健康权完全是民事权利的学者倒是会否定健康权的宪法权利属性。目前学术界主流看法是,认可健康权作为一种基本权利或宪法权利的同时,也将其视为一项民事私法权利来看待,认为两种性质可以兼容。

健康权的非中立路径则主张国家在公民的健康权上应该承担更多的实质性责任,因此公民的健康权不仅是享受健康照护的权利,而是拥有健康的权利,因此国家应该持有更实质的责任,持有此立场的学者有詹妮弗·普拉·鲁格(Jennifer Prah Ruger)。国内学者在此问题上的立场并不容易简单分类。主要在于为健康权辩护的学者往往是从宪法文本中提炼出健康权的权利地位,而并未将关注点放在健康权能够为国家的医疗制度、医药制度改革提供何种程度的证成问题上。

黄清华教授提出健康权三维理论,即健康权具有民事权利、社会权利和政治权利三重属性。这一三维理论具有较高的原创性,而且对于评估当前《基本医疗卫生与健康促进法》的实施状况具有重要的参考价值。然而,健康权的这三个维度之间的关系仍然需要更多的理论澄清。从健康权的权利属性和价值内涵来看,应当将健康权视为一种兼具政治权利和社会权利属性,在国家—个体的二元框架下,促进社会主体协同参与建构的基本权利。这一权利界定有利于对《基本医疗卫生与健康促进法》的规范内容进行解读,同时也可以展现出该法的不足和改进之处。

首先，健康权是作为道德权利之健康人权的宪法呈现，其权利内涵主要体现在个体在健康事务上所享有的福祉和自主，以及在健康基础上实现的个人发展的圆满性和完整性。健康权的道德属性和价值内涵使健康权的宪法保障成为必要，也促成了《基本医疗卫生与健康促进法》的出台。然而，健康权的权利意义究竟以何种形态体现出来，存在一定的不确定性。健康权意味着特定社会主体承担相应的责任和义务，但并不能由此得出健康权具有民事权利属性。作为一种民事权利，健康权在民法之中较早地得到保障。比如，《民法典》第 1004 条规定“自然人享有健康权”。但这里的生命健康权不同于作为人权和宪法意义的健康权。民法通过对生命健康权予以保障，为个人的行为选择划定边界，比如，一个人不能无故地伤害另外一个人的身体，导致对方受伤或死亡。民法意义上的健康权体现的是人们在私人空间之中的利益边界，而人权意义上的健康权则体现为个体在健康事务上的人格地位和尊严属性，以及由此而产生的积极社会内涵。

其次，健康权具有强烈的社会内涵，即向社会各方主体所发出的尊重每个公民权利的特定指令。然而，健康权的社会内涵并不意味着健康权具有社会权利属性。社会权利强调的是“使社会成员享有基本生存条件和发展机会的基础上能共享国家和社会发展与进步所取得的成果”。个体属于社会的一部分，个体的发展与社会环境也紧密相关。当社会发展取得重大成果时，应当赋予社会成员从社会发展之中受益的权利，以体现出公平和平等的价值要求。健康权的权利要义在于通过特定的制度配置和国家责任承担使得公民健康权的实现具备必要的条件。健康权的保障当然离不开社会财富的增加和社会福利水平的提升，但仅从社会权利角度来理解健康权的社会属性并不能突出健康权保障之中的国家责任和政府义务。

最后，仅从政治权利角度来理解健康权也是不够的。政治权利强调的是个体对政治生活的参与和建构，以及国家在促进个体政治参与过程中应当创造充分的条件，比如，良好的民主环境和健全的政治参与机制。健康权并不具有像政治权利所具有的那种强烈的参与性，在权利实施之外对环境的要求也不像选举权这样的政治权利那样需要体系化的政治制度设置。因此，健康权具有政治属性，但这一属性是介于政治权利和社会权利之间的新兴权利主张。由于健康权的特殊权利内涵，《基本医疗卫生与健康促进法》对国家在健康保障、健康促进、基本医疗卫生服务上的角色和责任作出了详细的规定，是我国医疗卫生保障领域立法的重大突破。然而，由于健康权的内涵丰富，实现和保障健康的渠道和路径多样，仅依靠一部法律并不足以涵盖健康权保障和促进的全部内容。而且，由于立法技术的限制和利益协调的困难，立法难免留下缺憾。从健康权的价值内涵和宪法基础角度对《基本医疗卫生与健康促进法》的立法亮点和改进空间进行探讨，具有实践意义。

第二节　如何保障健康权

对于健康权与医疗制度之间的宪法构建问题，国外的实践存在差异，而在国内，随着《基本医疗卫生与健康促进法》的制定实施，该问题受到越来越多的关注，但仍然不充分。在美国，奥巴马医改所涉及的宪法诉讼将健康权与医疗制度的深层关系展现在美国最高法院的平台上，最终奥巴马医改的获胜表明国家应该在医疗制度的建立和维持上承担更为实质和积极的责任。又如，南非的健康权的外部救济和内部救济制度，从两个方面对健康权进行保护。相应地，我国学者对健康权与医改之间的关心非常少，这导致医疗改革制度中国家的宪法责任缺失，并且没有纳入法治化的轨道中。

以健康权为切入点,研究国家医疗制度改革中的宪法责任具有一定的理论意义和实践意义。我国虽然顺应世界潮流,签署了相关的国际条约,但是国内对于健康权的保护仍然还有很大的法治空间。因此亟须厘清健康权的权利定位,并对国家在公民健康权上的宪法责任作出理论界定。在澄清了国家的宪法责任之后,再来透视医疗卫生改革和医疗卫生法治的强化,既能为改革提供宪法依据,又能将国家的社会经济发展纳入我国全面推进依法治国的政治进程之中。既对公民的健康权利作出了规定,同时也在多个层次上体现出健康事务上的伦理性,比如,关于知情同意原则的规定,突出了对个体自主同意的尊重;对不得过度医疗原则的强调,体现出医疗服务的公平性和公正性,也是对个体在医疗实践中的基本尊严的重视。

立法是一项综合性工程,既要强调科学立法,又能解决当务之急。我国医疗卫生事业发展取得了长足进步,但在制度保障和法治化程度上存在较大缺口,实践中的一些难题不能及时有效地解决,比如,医疗服务资源分配不均、看病难看病贵问题难以根本消除等。《基本医疗卫生与健康促进法》的出台,在很大程度上可以缓解这一难题,提升医疗卫生事业法治化的水平。立法应当符合基本的合法性原则和良法善治标准。按照全国人大常委会法制工作委员会副主任许安标的总结,这部法律在立法过程和规范设计中体现出如下几个特点:

> 一是着力"保基本",从现阶段国情和实际出发,突出基本医疗卫生服务的必需性和可持续性,保障基本医疗卫生服务公平可及,既尽力而为,又量力而行,避免脱离实际、超越发展阶段。
>
> 二是着力"强基层",针对基层医疗卫生服务能力薄弱的现状,坚持以基层为重点,加强基层医疗卫生机构和人才队伍建设,提高基层医疗卫生服务能力,筑牢网底。

三是坚持"大健康",从以治病为中心向以人民健康为中心转变,强化健康教育、全民健身、食品安全、健康管理等健康促进措施,完善重点人群健康服务制度。

四是坚持"促改革",将医药卫生体制改革实践证明行之有效的分级诊疗、家庭医生签约服务、医联体建设等措施,上升为法律,增强制度刚性;加强"三医联动",形成制度合力。

五是把握"基础性",着眼医疗卫生与健康领域的基础性、综合性立法定位,突出规定关键性、骨干性和支撑性等重要制度,处理好与《传染病防治法》《药品管理法》等相关法律的关系,既相互衔接,又突出特点。

从这个总结可以看出,基本医疗卫生立法在解决基本难题和改革创新之间达成了一定平衡,既突出医疗卫生与健康领域的基础性问题,同时又兼顾基本医疗卫生制度的内部创新和前瞻性建构。从法治意义上来讲,这部法律填补了医疗卫生和健康领域的空白。从价值意义上来讲,该法明确规定对公民的健康权利进行保障,突出了法律的价值底色和宪法意蕴。

同时,在经历新冠疫情这场公共卫生危机之后,重新检视《基本医疗卫生与健康促进法》在保障健康权和促进公共卫生法治方面上的意义,具有理论上的必要性。这一必要性主要体现为以下几个方面:

第一,重新反思健康权的价值内涵和宪法基础。健康对于人的生命来说必不可少,公共卫生危机更加凸显出这一权利的重要性。但由于公共卫生危机对社会的冲击是"牵一发而动全身"的效果,不仅带来健康威胁,同时也会对经济、社会和文化生活造成冲击,如何在保障健康权的同时,对其他权利和利益需求加以保障,是应对公共卫生危机的一个重大课题。这个问题既涉及对健康权之本质的理解,同时也需要一种权利理论,回应健康权与其他权利之间的冲突难题。

第二,健康权的实现有赖于个体对健康价值的重视,同时也需要国家承担积极的保障和给付责任。《基本医疗卫生与健康促进法》对国家的尊重、保护和实现义务作出了详细规定。然而,这些国家义务究竟如何实现并形成稳定的法治化行动方案,需要对健康权的具体内涵和实践维度进行更全面的探讨。健康权是一项基本价值,但国家在保障健康权的义务和责任上究竟应当如何实施,与社会经济和文化发展水平紧密相关,同时也与政府的行动能力和给付能力呈现正相关。新冠疫情所显示的风险社会表明现代社会中的健康风险是无处不在的,但政府并非全能型机关,无法充分地防范各种风险。在风险处境中,究竟是让个体承担更重的健康责任,还是交由政府全权负责,存在理论争论。一方认为,应当强化个体的责任,"在风险社会语境下,有限的财政能力促使福利国家的当代转型,重视公民个人在控制精神疾病、艾滋病、控制烟草以及食品安全、药品风险防范等方面的作用,社群主义法律观重获人们的重视。其核心是注重现代社会中的个人和社会责任,反对以权利本位论削减个人责任,重申义务的必要性"。另一方则主张,应当强化健康权保障中的政府责任,加大政府行政给付的力度,即"尽最大能力"利用可用的资源对健康权加以保护。"尽最大能力"是由国际健康权文件所形成的一项基本指导原则。尽管不同成员国对于何谓"最大能力"及如何能够体现最大能力的要求存在不同理解,但这一指导原则体现出政府在健康权保障中应当承担的积极责任。

有学者认为,《基本医疗卫生与健康促进法》第 5 条的规定是健康权作为社会权利的体现,"基本医疗卫生服务是一项公共产品,主要表现为对重大传染病的预防、控制等方面的需求由国家免费提供。如国家对新型冠状病毒感染的确诊者和疑似病例的免费治疗,即为贯彻此条含义的具体体现。基本医疗卫生服务的实现具体体现在公民健康权的可及性、可获得性、可负担性”。然而,国家救治新型冠状病毒感染确诊者恰恰是国家保护政治权利之国家义务的典型体现,并不是对社会权利的救济。

另一个关于健康权的实践难题,在《基本医疗卫生与健康促进法》的实施过程和应对新冠疫情的抗疫过程之中不断呈现出来,即健康权的可诉性问题。权利意味着个人受到法律保护的自由选择和利益主张,“无救济,不权利”,如果权利没有相应的救济渠道,那么权利的意义就会大打折扣。但健康权是否可以进入司法救济渠道,在理论上存在的争议较大。一种立场认为健康权的司法化是法官不能承受之重,会带来法院破坏民主、法院侵蚀分权和法院缺乏制度能力等弊端。

王晨光教授等对健康权在国际范围内的司法保障体制进行了探讨,认为建立一种类似于司法保障模式的实施机制具有重要意义,这一做法既有国际法文件的支持,又不会对国际司法机制和国内法院实践带来太大负担:

> “对于健康权而言,建立准司法意义上的实施机制具有三个方面的作用:首先,传统的缔约国报告机制只能反映缔约国健康权保护的一般性状况,委员会无法就具体的问题是否符合公约规定作出判断。书面审查和委员会调查机制可以有效地针对某个具体问题,更好地监督缔约国是否履行健康权保障义务。其次,书面申诉和委员会调查机制具有个案审查性质,有利于通过具体案争议的裁决澄清健康权的规范内涵。最后,新的实施机制赋予了经社文权利委员会更大的权力,使得委员会在促进缔约国保障健康权方面可以发挥更大的作用。委员会既可以接受缔约国的报告,以及个人或者国家的书面申诉,也可以针对缔约国严重违反公约义务的情况主动采取调查措施,有效督促缔约国落实对本

国公民健康权的保障。”〔1〕

健康权的受益属性意味着国家给付义务应当具有可救济的通道，国家给付与公益诉讼之间具有天然关联。如果健康权的受益性得不到充分保障，通过公益诉讼可以弥补给付不足所造成的健康权侵害。从这一点来看，健康权是可以通过司法方式加以救济的，只不过健康权兼具有政治和社会属性，不同于财产和人身等具有强个人属性的权利。这些权利的救济可以通过确定各方主体的过错和损失加以确定。健康权的损害既有健康受损的状态，也有健康利益得不到及时保障的状态。因此，健康权的司法救济不同于简单的损害赔偿或恢复原状，而是特殊的救济方式。

从另一个方面来讲，我国《基本医疗卫生与健康促进法》对健康权利作出了如此细致的规定，如果没有配套的司法救济机制，则与健康权的基础性地位不相匹配。在全球范围内，健康权的司法化正在强化，即使在一些没有明确规定健康权的国家中，通过司法对健康权进行保障也成为一种主流趋势。例如，印度宪法本身也没有规定健康权。但印度最高法院已将宪法中关于保护生命和个人自由的条款解释为包括获得医疗保健。在萨米蒂（Samity）诉孟加拉邦案中，法院裁定认为，及时获得医疗保健是保护生命和追求其他人类发展目标的必要手段。萨米蒂从一列火车上摔了下来，头部严重受伤。六家医院都没有治疗他的必要的保健设施（包括空床位）。法院认为，政府未能为需要治疗的人及时提供医疗保健，这种做法未保障他的生命权利。在斯里兰卡宪法中，卫生保健只作为省议会的一项义务，而不是作为一项权利的。然而，卫生保健和教育在原则上是免费的，并需

〔1〕 李广德：《健康权如何救济？——基于司法介入程度的制度类型化》，载《清华法学》2019 年第3 期。

要国家不断改善。不丹、孟加拉国和缅甸的宪法不承认健康权是一项基本权利，然而，国家有义务提供卫生服务，或在某些情况下间接地改善公共卫生。虽然某些宪法可能没有将健康权列为一项积极的权利，但可能有保障这一权利的其他国家立法，或者获得保健可能在事实上被视为一项权利。

健康权是一种新兴人权，体现出人的自由发展和美好生活承载在健康事务上的道德意义。因此，有学者主张健康权是一种发展权，以此来解决健康权保障的困境：

> “作为发展权的健康权，是健康人权的全面迭代。”〔1〕其目标在于通过实现每个人的健康，来促进人的全面发展，促进国家发展和社会进步，促进国际参与和国际共享。“健康是1”“把人民健康放在优先发展的战略地位”“以发展促人权增进经济社会文化权利”等，〔2〕明示了作为发展权的健康权在人权位阶中处于首要地位，明确了其是实现其他全部人权的基础和前提。其克服了“最高标准的健康”的不确定性，而是在发展中贯彻促进健康的理念，推行促进健康的行动。”

这种健康权理论的优势是采取发展的眼光看待健康事务，并将健康权与传统的政治权利和社会权利相区分。健康事务的发展特色是非常明显的。医学和生命科技在不断地进步，人们对健康的需求也在不断扩张。用发展的眼光看待健康权的保障是有意义的。但健康权作为一种权利主张，

〔1〕 宋大平、王雨欣、赵怡璇：《作为发展权的健康权：构建健康人权国际话语体系的中国立场》，载《中国卫生法制》2022年第3期。

〔2〕《把人民健康放在优先发展战略地位》，载人民网，https://paper.people.com.cn/rmrb/html/2022-06/20/nw.D110000renmrb_20220620_4-01.htm.最后访问日期：2024年6月8日。

其价值本色是对权利主体之个人和尊严的内在尊重,这种内在要求与健康权的外在显现存在不同。健康权的防御功能不能忽视。强调健康权的防御功能,另外一个原因为在健康权的法律保障中,国家处于更为积极和强势的角色,国家权力的行使对于个人利益具有直接影响,对于个人权利也有潜在的限制效应。因此,应当通过健康权的防御功能对国家权力予以限制:“国家作为管理者和权力机关拥有管理、处分医疗卫生资源为核心的系列支配性权力。必须对国家这种对健康资源的控制性权力行使的条件、范围、方式进行合法性限制,对此健康权将呈现一种防御性能力,以防止公众的健康资源被恣意处理、低效利用甚至无权处分。”

第三节　面向公共卫生危机的健康权

突发公共卫生事件也反映出在健康权的保障中,既需要常态化的保障和促进机制,同时也需要有健全的应急防范和保障体系。突发公共卫生事件既是对个体健康的挑战,也是对社会公共卫生安全的巨大威胁。新冠疫情给全球范围内造成的巨大冲击显示出突发公共卫生事件的巨大威力。在这场危机面前,国家应急能力和公共卫生应急体制都经历了一次全方位的考验。与此同时,健康权的价值意义和道德维度也在这场危机之中彰显出来。

首先,这场公共卫生危机意味着健康权保障应当包含常态化的健康促进和保障机制与突发公共卫生事件治理双层架构,通过健全的医疗卫生和公共卫生治理体系全方位地保障健康权。

其次,现代社会是风险社会,新冠疫情的暴发表明风险难以全面消除,社会应当建立理性全备的风险应对和防范机制。风险不同于危害,风险的发生是非理性和难以预见的，社会整体可以采取各种措施减少健康危害的发生，但难以充分地预估风险的发生和烈度，因此常态化的风险方法需要和风险发生之后的风险应对机制需要同时建构，才能在风险社会之中最大限度地保障健康权。

最后，健康权保障是一项立体的国家责任。健康的实现需要国家通过健康促进、医疗卫生、社会保障等各个方面的常规投入，同时也需要应对公共卫生危险的非常规治理方式。风险治理需要一种协同机制，即将常规治理与非常规治理相结合。常规治理有自身优势，强调规则的稳定性和可预期性，能够以全面的方式对权利义务做出界定，维持基本的社会秩序。非常规治理则能够克服常规治理的缺陷，“较为灵活便利，能够很好地应对突发事件的突然性与应急性，但依旧存在着上述依据不明、职权不清、紧急权力滥用等问题与缺陷”。

在公共卫生危机之中，健康权的法律保障包含两个层次：

第一个层次是公共卫生治理的法治化。《基本医疗卫生与健康促进法》对公共卫生危机和传染病防治作出了原则性规定，其第 20 条第 1 款规定：“国家建立传染病防控制度，制定传染病防治规划并组织实施，加强传染病监测预警，坚持预防为主、防治结合，联防联控、群防群控、源头防控、综合治理，阻断传播途径，保护易感人群，降低传染病的危害。”然而，由于《基本医疗卫生与健康促进法》主要是建立一个制度框架，因此对于传染病防治仅作出了原则性规定。具体如何应对传染病，则需要借助于《传染病防治法》等相关法律规定加以充实。针对各种法律规范之间如何协调、如何更好地确立公共卫生危机中各方主体的权利和义务，学术界提出各种应对方案。一种方案是确立卫生法学或公共卫生法学，从学科角度划定公共卫生的问题域与研究方法。传统的卫生法学局限于部门法视角，主要解决卫生行政的行政任务和权限问题。受公共卫生危机激发的新兴公共卫生法学则具有价值性、体系性和法治性多个层次。在价值基础上，健康权是核心价值追求。因此，卫生法学应当以生命权为逻辑起点，以健康权为核心范畴。

第二个层次是在公共卫生实践中，健康权如何得到充分的保障和救济。健康权是一种价值表达和权利主张，具体的卫生实践则需要具体化为各方主体的权利和义务。但健康权的内涵抽象，在公共卫生实践之中，行政主体的权力范围和个体的权利保障范围都是不确定的。正如威尔曼所言，“即使承认在足够医疗保障范围存在人权或公民权，但是又有哪些人应当承担什么样的义务呢？这个基本的道德权利是否意味着医生有道德义务治疗需要医疗服务的穷人，或者说私立医院有道德义务救治那些在医院急救室中付不起住院费的病危穷人？”对此，公共卫生法治的建构需要体现法治理念在公共卫生领域全过程的参与，通过规则赋权，以法治化的方式约束公共卫生权力的行使，具体可以体现为两个方面：“一是为捋顺权力的行使规则、完善权利的保障规则并实现两者之间的平衡而需要对现有公共卫生法律规范体系进行清理和完善；二是随着现代公共卫生法治理念的普及、公共卫生事业的发展进步，公共卫生法的调整范围也需要被适当扩张。”公共卫生法治的实现需要坚持以健康权作为价值指引，并将其价值内涵贯彻到公共卫生权力行使之中。因此，完整和健全的公共卫生法治需要以健康权作为价值基础。

在健康事业发展中，纳入人类命运共同体视角也尤为必要。健康权就其自身而言，也是国际性人权文件所反复强调的一种基本的人权。实现和保障健康权，不仅是国内政治实践和社会行动的重要内容，也是参与国际事务、构建人类命运共同体的有机组成部分。在全球化深度展开的当今时代，公共卫生事件通常不仅限于某一个区域，而是全球范围内的共同关注。因此，人类命运共同体必然体现为人类卫生健康共同体，无论是对新型冠状病毒感染病毒的防控，还是疫苗的研发，都对人类整体的健康具有直接的保障意义。在全球应对新型冠状病毒感染病毒的艰难战役之中，中国发挥了极具有担当意义的作用，做出了举世关注的贡献。一方面，中国的抗疫行动和国际担当为世界范围内的抗疫贡献了中国方案，为人类整体的健康和福祉做出了重大贡献。另一方面，中国在抗疫过程中所提出的公共卫生治理方案，包括病例追踪、数字防控等，对于其他国家的公共卫生危机的解决提供了有益的参照。在公共卫生治理框架的建构和完善上，中国所提出的人类卫生健康共同体在观念上有创新意义："人类卫生健康共同体倡议将对国际公共卫生现有机制起到强有力的创新引领作用，调整全球公共卫生治理的整体结构，从全球视野的层面开拓公共卫生合作的广度和深度，推动全球公共卫生合作的跨国、跨区域、跨组织协商合作，加强面对全球性公共卫生危机的国际联合，进而完善全球公共卫生治理体系，提升全球公共卫生治理效率，引领全球公共卫生治理的理念进一步造福人类。"

在人类卫生健康共同体的构建过程中，关于健康权的理论探讨有助于厘清人类命运共同体的价值脉络和法治框架。人类命运共同体包含着一个共同体成员相互之间发挥自身的能动性、参与合作和创新并且致力于实现共同繁荣和发展的基本框架。在这个框架之中，权利是对个体的保障，同时也是对个体行为边界的划定。健康权为防疫措施的施行提供了价值支撑，正是由于生命的重要性和健康权的价值指引作用，通过疫情防范的各种规定和履行限制措施对个体的其他权利进行限制是必要的。但健康共同体的建构除了以健康权作为主要价值追求，同时也要确立健康权保障和应对公共卫生危机的基本理念。在传染病防治的全球实践之中，存在着安全主义和健康主义理念之争。安全主义强调对公共卫生安全之威胁的消除，健康主义则突出公共卫生治理以实现和促进个体健康为主要价值旨归。健康主义是更为适合公共卫生危机应对和健康权保障的理念。其实践意义体现为:“全球卫生治理体系应当致力于在应对疫情方面的全球资源的合理分配与共享,致力于全球公共产品的投入与建设。在医疗物资、疫苗、检测试剂等方面,应当加强全球分配机制的建设。”

同时,由于新型冠状病毒的广泛传播性和疫苗在预防重症上的重要作用,通过广泛推广疫苗接种也成为各个国家所采取的应对病毒的有效方案。基于健康权的价值内涵,公民有接种疫苗的义务。《基本医疗卫生与健康促进法》第21条规定:“国家实行预防接种制度,加强免疫规划工作。居民有依法接种免疫规划疫苗的权利和义务。政府向居民免费提供免疫规划疫苗。”新型冠状病毒感染疫苗被证明具有防疫的有效效果,然而并非法律规定的免疫规划疫苗,因此对于公民个体来说,接种新型冠状病毒感染疫苗并非法定义务,却是应对疫情的有效之策。在这种情况下,如何在公民健康权和应对疫情的公共利益之间取得平衡,是构建人类卫生健康共同体的一项重要课题。一种思路是释放健康权的公共利益维度,比如,将公民个人在公共卫生事件下的健康权视为公共健康权,“强调国家主导,公民协同,国家是护卫公共健康安全的第一责任人,强调通过实施公共卫生监督、提供公共卫生服务等方式保障公共卫生安全,营造有利于全体社会成员生存发展的自然、社会、生活环境”。这种思路突出了健康权的受益属性以及公民个体在行使健康权的同时所应承担的义务。然而,健康权的利益属性同时也意味着救济的可能,与健康权相对应的是国家责任。在国家责任实施过程中,对健康权的保障和救济是同时发生的。在相配套的疫苗接种损害救济制度建立之前,强制推行疫苗接种与健康权的价值内涵有一定的冲突。

新冠疫情防控过程中,由于部分地区防疫措施不当,采取过度防疫或者“一刀切”政策,医疗秩序受到了一定限制,部分患者无法得到充分就医。因此,在强调健康权的受益功能时,也要突出健康权的防御功能,即避免由于公权力的扩张而使得个人权利受到不合理的克减。健康权的防御功能主要表现为公民保障性和参与性的权利，如患者隐私权、健康自由权、健康事务的参与权、监督权等，这些权利强化了国家权力行使的规范性。对于这些权利的实现，国家对应的义务应当是“不干涉”。在这一功能的实现过程中，公权力所要恪守的原则是既不能侵害公民的健康权，也不能禁止公民实现健康权的自由。

小　结

本章的探讨表明，《基本医疗卫生与健康促进法》的实施和新冠疫情的应对，将健康权的理论难题以更为激烈的方式呈现出来。《基本医疗卫生与健康促进法》对健康权作出了明确的规定。然而，这一权利究竟意味着什么，其宪法基础是什么，及如何在医疗卫生法治和公共卫生治理的综合过程中彰显健康权的价值意义，仍然是需要进行探讨并迫切得到回答的时代议题。本书将围绕健康权的基本命题而展开，对健康权的人权内涵与宪法责任基础进行探讨，并展示健康权对于医疗卫生法治建设的价值意义。

第一章

基本医疗卫生事务的宪法透视

健康是人的生命价值的外在体现和存续载体，生命的基本权属性决定了健康在国家的宪法实践中的基础性地位。然而，如何在政治和法律实践之中切实地保障健康，并建立长期有效的保护机制，这些问题的回答与社会中每个个体的生命健康、福利和全面发展紧密相关，也与我国现代化进程中的重大社会目标的实现有着制度性联系。在全面建设小康社会的背景之下，让每个人的健康得到制度性保障，有着特别重要的政治和社会意义。在理论上，宪法学界关于基本权利的研究已经越来越成熟，权利观念的塑造有助于提升公民的基本权利意识，促进法治社会往纵深发展。在实践中，健康权的宪法权利地位的确立，能够为我国全面推行的健康中国战略提供充足的制度支持。正如《"健康中国 2030"规划纲要》中所提出的，"推进健康中国建设，是全面建成小康社会、基本实现社会主义现代化的重要基础，是全面提升中华民族健康素质、实现人民健康与经济社会协调发展的国家战略，是积极参与全球健康治理、履行 2030 年可持续发展议程国际承诺的重大举措”。[1]

在实践之中,《基本医疗卫生与健康促进法》的制定实施表明健康权保障成为全面推进依法治国和国家治理的重要内容。在法律法规不断完善和大力推动国家治理现代化的制度背景之下,我国正在大力推行医疗体制的深层改革。按照《“健康中国 2030”规划纲要》的宗旨,我国政府将健康视为一项重大的政治战略来推动,“到 2020 年,建立覆盖城乡居民的中国特色基本医疗卫生制度,健康素养水平持续提高,健康服务体系完善高效,人人享有基本医疗卫生服务和基本体育健身服务,基本形成内涵丰富、结构合理的健康产业体系,主要健康指标居于中高收入国家前列”。健康服务和基本医疗服务体系的建立,关键是要建立健全的医疗卫生体制。医疗卫生体制包含多方面的内容,但主要有几个核心部分:一是医疗制度;二是公共卫生制度。医疗制度是关于医疗活动的一系列规定和规则的总和。医疗活动本质上是防治疾病以实现健康,外在形式上的体现,一是医疗机构的定位和设置;二是医疗资源的分配,主要体现为药品的分配;三是医疗保险制度的设立。公共卫生制度主要是从外在环境上来预防和应对公共健康事件的发生,分为常规性卫生制度和应急性卫生制度。新冠疫情的暴发既与常规性卫生制度的防范机制相关,也与应急性卫生制度中的应急规范紧密相关。

从上述定义来看,医疗卫生体制具有很强的公益性和服务性,尽管医疗卫生活动的主体是社会中的各类医疗机构和卫生服务机构,但政府在其中扮演着不可忽视的角色。在很大程度上,医疗卫生体制的建设或改革,就是对政府的定位进行厘清。放眼全球,医疗卫生体制改革已经成为大趋

〔1〕《“健康中国 2030”规划纲要》,载新华网:http://www.xinhuanet.com//politics/2016-10/25/c_1119785867.htm,最后访问日期:2022 年 6 月 15 日。

势，西方很多国家如美国、德国和英国等，都在不断进行医疗体制改革，虽然这些国家的医疗体制相对比较成熟，但是在新的健康形势下，政府仍然要不断调整自身角色，包括控制医疗卫生费用的增长、不断提高医疗卫生服务质量，特别是加强卫生服务的公平性。[1] 当然，在体制上，英国、美国、德国分别形成了政府导向、市场导向及社会导向的服务模式。[2] 德国和英国的医疗卫生体制整体来说比较稳定，改革也是小修小补，相比之下，美国的医疗体制改革一直在争议之中前行，特别是奥巴马医改，改革的力度最大，但引发的争议也是巨大的。无论改革是否能够实现预期的效果，这些国家的改革的核心点都是对政府的责任进行强化或者重新定位。

我国从2009年开始启动医疗体制改革，主要的方向是确立“人人享有基本医疗卫生服务”的总体目标，解决“看病难、看病贵”的社会难题。然而，医疗卫生事业发展的“十二五”规划已经结束，其确立的目标并未得到实现，许多制度性改革陷入僵局。[3] 特别是2005年《中国青年报》刊登的由国务院发展研究中心负责的一篇研究报告中指出，中国的医疗卫生体制改革基本是不成功的。在接下来的十年间，医疗体制改革继续推进，并在艰难中不断摸索。

在2015年，国务院办公厅发布全国医疗卫生服务体系规划纲要（2015—2020年）（以下简称“十三五”规划），这显然是在国家治理现代化的制度宏局和2020年全面建成小康社会的目标背景之下，国家推动医疗卫生事业发展的更深层次的举措。该规划直面我国现在面对的医疗体制

---

〔1〕 参见解亚红：《西方国家医疗卫生改革的五大趋势——以英国、美国和德国为例》，载《中国行政管理》2006年第5期。

〔2〕 参见阎宇、孙德超：《西方发达国家医疗卫生服务均等化路径选择的经验及启示——以英国、美国、德国为例》，载《河南师范大学学报（哲学社会科学版）》2015年第6期。

〔3〕 医疗体制改革早于“十二五”规划，但二者在时间上存在着交叠，所以也可以把“十二五”规划视为新医改的组成部分。

的缺陷和困局,提出了更加务实和全面性的改革方案,在全面实现小康社会的语境下,这个规划更显出其民生意义。然而,规划毕竟只是一个行动的指南,要实现规划中所设定的诸多目标,需要政府和社会力量的共同参与,也需要在技术和制度上共同保障。技术上的保障依赖于医疗技术的革新和科学研究的进展,特别是在互联网急速发展和大数据时代来临的背景之下,医疗技术会带来医疗产业上的革命,为健康保障提供更为多元的渠道。而制度上的保障则体现为两个方面:一是如健康中国规划纲要所显示的,医疗体制改革总体框架的完善;二是在法律上予以保障,体现医疗体制改革的法治意义。从政治学视角来看,体制改革和法律改革虽然背后的动力存在差异,但二者之间存在着强烈的互补关系。在我国的医疗卫生事业上,医疗体制改革和医疗卫生立法之间难以严格区分。

2021 年,《中华人民共和国国民经济和社会发展第十四个五年规划和 2035 年远景目标纲要》发布,“十四五”规划对健康中国战略做出了更全面和深远的指导和布局,对公共卫生体系建设、医药卫生体制改革和全民医保制度做出更为细致的工作要求,将医疗卫生体制改革推向深入。2022 年 5 月,国务院发布《深化医药卫生体制改革 2022 年重点工作任务》,对进一步深化医疗体制改革、推动就医和诊疗新格局、促进医疗良性分配做出更为明确的任务配置,是医疗卫生体制改革的最新举措。[1]

本书接下来的讨论,将医疗体制改革和医疗卫生立法视为一个问题的两个方面。本章从三个方面呈现出医疗体制改革或者医疗卫生立法背后的根本动力问题,也就是宪法难题:国家发展医疗卫生事业条款的宪法解释、健康权的基础地位和国家在医疗卫生事务上的宪法责任。

---

〔1〕 国务院办公厅关于印发深化医药卫生体制改革 2022 年重点工作任务的通知,载 http://www.gov.cn/zhengce/content/2022-05/25/content_5692209.htm。

第一节　健康权之宪法解释难题

我国《宪法》第21条第1款规定"国家发展医疗卫生事业",这个条款要求国家在医疗卫生事业的发展中承担责任,也提供了"十四五"规划得以进行的法治平台和宪法基石。从历史沿革来看,国家在医疗卫生事业上的角色存在着一个渐进的演变逻辑。在计划经济体制之下,国家当然地具有引导和规划医疗卫生事务的权力和角色,而且由于计划经济体制的内外部环境的互相适应,所以医疗卫生事业呈现出超稳定性,且内部各组成要素之间协调互补。然而,改革开放以来,我国整体社会经济制度走向市场体制,人口特征与疾病谱显著改变,居民收入水平显著提高且差距拉大,医疗卫生人员素质普遍提高,外部环境这些不可逆转的变化,内在地要求城市医疗卫生事业走出传统计划体制。[1] 因此,国家在医疗卫生事业上的角色由主导和计划,转向了宪法所规定的"发展",话语的转变意味着宪法内涵的转化。但由于一段时间以来宪法理论并未过多关注宪法条款的教义学解释,宪法权利也未得到基础性的对待。因此,"国家发展医疗卫生事业"的宪法意义没有被充分释放出来,使医疗卫生事业在近一二十年的发展中,国家的角色和责任常常缺位和失灵,而且定位不清晰。

2009年3月17日发布的《中共中央、国务院关于深化医药卫生体制改革的意见》提出,政府要增加对医疗卫生事业的投入,而且政府投入兼顾医疗服务的供方和需方。重点推进五项改革:一是加快推进医疗保障制度建设;二是初步建立国家基本药物制度;三是健全基层医疗卫生服务体系;四

〔1〕 参见杜创、朱恒鹏:《中国城市医疗卫生体制的演变逻辑》,载《中国社会科学》2016年第8期。

是促进基本公共卫生服务逐步均等化;五是推进公立医院改革试点。[1] 从这个意见开始,政府责任开始重新寻找定位,并且以一种整合性的方式释放出制度改革背后的社会公正内涵,比如,基本药物制度的建立和均等化目标的实现。然而,以一种政策或意见的方式把社会基本价值纳入制度改革进程之中,会产生改革力度不够、各方利益难以协调等问题。法律的缺失始终成为医疗体制改革过程中的制度之痛,相关制度的设计和发展没有法律保障,无法解决医疗卫生事务中复杂的利益纠葛和根深蒂固的体制性的束缚。缺乏医疗卫生体制改革的宪法驱动力,最终的成效会大打折扣。

一、医疗卫生法治化困境背后的健康权

当前我国医疗卫生领域法治困境凸显。一方面是医患关系恶化,不断出现伤医、害医事件,比较典型的有 2019 年民航总医院杀医事件,2020 年北京朝阳医院伤医事件。该类事件引发医护群体权益保护的大讨论,同时也引发医患关系如何在法治的框架之下解决和完善的学理思考。[2] 另一方面是医疗卫生领域违法事件不断发生,2016 年引发极大社会关注的山东疫苗事件,深刻展现出医疗卫生领域的法律空白和制度缺陷,令人触目惊心。这些乱象和事件的反复出现,既有历史和经济原因,也与医疗卫生事业的发展在宪法上定位不清有关。而要澄清这种定位,实现医疗卫生事业发展的法治化和有序化,需要重新拾起医疗卫生事业的宪法生命,从《宪法》第 21 条的规范内涵出发,为国家在医疗卫生事业上所承担的责任提供

---

〔1〕 参见朱凤梅:《1985—2015 年我国医疗卫生体制改革逻辑评述》,载《中国卫生经济》2016 年第 1 期。

〔2〕 参见黄清华:《论基本医疗卫生法治的人权标准——温岭杀医案的启示》,载《法治研究》2016 年第 3 期。

宪法依据。

然而，在我国宪法学的研究中，学术界对这些问题尚未做出充分的回答，以至于健康是否是一项基本权利、国家应否在公民个体的健康利益上承担宪法责任等问题，仍然存在激烈争议。[1] 虽然就目前来看，《基本医疗卫生与健康促进法》将健康权利加以明确规定，但这一规定与作为人权的健康权之间如何关联，需要更多的理论建构。比如，有学者认为，按照《基本医疗卫生与健康促进法》的规定，健康权利在本质上是一种人格权，而非宪法意义上的健康基本权利。[2] 因此，不能认为《基本医疗卫生与健康促进法》增设了一种新兴的权利，而是《民法典》中所规定的人格权的具体体现，这一定位有利于对健康权进行更好的救济。

健康权的宪法地位获得了越来越多的认可，其重要性变得不言而喻，然而这种权利究竟如何在宪法实践之中体现，并没有形成普遍性的共识。一般认为，健康权体现了自由权和社会权的双重属性，是积极权利和消极权利的混合，而我国宪法关于健康和生命的相关规定体现出权利和义务相结合的特征。[3]

然而，如果结合我国宪法关于健康的一系列的规定，就可以看出健康权所包含的自由权和社会权的两种含义可能是相互冲突的。比如我国《宪法》第 42 条是对劳动权的相关规定。学者伍瑾主张，其第 2 款规定国家加强劳动保护、改善劳动条件，是从实质上对国家科以了保护劳动者健康的义务。该款规定可被视为在公民劳动权上附加的国家保护劳动者健康的国家义务。[4] 然而，进一步分析的话，就会发现这个解读存在着一个矛盾。

---

〔1〕 参见李广德：《健康作为权利的法理展开》，载《法制与社会发展》2019 年第 3 期。

〔2〕 参见王启辉：《健康权的人格权本质之辩证》，载《南京大学学报（哲学 · 人文科学 · 社会科学）》2022 年第 2 期。

〔3〕 参见伍瑾：《宪法权利视角下健康权的尊重、保护和实现》，载《中国卫生法制》2016 年第 3 期。

〔4〕 参见伍瑾：《宪法权利视角下健康权的尊重、保护和实现》，载《中国卫生法制》2016 年第 3 期。

首先,按照我国《宪法》规定,劳动既是一种权利,又是一种义务。劳动者通过劳动来创造价值和财富,国家改善劳动条件,实质上是对劳动的鼓励和促进,是对劳动者通过劳动所能实现的社会价值和财富的积极追求。而健康只是劳动者进行有效劳动的一个前提性条件,因此国家创造劳动条件,并不能体现出国家对劳动者健康权利的尊重,而更多是体现了劳动权的积极义务的含义。相应地,在劳动者的健康上,健康权更多地体现在劳动者享受健康所带来的利益的自由的意义,正如有学者所主张的,劳动者在向资方提供劳动给付的过程中,作为合同当事人享有获得工资报酬的契约权利,作为劳动者则享有人格尊严权、人身安全与健康权、休息权、财产权、社会保障权、结社权等基本权利,这些权利属于劳动者的收益性权利,而非付出型权利。[1]

健康权概念上的混淆还出现在健康权的保护和救济的问题上,很显然,权利没有救济,就不是真正的权利。但健康权这种新兴的权利在救济上产生了很多难题,特别是关于健康权的可诉性问题,使健康作为一项基本人权的主张显得有些虚弱。在关于健康权的一些讨论文献中,经常被提到的一个关于健康权的主张是公民的健康权向政府提出了三个方面的要求:尊重、保护和实现。[2] 然而实际上,无论是政府对健康权的尊重、保护,还是政府通过各种方式来实现健康权,如果没有相应的法律渠道进行救济,尊重、保护和实现都会在一定程度上陷入非常不确定的状态。法律救济大致可以分为外部救济和内部救济,外部救济包括联合国经济、社会和文化权利委员会进行调查、督促和提出一般性建议,内部救济则主要是通过国内的宪法法院或者专门法院对健康权进行诉请。[3]

---

〔1〕 参见秦国荣:《劳动权的权利属性及其内涵》,载《环球法律评论》2010 年第 1 期。
〔2〕 参见黄清华:《健康权:健康中国的法治理论》,载《中国卫生》2016 年第 10 期。
〔3〕 参见郑智航:《论南非健康权的救济》,载《西亚非洲》2009 年第 2 期。

一般来说,尊重和保护都是由行政机关来执行,而行政机关不能仅仅依据健康的宪法权利来行使其职能,必须将健康权转化为具体的权利,比如,医疗服务权。在这种权利形式的保护上,政府的责任是积极的,属于给付行政行为。按照行政法的基本原理,给付行政行为在司法救济上是否具有可诉性,却存在着很大的争议。司法机关通过诉讼强制要求行政机关进行给付或者行政立法,在传统的权力分工的框架行不通。如果我们把健康权视为社会权,有一些主张会认为,社会权的可诉性是对分权原则的干涉和阻碍,按照分权原则来看,一国资源的合理分配在制定法律的范畴之内,若使社会权可诉会导致司法机关对立法机关过多干涉,司法机关对于立法机关的司法审查使非选举的司法官处于否决多数决定的地位,这无疑会削弱宪法中所固有的民主合法性。〔1〕

通过司法救济对健康权进行保护、要求行政机关进行积极的给付行政的国家是南非,但南非在健康权的司法诉讼中屡屡出现困境。比如,在南非政府在健康权中承担的义务具有一定的笼统性,尽管南非政府在健康权中具有直接提供合理医疗、逐步实现和尊重与确保三种类型的义务,但是并未明确政府通过履行这些义务最终达到的具体目标。除此之外,政府缺乏实现健康权所必需的财政安排。因此这种笼统性的义务规定无疑增加了公民健康权救济的难度。〔2〕 这并不是否认健康权的司法救济的可能,而是在理论上健康权的概念必须首先清晰定位,才能克服健康权的可诉性所面对的障碍。要在理论上澄清健康权的性质,就需要重新理解宪法。为什么在现代社会,我们需要通过宪法确认健康这种权利形态的基本地位?要回答这个问题,不能脱离宪法文本,也无法脱离宪法变迁中的权利观的改

〔1〕 参见许中缘、翁雯:《论基本医疗服务权的救济》,载《苏州大学学报(哲学社会科学版)》2016年第2期。

〔2〕 参见郑智航:《论南非健康权的救济》,载《西亚非洲》2009年第2期。

变和政治生活结构的变化。简言之,我们需要解释,《宪法》第 21 条所规定的国家在医疗卫生事业上的责任,如何能够为公民所提出的健康权主张及其相应的救济提供宪法意义上的支持?

二、回到《宪法》第 21 条

按照《宪法》第 21 条的规定,国家在医疗卫生事业发展中承担责任。这种责任的性质和具体内涵需要进行学理上的解释,并在宪法教义学的整体理论框架中被妥善处理。在近几年,宪法教义学引发了很多学理上的讨论,也取得了大量的成果。很显然,理解宪法不只包括宪法教义学一种视角,还包括政治、社会和文化等视角,但宪法教义学为理解宪法规范提供了规范的分析路径,也能够与法治要求相符合。[1]

基于宪法教义学的立场,从规范的视角理解《宪法》第 21 条,包含三个方面的内容:一是从方法论上进行确定,如何理解和解释《宪法》第 21 条?这就涉及宪法解释的基本原理。二是从价值论上说明第 21 条的道德内涵,就本条款而言,其背后内嵌着健康权这一权利主张。三是从该条款的制度化和社会化的视角出发,探讨该条款如何在部门法体系、社会制度的建构中得到落实。宪法是一个整体,既体现在法律体系内部的一致性和体系性,也体现在宪法实践与其他社会实践的统合和连接之中。在内部意义上,宪法所承载的健康权要与宪法中所规定的基本权利实现体系上的一致,比如,生命权、尊严等,也要与法律体系内部的其他法律规定相协调,比如,关于食品安全、环境保护等方面的法律规定。在外部意义上,健康权的

---

〔1〕 宪法教义学的基本理论,参见白斌:《宪法教义学》,北京大学出版社 2014 年版;张翔:《宪法教义学初阶》,载《中外法学》2013 年第 5 期。

权利属性为医疗卫生制度、社会福利制度、保险制度等提供了价值依据，使得以宪法为中心的法律制度为医疗体制改革提供制度支撑和合法性基础。

在很长一段时间，我国的医疗体制改革更多的是追求效率和公平的统一、社会秩序的和谐，但并未突出这种改革背后的宪法意涵，因此使医疗体制改革的合法性动力和制度依托力量不足。自从党的十八届四中全会以来，国家明确在政治、经济和文化各个领域全面推进依法治国，这意味着宪法作为国家的最高法律规范，将成为国家政治生活和社会生活的最高制度指引。正如李林教授提出的，坚持和实行依法治国，可以从宪法、法治、立法、依法执政等多方面推进国家治理现代化和法治化。为此，应当根据推进国家治理现代化的改革总目标，强化法治权威和良法善治，加强人民代表大会制度建设，完善法律体系，加强宪法和法律实施，推行法治建设指标体系，在加快建设法治中国进程中推进国家治理现代化。[1] 相应地，医疗体制改革也应该被视为宪法治理的一部分，成为权利保护和制度构建的实践结构的内生部分。医疗体制改革作为一个复杂的制度性改革过程，伴随巨大的社会利益调整、权力格局的变迁以及人民群众健康权益的促进和保护，必然需要在医疗体制改革的整体过程中加上宪法的规控和引导。医疗资源的分配既要避免不平等的出现，同时也要在公益性和市场参与之间保持平衡。[2] 简言之，医疗体制改革是社会变革的核心内容之一，也是宪法成为活法和国家之根本规范的动态过程的组成部分。

根据以上总结，本书认为基本医疗卫生领域立法应当被放置在宪法学说的视野之下进行审视和考察，我们不能仅将立法视为解决社会迫切需要的一种功利选择，而是把它视为国家治理现代化的宪法事业的有机组成部

〔1〕 参见李林：《依法治国与推进国家治理现代化》，载《法学研究》2014 年第 5 期。

〔2〕 参见杨磊：《医疗卫生政策与健康不平等——兼对西方新古典自由主义思潮的批判》，载《福建论坛（人文社会科学版）》2021 年第 4 期。

分。因此,本书选择对《宪法》第 21 条所规定的“国家发展医疗卫生事业”条款进行规范解读,以期在全面深化改革的制度背景之下,为医疗体制改革和医疗卫生法制体系的建立提供宪法语境和立法指引。本书将着力探讨以下问题,来展现《宪法》第 21 条所规定的国家责任:第一,国家发展医疗卫生事业的宪法规定,是否意味着宪法间接地规定了公民所享有的健康权?如果该条款内含着健康权这一权利主张,那么健康权的基础是什么?第二,如果公民享有基本的健康权,那么如何从健康权的视角来理解宪法责任的概念,特别是在权利保护上的宪法责任问题?第三,如果国家应当承担保护健康权的宪法责任,那么如何将宪法责任贯彻到医疗体制改革和医疗卫生法制的建构过程之中?通过从这三个方面来展现《宪法》第 21 条的规范内涵,可以充实该条规范的宪法教义学意义和社会内涵,并建立宪法规范与政治改革实践进行制度对接的宪法平台,从而为改革提供规范依据,为立法提供价值引导。

第二节　健康权的概念和伦理基础

一、我国宪法中的健康权概念

健康作为一种身体体征的自然状态,首先具有伦理本质,伦理本质决定了健康的公共属性。按照学者肖巍的总结,健康的伦理本质体现为健康的公共属性,因此当我们谈论健康的时候,往往指的是公共健康。个人健康指的是个人在健康的状态上所具有的身心状态,但公共健康指的是一个群体所处的合乎伦理的价值状态,因此公共健康事务是一项公共事务,其伦理性主要可以从三个方面加以说明:首先,每一个社会的公共健康都是群体伦理价值观的呈现和追求;其次,公共健康体现社会的公共利益;最后,公共健康是服务于公众的公共产品。由此可见,公共健康与公共利益紧密相关,因此政府和社会在公共健康事务上要承担管理和治理的责任,因为公共健康不只是关乎一个个人身体的好与坏,而是一个社会中的每个个体是否能够通过资源的公正分配和制度性实践而享受到健康所带来的社会性福利。

公共健康的公共性和制度性还应该从健康的供给来进行考察。一般来说,健康是人所享有的一种状态,因此每个个体自身才是健康的供给者。然而,在现代实践中,个人已经不可避免地被社会所包围和影响,个体的健康也在很大程度上被社会所塑造。健康的社会可塑性最重要的体现是健康的供给,因为在供给上,产生了关于健康的一个三方供给市场,也就是个体的健康状态必须被纳入一个提供健康的医疗服务市场之中才能得到真正维护,而恰恰是由于医疗服务的特殊性,使这个市场不同于普通的商品市场或者劳务市场,因此政府作为独立的一方进入这个供给市场的结构之中。医疗卫生领域的市场失灵是指基于医疗卫生服务的固有特征使医疗资源无法达到优化配置。医疗卫生领域主要分为三个市场:医疗服务市场、医疗保险市场和医药市场。市场失灵在三个不同市场的表现有所不同,在医疗服务市场的突出表现是外部性、信息不对称和不完全竞争。〔1〕这三个特征带来健康权在政府和社会关系的视角下的一些特殊难题,特别是关于市场与政府角色的关系的问题,比如,往往会出现政府干预不足和过度干预、市场化程度不高但在有些领域又过度市场化的问题。〔2〕 不同于

〔1〕 参见李波、郑志丹:《医疗卫生领域的市场失灵和政府干预:中美医疗体制改革的经济学分析》,载财新周刊:http://magazine.caixin.com/2012-02-08/100354296_all.html,最后访问日期:2024年6月15日。

〔2〕 参见王后春:《医疗体制改革的法学思考——基于医改成果公平分享的视角》,载《行政与法》2007年第9期。

传统意义上政府在市场发展中扮演“守夜人”角色的要求，在医疗服务市场中，政府必然承担干预者和监管者的角色，因为市场在医疗资源的配置中由于先天的不足而不能解决公平性和可及性问题，也不能有效解决公共产品和准公共产品的供给的问题。[1] 因为市场本身具有逐利性，我们不能期待市场主体自觉地追求公平，同时公共产品不具有任何盈利性，因此我们也不能期待由市场机制来提供公共产品。这个角色对于理解健康权的社会属性来说也是必要的。

公共物品性指的是医疗服务尽管是由医疗机构所提供，但医疗服务具有很强的公共属性，因为医疗活动是对生命的保障，而生命是一个社会致力于维护的最核心价值之一。公共卫生则具有完全的公共属性，不具有任何的营利色彩，因此公共卫生只能由政府来提供。医疗服务的外部性指的是医疗活动和公共卫生会产生额外的社会效果，比如，一种疾病的治愈带来的是社会整体疾病预防和治疗的良性效果。医疗服务的信息不对称指的是医疗服务作为一种专业性极高的服务形式，服务提供者的准入门槛高、专业性程度强，而且服务提供者在信息掌握和判断上处于绝对的优势，因此医疗服务者和接受者在信息上存在着很大程度的不对称，而医疗服务提供者可能会滥用这种优势，增加需求方的成本和负担。[2] 公共物品性、外部性和信息不对称决定了医疗服务市场与普通市场存在着本质上的不同。医疗市场也存在着竞争性和商品性，一定程度上也符合市场经济的发展规律，比如，整容整形等高端医疗服务的兴起，但因为其公共属性，而需要政府扮演非常重要的干预性角色。由此，健康主体、医疗服务者和政府三方之间就会存在多重关系，增加了公民健康保护的特殊性和复杂性。比

〔1〕 参见钟东波：《市场与政府在配置医疗卫生资源中的作用》，载《中国卫生经济》2000 年第 11 期。
〔2〕 参见吕建昆：《医疗服务的供给、需求和医疗保险》，载《当代医学(学术版)》2007 年第 9 期。

如,在市场失灵的情况下政府如何进行干预和监管,如果医疗服务价格过高,政府如何对社会民众进行补贴或者“购买”医疗服务,或者强制性地实施医疗保险,从而公平地保障每个人获得医疗服务的权利。在一定程度上,政府通过控制定价、强制医保等方式对于医疗市场的干预,既是医疗市场发展规律的要求,更是公民享受健康的基本权利的内在要求。而在制度上确立政府干预的原则、界限和策略,需要纳入健康权的价值考虑。

公共健康作为一种社会伦理性的追求,如何能够获得宪法上的基本权利地位?这个问题既与人权观念在现代政治和国际法实践中的变革有关,也与人们对于健康的理解的变化相关。公共健康事务的伦理性自古以来就通过各种政治实践凸显出来,比如,古罗马早在2000多年前就进行了公共卫生立法,古罗马设立专门的卫生官员,建立了完善的水道并有相应的立法,对环境保护和卫生维持作出了详细的规定。[1] 然而,在古罗马的公共卫生实践中并没有健康权的观念,而实际上健康权这个概念的出现是近一个世纪以内的事情。在“二战”之后,人们权利意识逐渐强化,健康权成为一种新兴的权利类型,不断得到学术界的关注和讨论,同时在很多国家也被纳入制度化的保护实践之中。近一二十年,西方学术界所开展的学术争论包括:健康权是一种应受宪法保护的权利,还是局限于私域之中的民事权利?健康权有着怎样的权利结构?国家应当如何对健康权加以保护?健康权与国家的医疗卫生制度之间存在着何种关系?

我国宪法之中是否规定了健康权,以及健康权的依据是什么?自《世界人权宣言》和《经济、社会和文化权利国际公约》以来,健康权受到越来越多的理论关注,并在很多国家进入立法和司法保护之中。然而,虽然在法律实践之中健康权受到越来越多的制度认可,然而对于健康权的道德基础

---

〔1〕 参见徐国栋:《罗马公共卫生法初探》,载《清华法学》2014年第1期。

是什么这个问题,学界仍然存在非常多的争议。在西方世界,学者对于健康权的辩护主要是从人的尊严、社会正义和平等等基本价值而展开,但这些价值之间如何进行协调和统合,仍然是一个悬而未决的问题,这间接地影响了健康权在立法上受到法律保护的程度。

有很多学者主张,在我国宪法之中,虽然没有直接地规定健康权,但从宪法所规定的很多条款中,可以得出健康权受到尊重和保护的结论。比如,伍瑾认为《宪法》中有 7 个地方实际上规定了健康权:“宪法第二十一条、第二十六条第一款、第三十三条第三款、第三十六条第三款、第四十二条第二款、第四十五条第一款、第四十六条第二款。其中第二十一条和第二十六条第一款是宪法第一章总纲的内容,后面五个条款是第二章公民的基本权利和义务的内容。”[1] 这些条款分别涉及国家发展医疗卫生事务的责任、宗教信仰自由和劳动权等。

也有学者主张,从宪法规定中可以推导出健康权利的意义。宪法中的国民健康条款是对公民健康权利的规范性表达,是保障人民群众健康权益的根本法依据,也是推进“健康中国”战略的法律支撑。国民健康条款经历了一个确认和演变过程,传统社会主义国家宪法和我国历次宪法修正对国民健康规范也有影响。我国宪法对国民健康条款的确认是在社会主义初级阶段的特定历史条件下形成的,是对人民群众健康需求和社会发展要求的积极回应。在宪法的历次修正中,对健康权利的规定呈现出权利主体逐渐多元化、保障范围不断扩大以及不断发掘防御权理念的特征。

现行宪法中的国民健康条款的构造和内涵,包括总领性条款、预防性条款、健康保障性条款和组织性条款。总领性条款即“人权条款”,构成了整个宪法国民健康规范的权利根基。预防性条款(《宪法》第 43 条、第 46

[1] 伍瑾:《宪法权利视角下健康权的尊重、保护和实现》,载《中国卫生法制》2016 年第 3 期。

条第2款、宪法第21条第2款、第36条第3款、第26条第1款)体现了我国公共健康政策理念从疾病治疗到预防保健的转变。健康保障性条款(《宪法》第14条、第21条和第45条)是宪法国民健康规范的主体结构。组织性条款(《宪法》第70条第1款、第89条第7项、第107条第1款、第119条、第111条第2款)则保障了对国民健康规范的落实。宪法国民健康条款的规范效力主要体现在以下四个方面:第一,明确立法机关的立法责任,并且指明健康立法的方向和重点;第二,确立健康政策的原则和目标;第三,推动宪法与部门法的协同实施;第四,明确国民健康保障的责任主体。〔1〕

然而,如同上一节所讨论的,在缺乏一个有效的健康权概念的情况下,我们很难从其他的权利主张推导出一个完整的健康权观念。这并不是否认健康权与其他权利之间不能实现协调,而是说按照宪法解释理论,我们首先需要在一定宪法解释技术的支持之下,提出一种比较合理的权利主张,然后再来分析不同权利之间的关系。所以有学者主张从法伦理视野来对健康权进行解读,因为从法伦理视角进行思考,必然问"何以可能"的问题,这种可能跟健康权所涉及的道德判断是相关的,而道德判断的合理性证明需要考虑理想的道德判断和现实的道德判断两个方面。〔2〕 理想的道德判断与健康权背后的公正、平等等因素相关,因此要从理想意义上探讨健康权。现实的道德判断则与一个国家当前的政治现实、经济实力相关,我们对健康权的理解,需要同时结合理想的道德判断和现实的道德判断,并在此基础上进行更为充分的概念分析。

同时,我国宪法没有对健康权作出直接规定,也带来了直接的一些负

〔1〕 参见张肇廷:《宪法国民健康条款的规范阐释》,载《法学评论》2023年第1期。

〔2〕 参见路艳娥:《健康权:法伦理视野的解读》,载《河北法学》2011年第3期。

面结果。尽管在国际公约和发达国家中健康权被付诸更多的制度实践之中,在很多发展中国家,健康权受到保护和重视的程度并不乐观。其背后的原因至少有三个方面:一是文化因素,很多国家的法律制度之中并不存在保护健康权的文化因素,因此普通公民无法提出健康的权利主张。二是经济因素,很多国家的经济发展程度并未发展到可以为健康权的保护提供充足的经济保障的水准,因此即使在宪法或法律之中规定了健康权,国家也无法从财政上对健康权进行有效保护。三是制度因素,健康权的法律保护对应着一个国家的医疗体制,而后者又具体体现为医疗卫生体制、医疗保险体制和医药体制等要素,如果医疗体制内部存在着诸多弊病,那么其不会成为健康权的制度保障,反而会是健康权的阻碍。反过来讲,医疗体制的弊病在很大程度上也是因为健康权的权利基础未能有效地进入医疗体制的内部结构之中。

二、在宪法中提炼健康权需要克服的三个问题

在国内学者目前关于健康权的研究中,主要的关注点在于健康权的概念内涵,以及国家保障健康权的义务形式。许多研究将健康权作为我国宪法之中一项前设性的基本权利而进行建构,并探讨将健康权制度化的路径。然而,目前的研究仍然未能呈现健康权保护的难题。主要体现为三个方面:

首先,健康权的权利基础未能在理论上得到完整地说明。尽管健康权在国际法文件中得到了明确规定,但在转化为国内宪法的一项权利主张的时候,其权利内涵需要与我国的宪法基本权利逻辑相匹配。为什么在宪法中规定基本权利?是否存在未列举的基本权利?针对第一个问题,有学者提出“由于社会资源的有限性,有必要由获得普遍同意的宪法来确定各种

诉求实现的先后顺序。宪法通过政治体制设计构造了社会资源的分配机制。以被宪法列举的权利赋予共同体成员参与社会资源分配的资格，由此表明宪法权利赖以实现的宪法义务”。〔1〕宪法中明确规定的权利是一种符合宪法传统和公众认同的社会资源分配方式，但未理解的权利是否也满足这个条件？如果宪法设计表明的是社会资源的分配机制，那么我们完全可以通过对社会资源进行重新分配来容纳新兴权利，但问题在于新兴权利通过什么样的渠道来激活这种重新分配机制？并不是所有的新兴权利都能够进入社会成员重新分配的计划表之中，比如，用水权或者环境权。因此，健康权如果能够成为一种宪法意义上的基本权利，那么健康权必然包含让共同体成员进行社会资源的重新分配的特定逻辑。

其次，健康权属于社会经济权利，而社会经济权利的权利基础需要一种体系性的理论加以说明。社会经济权利是关于社会经济结构的，但社会经济发展并不能提供这种权利的基础。比如，社会经济权利通常会要求资源的重新分配，但按照经济发展的逻辑，资源的不均等可能会产生更高的经济收益。因此社会经济权利需要寻找其他的基础。在我国目前的宪法实践中，社会经济权利处于一个比较尴尬的局面，正如秦前红教授所评价的，“权利性质理论仍不能嵌入社会经济权利的保障制度中，对公民社会经济权利的保障仍将采取宪法条款立法具体化的途径。现行宪法对公民社会经济权利规定存在供给不足的问题，仍不能通过宪法解释解决。社会经济权利司法性保护制度，也难以在中国实现”。〔2〕制度上和理论上的双重困境使社会经济权利在目前宪法学的理论框架之中还是不能清晰地被定位，在权利性质、权利的可诉性等问题上仍然存在很大的争议。

---

〔1〕 秦小建：《宪法为何列举权利？——中国宪法权利的规范内涵》，载《法制与社会发展》2014年第1期。

〔2〕 秦前红：《略论中国公民社会经济基本权利的保障》，载《金陵法律评论》2009年第1期。

有学者提出了从正义的角度来为社会经济权利提供基础。然而借助于正义的讨论,就需要清晰地界定正义的基本要求。正义有一些朴素的要求,比如,减少不平等、贫富差距等。但正义的要求可能会引发更进一步的问题。比如,社会经济权利和财产权的关系问题,社会经济权利应该让位于财产权还是超越财产权?当一个西方保守国家以"我们没有提供福利救助的钱"为由拒绝请求福利救助的人之时,其通常意指通过税收从既有收入者处取得与筹集上述钱款是不明智的。但是,当资源不足以满足人们的需求时,任何权利理论都会看似倾斜于那些不受此制约的人。如果一个经济体系将福利救助纳入其中,便会产生对纳税人课以过重负担的观感。但是,如果不将福利救助纳入其中,那么这一财产权体系便会演变为一种压榨穷人的经济形态,进而要求他们在维持基本生存条件所需的资源条件之外保持克制。一般情况下,这一问题并不是探讨我们是否需要构建索取权的体系,而是如何就需求所产生的费用进行分配。[1]

最后,我们目前仍然缺乏一种体系性的宪法权利的实施逻辑。尽管在宪法学界的研究中,基本权利已经获得了强烈的认同,关于基本权利的研究也出现了大量有价值的成果,但如何以一种体系性的方式来保护宪法权利,在框架上可能是清晰的,但在实施方案上并不细致。基本权利在政治和法律生活中的落实需要处理好各种不同的关系,比如,宪法权利与部门法权利的关系。宪法权利与其他权利之间的关系,可以从不同的视角进行思考。一方面,很多权利可以从宪法基本权利衍生而来,比如,刑法所保护的生命权利和人身自由,即宪法所规定的基本权利。然而,有些权利与宪法权利之间的关系就比较复杂,最典型的是民法权利。正如有学者指出,

〔1〕 See Jeremy Waldron, "Socioeconomic Rights and Theories of Justice", 48 *San Diego L. Rev.* (2011), p. 783.

“宪法是一国法律体系中的根本法,民法是对宪法在民事领域的具体化;但宪法又是公法,与作为私法的民法有本质上的区别。与此相对应,宪法权利与民事权利在性质、内容和行使方式等方面存在差别,但宪法权利功能的变迁又使其有影响民事权利发展的可能性”。[1] 宪法权利是否能够进入民法权利之中?按照民法实践的基本理念和精神,民事权利应当具有一定的独立性,不宜直接将宪法权利的内容纳入民事权利的内容之中,至于宪法权利功能的变迁如何影响民事权利,则与一个国家的文化传统、法律变革紧密相关,难以形成一般性的关系模式。同样地,如果我们将健康权视为一种宪法基本权利,那么就会面对一个问题,即健康权这种具有社会意义的权利如何落实到具体的权利保护实践之中,以及如何与部门法中的实践相协调。比如,健康权与侵权责任法所保护的公民基本健康不受侵犯的权利之间是什么样的关系?作为新兴社会权的一种,健康权与其他部门法权利的关系不同于传统权利的处境,因此对健康权的理解需要综合考虑健康权与其他权利之间的关系,比如环境权。[2]

笔者认为,无论是从理论上还是实践中,健康权已经成为一个迫切需要研究的问题,而按照现有的理论资源,我们能够发展出一种非常体系性的关于健康权的基本概念和实践运用的理论学说。按照我国《宪法》第21条的规定,可以建构出健康权的基本权利概念,并从宪法教义体系中确立国家保护健康权的价值取向和制度逻辑。健康权概念展开需要一些配套性因素,而以健康权为代表的社会经济权利的最重要的配套因素是国家责任。健康权在价值上具有三重属性:积极属性、消极属性和结构整合属性,因此国家在公民的健康事务上相应地承担三重意义的宪法责任:消极责

〔1〕 曹治国:《宪法权利与民事权利关系辨》,载《河北法学》2008年第5期。
〔2〕 参见王志鑫:《完善中国环境与健康关系的法律制度——基于健康权视角》,载《环境污染与防治》2020年第9期。

任、积极责任和统合性正义责任。如果忽视了健康权的三重价值属性，那么健康权的概念就是不完整的。而如果忽视了国家的宪法责任的三种意义，那么健康权就无法以一种制度化的方法落实在具体的实践之中。健康权与国家责任之间的关系对于实践有着深远的影响。在健康权和宪法责任的视角之下分析中国的医疗体制改革，既能填补改革话语中的宪法缺失，又能提供制度化和法治化的实践方案。

第三节　健康权与国家宪法责任的关联

一、健康权保护中的国家责任之奠基

从健康权的人权地位和国家的宪法责任之间的关系来讨论，国家在公民的健康权保护上应当充当重要的角色。然而，宪法中关于国家发展医疗卫生事业的规定，到底属于国家在特定时空之下的临时性义务，国家权力的内在的实践方式，还是国家应当承担的具有强烈道义性的宪法责任？健康权的内涵为国家责任的界定提供了支撑，也与国家责任的实践方式形成互补。国家责任的内部意义体现为国家在宪法中的道义处境，乃至需要正义理论和社会理论来支撑。这是因为任何一种更为基础的法律概念的提出都是某种正义原则的进一步抽象，而国家责任体系在特定教义学体系中究竟应该容纳哪些具体的责任承担方式，归根结底又由特定时期与特定社会的国家原则与国家形象所确定。例如，在德国宪法上，通常认为《基本法》明确的法治国家原则是其第 14 条征收补偿条款和第 34 条国家赔偿责任的宪法根基，而社会国家形象则是以社会保障和保险为核心的公共援助国家责任的宪法要求。由此，国家责任理论体系的建构有三重维度：哲学

的、法教义学的和社会理论的。哲学提供国家责任的正义论基础,法教义学落实国家责任的规范表达,社会理论则从根本上回答了国家责任的具体内容。

国家的宪法责任不同于一般的法律责任和政府责任。国家责任在类型上包含消极责任、积极责任和统合性正义责任等内容,消极责任和积极责任分别体现了国家作为抽象政治行动体的机能和行动方式,包括国家在安全、外交、内政事务、社会保障和气候损害和环境变迁等事务上所要承担的各种形式的职责和义务。[1] 在国际法中,国家责任往往指的是国家在国际事务中所承担的角色,但国家责任的含义也比较多地体现在国内事务上。消极责任表明了国家对社会和个人的自我运行空间的尊重,比如,国家发展市场经济,实际上就是让市场经济的规律来支配经济发展,而国家主要承担守护者的角色。积极责任则主要体现在国家在各种社会需要上所承担的积极责任,比如,发展教育和医疗,促进科技进步等。无论是消极责任还是积极责任,都体现了国家在特定事务上进行参与、筹措和供给的担当。

相较于消极责任或积极责任的行动性责任形态,国家的统合性正义责任并不体现在具体的事务上,而是体现在国家承担具体责任背后的伦理纽带,国家的统合性正义责任具有三种意涵:一是政治道德意涵,国家承担宪法责任来自宪法实践背后的基本道德原则的要求,这些原则在我国宪法中可以表述为人民当家作主、权力来自人民等。按照传统国家理论的主张,政治道德可能有着神圣的源头,但在现代国家实践中,政治道德原则并不是来自天意或者社会契约,而是来自人民。按照一些著名宪法学家的立

〔1〕 参见龚宇:《气候变化损害的国家责任:虚幻或现实》,载《现代法学》2012 年第 4 期;余卫明:《论社会保障制度建立过程中的国家责任》,载《财经科学》2001 年第 5 期。

场,政治实践只有尊重人民的权利、自由和尊严,才是正当的。国家责任的政治道德意涵有一个特定的载体,那就是宪法,因此宪法是国家责任的宣言书,是人民对于国家之道义期待的制度化表达。二重是制度意涵,国家宪法责任必须贯彻在具体的制度设计之中,通过法律以制度化的方式将国家责任予以确认和明确。三是矫正性意涵,这层意涵来自矫正正义的要求,这意味着要依据宪法的规定对国家责任的实施和履行进行评价,并对国家宪法责任的缺失进行制度性弥补和纠正。从国家的统合性正义责任的这三重意涵来看,无论是国家的消极责任还是积极责任,都必须在一个统合性的正义框架之下实施,并接受正义原则的评价。

而统合性正义责任的要求是关系性的,它要求国家责任实践和权利保护之间能够形成对应性关系。也就是说,国家采取的一些重大制度行动或者设计,能够在其背后寻找到以权利为表现形式的正义源头。因此,在制度设计上,统合性正义责任提出了几个方面的要求:一是制度设置应当符合社会正义的要求,因为社会正义构成了国家责任实践的精神源头。二是制度设置应该在宪法视角下进行评估,因为宪法是政治行动的总纲,规定了制度设置的基本原则和合宪性控制的基准,所有的政治行动都构成了一个整体,共同塑造了一部鲜活的宪法的生命。三是宪法的解释和演进、基本权利观念的变化应当与社会中相应制度变革和设置的步调形成和声,既为制度发展提供原动力,也能够借助于制度的变化而促进宪法观念的更新和改革。因此,一个国家的制度变迁,往往都能在宪法之中找到依据。

从比较法的视角来看,健康权的保护在大多数国家都是一个宪法问题,也是国家责任的问题。在不同国家的实践中,对健康权的保护模式存在着制度和文化上的差异,简要地可以分为五个类别:医疗保障方面的案例、政府保障在保护健康权免受第三方侵害上的事例、关于政府用“维持和改善环境”来促进健康权的事例、劳动关系中的健康权保护案例以及通过救济公民政治权利来维护健康权的案例。通过对域外实践进行考察,可以对我国当下健康权保护的困境提供借鉴意义。

比如,在美国,奥巴马医改引发了宪法争议,最终通过最高法院解决了医改的正当性问题。健康权与国家责任问题形成互补,要完全地展示健康权的内涵,就必须解决国家责任的宪法基础问题。早在1925年,智利就把健康权的国家义务纳入宪法之中。德国的社会保障实践走在了全世界的前列,德国最早建立了社会保障法律制度,成为全球社会保障制度的范本,尽管德国社会保障体系也处于一个不断完善的过程中,但德国的社会保障制度和法律体系鲜明地体现了国家责任在构建一个成熟的保障体系中的核心作用。但需要注意的是,对国家责任的突出并不意味着由国家承担全部的健康权保护责任,相反在德国,政府和民间力量共同参与到社会保险之中,由二者共同承担医疗保险和社会救济等功能。所以德国的社会保障制度并没有打造出一个强势的国家,而是充分地释放了社会民间力量,鼓励了大量社会保险机构的出现,有学者总结道:“德国社会保障确立的指导思想是,把支持经济上的弱者、保障较大的生活风险和致力于社会机会平等看作社会国家有秩序发展的基石,避免在市场经济下出现‘强权社会’,通过社会保障使个人自由和在与人的尊严相应的方式中生活成为可能。”〔1〕

德国经验给我们的启示是,宪法离不开一国的文化和传统,也需要一种精神力量的支撑。不同于美国医疗立法实践中所体现出的对国家角色的不信任,德国的实践很好地结合了国家责任和个人责任,呈现出强烈的

〔1〕 参见刘翠霄:《德国社会保障制度》,载《环球法律评论》2001年第4期。

福利主义色彩。[1] 我国的医疗卫生实践呈现出弱福利主义色彩,主要体现是公费医疗模式的残留、农村合作医疗制度的迅速普及,然而这种福利主义并不彻底,主要体现在制度的普适性强,但国家的主体性责任不够强,造成很多领域国家角色是不清晰的,甚至是缺位的,因此本质上并不是福利主义。前面已经讲到了一些原因,借鉴德国等国家的经验,可以看出一个重要的原因是我国文化和传统中没有太强的国家责任和个人责任之间的清晰界定,而且与个人责任相关的自由和尊严等价值没有得到足够的重视。

现代宪法的一个重要特征就是把健康从宗教和慈善的范围之中解放出来,纳入国家行为的辐射范围之中。我国 1949 年《中国人民政治协商会议共同纲领》就规定"提倡国民教育,推广医疗事业,并注意保护母亲、婴儿和儿童的健康"。我们可以从历史的角度对这个纲领进行解读,但也可以从制度上进行理解,共同纲领的这个规定其实表明了国家承担保护健康权之责任的萌芽。尽管在接下来很长一段时间内,基本权利观念未充分建立,健康权保护的相应制度设置也并不完整。从 20 世纪 90 年代开始,我国便开始循序渐进地推动医疗体制改革。从局部性的公费医疗改革,到越来越深层次的体制性改革,医疗领域的改革进程呈现出局部性、碎片化、政策性等各种特征,导致体制性改革最终力不从心、难以纵深推进。局部性指的是医疗体制改革没有形成一个统揽全局的方案,特定时间段内针对特定局部问题进行修补,而修补的效果却并不明显,很多时候反而适得其反。碎片化指的是在医疗体制内部的改革动向互相分离,呈现出很强的碎片化特征,各个部门各自为政,医疗事务与卫生事务存在区隔,难以形成合力,

[1] 参见[德]乌尔里希·贝克尔:《德国社会保障制度的文化背景——价值理念与法律在社会保障中的影响》,文姚丽译,载《中国人民大学学报》2010 年第 1 期。

大大影响体制改革的效果。政策性指的是医疗体制改革通常都是通过规划和政策进行推进，这在很大程度上增加了政策实施和行政执法的不确定性。

二、医疗体制改革历程及其宪法反思

从健康权和对国家责任的简要理论勾勒中可以看出，体制发展不只是体制本身的问题，而是体制在一个社会发展进程中是否能与其他社会因素形成体系性协调和互联，而最重要的协调机制是一个国家赖以为生和赖以为本的宪法。因此，我们的医疗卫生体制改革通过制度设计、政策驱动和立法等行动而开展，这些行动模式在效果和产出上并不是分离的、碎片化的，而是统一在我国宪法的基本精神和价值之下。无论是从比较法的角度借鉴德国等国家的实践经验，还是对我国相对比较波折的医疗体制改革历程的反思，都应该统合到宪法视角之下进行审视。一方面，医疗体制改革应该纳入宪法理论的整体格局之下，尽管我们从宪法本文之中找不到具体的实施方案，但宪法是体制改革的原动力，也是对体制进行审核和评价的一个重要价值标准。另一方面，从宪法研究中的一些理论资源对医改历程进行经验总结和教训吸取，实际上也是对医疗体制的未来生命进行新的展望。因此，医疗卫生领域的立法实际上是赋予医疗体制新生命的举措，是将宪法之价值和力量投射到体制之中的必然选择。基本医疗卫生立法是一项承前启后的工程，既包括对既有立法规定的体系性整合，也是通过制定新的规范来对未来医疗卫生活动的各个方面进行全面调整。从这个角度来说，《基本医疗卫生与健康促进法》的相关立法研究，实际上是对我国宪法的基本内涵进行重新发现的过程。其中的一个重要内容是从宪法的视角对我国医疗体制改革历程进行一个后顾性的评估。

医疗体制改革需要制度动力和宪法依据,这是中国近几十年医疗制度发展和改革所反映出来的核心原理。简要地回顾中国医疗体制在发展历程中所出现的曲折,就可以发现医改背后的制度困境,而这种困境在很大程度上是因为缺乏法治这一要素。回顾历史,中华人民共和国成立时因为数十年的战乱,导致人均寿命仅为 35 周岁,有限的资源更加剧了这一状况。在中国政府的不懈努力下,中国的人均寿命在 20 世纪 80 年代达到 67 周岁。然而,改革开放后,"赤脚医生"式的医疗体系再也不能适应经济社会的发展要求。改革开放后,中国在追求自由化的市场经济过程中,医疗覆盖范围的缩小和医疗保健提供者的过分市场化严重威胁了政府的医疗保健制度。"以药补医"式的医疗保健制度使得医院提供的医疗服务质量严重下降。1989 年国务院批转了《卫生部、财政部、人事部、国家物价局、国家税务局关于扩大医疗卫生服务有关问题的意见》,文件提出 5 条调动医院和医生积极性的措施:第一,积极推行各种形式的承包责任制;第二,开展有偿业余服务;第三,进一步调整医疗卫生服务收费标准;第四,卫生预防保健单位开展有偿服务;第五,卫生事业单位实行"以副补主""以工助医"。[1] 客观地说,这一改革举措对于当时将医疗服务从计划经济的体制之下解放出来,赋予医院和医生以较大程度的自主性,为以后的医疗体制改革打下了一定的基础,但是这些政策也为以后医疗体制的诸多弊端埋下了伏笔。

2000 年之后,中国的医疗保健现状可以简单地概括为"看病难、看病贵",医疗体制的弊端暴露得越来越明显:一是价值定位的失范,"政府选择了一条过度市场化的道路,致使政府逐步递减了对医疗卫生事业的投入,从而影响了基本公共卫生服务提供的质量和可及性,医疗卫生政策逐渐偏

---

〔1〕 钟裕民:《1949 年以来中国医改决策的基本历程及其评价》,载《天府新论》2011 年第 4 期。

离了公益性轨道,公平性问题进一步显现:城市与农村的医疗保障的差距进一步扩大,城市中不同人群基本保障待遇不平等进一步加剧”。[1] 二是政策干预错位,主要体现是政策过多地干预了医疗机构的医治活动,比如,在药品定价和医疗服务定价上,政府施加了非常多的束缚。三是政策制定错位,在政策上忽视了疾病预防体系和公共卫生体系的完善,以及政府在一定程度上纵容了医院以药养医策略的泛滥,加剧了看病难和看病贵的问题。

2003 年非典暴发后,中国领导人开始重新评估经济发展的主要目标,特别是经济发展与环境保护、地域平衡、教育水平的提高以及社会整体福利的实现之间的关系。虽然出口和 GDP 的增长仍然占有非常重要的位置,医疗保健改革使中国开始改变对社会发展方式的关注。小康社会意味着中国政府应当承担如教育、社会安全、医疗保健等公共职能。针对如何提供医疗保健资源,存在两种截然相反的观点。一种是市场经济环境下,政府应当在医疗保健中逐渐退出,使其逐渐私有化;另一种是医疗保健属于公共服务领域,应当由政府来主导。这个问题在西方世界的实践存在较大差异,理论上也争论不休。但在中国,政府应当在医疗保健改革中承担更多的责任这一点得到党中央、国务院的认可,并在 2009 年正式发文确认。[2]

可以说 2009 年至今,是新的医疗体制改革稳步推进、往纵深发展的一个阶段。2009 年是医改的一个转折点,在医改体制弊端不断暴露的情况下,新的医改方案被提上日程并获得通过。2009 年 3 月 17 日,《中共中央 国务院关于深化医药卫生体制改革的意见》出台。医疗保健改革主要

〔1〕 钟裕民:《1949 年以来中国医改决策的基本历程及其评价》,载《天府新论》2011 年第 4 期。

〔2〕 参见《中共中央 国务院关于深化医药卫生体制改革的意见》,载中华人民共和国中央人民政府官网:http://www.gov.cn/test/2009-04/08/content_1280069.htm,最后访问日期:2022 年 6 月 15 日。

实现五个目标:覆盖范围、基层医疗、医药制作和管理、公立医院改革和公共健康制度。这次改革是全方位的,而且力度也非常大,尽管如前所述,改革的成效离期待的效果还有很大的距离,但毕竟医疗体制的各个方面都触及了,尽管既有格局没有实质性突破,但这一段实践的体制改革为更为全面的医改和医疗卫生体制立法奠定了基础。以医疗保险制度改革为例,医疗保险制度改革的目的在于建立统一的基本医疗保健制度,在2020年之前实现提供安全、有效、可获得的医疗保健服务。改革分为三步走:2009~2011年改进基本的医疗保险制度;2011~2015年伴随"十二五"计划进行改革;2015~2020年逐步实现全面的医疗保险制度。

按照《中华人民共和国国民经济和社会发展第十四个五年规划和2035年远景目标纲要》(以下简称"十四五"规划),医疗卫生体制改革的方向性和目标性更为明确,其宪法意义也更为突出。就医疗保障来说,"十四五"规划提出:健全基本医疗保险稳定可持续筹资和待遇调整机制,完善医保缴费参保政策,实行医疗保障待遇清单制度。做实基本医疗保险市级统筹,推动省级统筹。完善基本医疗保险门诊共济保障机制,健全重大疾病医疗保险和救助制度。完善医保目录动态调整机制。推行以按病种付费为主的多元复合式医保支付方式。将符合条件的互联网医疗服务纳入医保支付范围,落实异地就医结算。扎实推进医保标准化、信息化建设,提升经办服务水平。健全医保基金监管机制。稳步建立长期护理保险制度。积极发展商业医疗保险。由于基本医疗保险与民众的美好生活和获得感密切相关,因此"十四五"规划针对医疗保险的改革方向做出了较大幅度的调整,有助于社会公正和分配正义的实现。具体而言,稳步提高基本医疗保险对实际医药费用的报销比例、逐步优化基本医疗保险筹资制度、联动改革医疗和医药制度来提升基本医疗保险对医药费用的报销比例,是进一步提升国民对基本医疗保险制度的获得感的重要举措。[1]

早在1998年、2002年、2007年时,中国政府就分别建立了城镇职工基本医疗保险、新型农村合作医疗、城镇居民基本医疗保险。2009年的医疗改革目的在于为全体中国人提供全方位的基本医疗保健。改革者将该目标放在三步走的计划中实现。除此之外,医疗改革旨在通过增加基本医疗设施和医疗人员,以实现基层医疗服务质量的提升。医药改革同样关注制药企业与医务人员之间的利益往来关系,杜绝为了获得不正当利益而降低医疗服务质量。因为公立医院在我国医疗服务体系中承担了重要的角色,医疗改革需要将公立医院的注意力从利润转移到提高医疗服务质量上来。针对非典中出现的医疗制度的低效率,医疗制度旨在确保高效医疗服务质量的同时,建立覆盖全体公民的健康制度。

关于医疗改革的效果方面,可从以下五个方面分别进行论述。

一是医疗覆盖范围方面。通过医疗制度改革,覆盖范围从2000年的15%增加到2010年的95%,覆盖人口增加到12.7亿人。同样,在医疗上的人均花费由2003年的20元增加到2011年的200元,医疗报销比例增加到70%。按照统计,2014年全国卫生总费用35,378.8亿元,比2013年增长11.7%;人均卫生总费用2586.5元;卫生总费用占GDP的比例是5.56%,跟2013年持平。其中政府卫生支出10,590.7亿元,比2013年增长10.9%;政府卫生支出占卫生总费用的比例是29.9%,从2012年开始这一比例几乎没有变化。个人现金卫生支出11,745.3亿元,比2013年增长9.5%;个人现金卫生支出占卫生总费用的33.2%,比重较2013年下降0.7%。近几年,随着经济迅速发展,GDP不断攀升,我国卫生总费用支出在逐年上升,如2020年,2020年全国卫生总费用预计达72,306.4亿元,比

[1] 参见贾洪波:《基本医疗保险制度变迁与国民获得感提升》,载《社会科学辑刊》2022年第3期。

2019 年增加 6465 亿元，人均卫生总费用 5146.4 元，卫生总费用占 GDP 的 7.12%。[1]

同时，如民工进城等造成的人口流动对于医疗保健制度构成了重大的挑战。在 1.4 亿人的进城民工中，仅有 4600 万人能够享受医疗保健服务。当前，不同的城市在对待进城民工的方式存在差异，一些提供全国漫游式服务，一些办理了转移接续，还有一些提供特别对待服务。但是，以上方式都不能完全解决进城民工的医疗保健问题。除此之外，覆盖范围因为不同城市发展程度不同而提供参差不齐的医疗保健服务。

二是基层医疗保健方面。在医疗保健改革所强调的五个方面，对于中国医疗保健制度改变最大的还是基层医疗保健制度。新的医疗改革中，国家会出资 60 亿元承建 3.3 万个新的社区诊所，以最大限度地提供疾病和非疾病的医疗保健服务。安徽省的医疗保健改革通常被视为地方医改的成功典范。安徽省的成功说明通过提供社区医疗保健服务，可以有效避免制药企业的腐败行为。从 2012 年起，安徽省全面推行县级公立医院改革，全省 74 个县的 148 个县级公立医院全部纳入县级公立医院改革范畴，其采取的主要措施：一方面是建立管办分开的县级医院体制。另一方面是县级医院取消了 15% 的药品加成，实施药品零差率销售，人民群众普遍得到实惠，药品费用明显下降。[2]

三是制药企业的管理方面。为了解决制药企业与医院之间的利润勾兑关系，国家在 2009 年发布了《国家基本药物目录》，这些药物在全国国有的药店均能购买，并且是零差率。此外，医院还能通过竞买的方式来采购

---

〔1〕 参见《2020 年我国健康事业发展统计公报》，载国家卫生健康委员会网站：https://www.nhc.gov.cn/guihuaxxs/s10743/202107/af8a9c8453c4d9593e07895ae0493c8.shtml，最后访问日期：2021 年 7 月 13 日。

〔2〕 参见朱庆生、周莉萍：《安徽医疗改革的发展现状及对全国医疗改革的启示》，载《江淮论坛》2014 年第 4 期。

药物,以有效降低采购成本。然而,基本药物目录留下了很多的问题等待解决,比如,药物的运输和生产的管制。2012 年又对 2009 年版进行了修改,在药物品种和数量方面进行了更改和更新,增加了很多种类。2018 年版国家基本药物目录再次进行修改,总品种由原来的 520 种增至 685 种。但从整体上来看,基本药物目录只是实现了最低程度的保障要求,离基本药物制度满足世界卫生组织的基本要求和人人享有卫生保健的基本医药改革目标还有很大的距离。[1]

四是公立医院改革方面。为了有效激励公立医院中的医务人员,医疗改革规定了明确的个人激励措施。在北京友谊医院等首批 7 个自愿试点中,激励措施虽有不同,但目的均是消除制药企业与医院之间的利益往来。

五是公共健康制度方面。作为对非典的回应,公共健康制度在医疗保健制度改革中得到越来越多的关注。政府在各个层面的公共医疗服务方面均花费巨资来进行保障。这说明政府越来越意识到公民的健康对于政府而言也是非常重要的。然而,公共健康中的政府责任如何进行划定,以及应该遵循什么样的原则建立更为整体的公共健康体系,却是摆在政府面前的一项新课题。如何在健康体系设计中处理好政府干预与个人自我负责、健康资源平等分配和适当倾斜、城市公共健康资源和农村公共健康资源的分配等问题,需要建立一个完整的理论体系,并与其他理论领域相互协调。在健康权的价值引导之下,公共健康制度将会被赋予全新的制度含义,公共健康和卫生不只是为了实现疾病预防和应急管理,而是能够嵌入健康权实现的整体制度框架之中,与医疗活动共同构成健康权保障和公民基本利益的坚固屏障。以权利的积极含义来理解健康,其意义在于强调

---

〔1〕 参见闫加庆等:《〈WHO 基本药物示范目录〉中抗肿瘤药物的变化及对我国〈国家基本药物目录〉修订的启示》,载《临床药物治疗杂志》2021 年第 4 期。

“社会制度”和“社会条件”对于人口健康的重要性。[1] 社会制度既包含公共卫生、环境保护、信息、免疫等制度设置，也包括政府如何在制度设置中进行清晰地定位并积极地承担责任，健康权与政府责任再一次地建立了联系，共同嵌入公共健康制度的建立之中。

医疗改革对于中国的意义不仅限于医疗方面。除却实现了95%以上公民基本医疗的覆盖，医疗改革还有两个重要的意义：一是国家开始重新审视社会发展的意义；二是重视群众意见的程序性创新显示了政府开放创新的处事方式。非典的发生，使得国家不再是仅强调经济的发展，而是开始关注健康等社会问题。2009年，《医药卫生体制改革近期重点实施方案（2009—2011年）》公布，总体目标是建立健全覆盖城乡居民的基本医疗卫生制度，为群众提供安全、有效、方便、价廉的医疗卫生服务。[2] 在党的十六大中，江泽民同志将“更加开放的经济体系”视为经济发展的重点，而在党的十七大中，胡锦涛同志将“改善民生为重点的社会建设”视为经济发展重点。

2011年之后的医疗改革再次强调政府提供公共医疗的角色，并将医疗保健服务与劳动生产率相联系，在基本制度范畴中，“基本医疗制度”已经获得与“基本经济制度”同等的重要性。医疗改革说明政府在提供公共服务中角色的转变，那就是努力在提供医疗服务方面加大投资，并在个人医疗报销方面努力提高比例。这次医疗保健制度改革可以视为继中华人民共和国成立、改革开放后的第三次改革，因为医疗改革在以下两个方面产生了重要的变动：一是政府开始认真听取基层公民和机构的声音为改革作参考；二是政府开始在线进行听取普通大众的意见反馈，意味着政府执政

---

〔1〕 参见史军、王巍：《公共健康保障中的政府责任》，载《河北学刊》2010年第1期。

〔2〕 参见钟裕民：《1949年以来中国医改决策的基本历程及其评价》，载《天府新论》2011年第4期。

方式的重大变化。

中国医改虽然有顶层设计的支撑，但是在改革效果和力度上始终存在很多捉襟见肘的地方。医改方案没有一个统一的输出路径，而是由 16 个部委签发，可行性低，实际上只能由地方自行进行探索。其中不乏优秀的实践，而安徽省的成果最具有引领性。可以说从 2011 年开始，整个中国基层医改都是按着安徽模式在推进。安徽省主张通过政府办医的机制，进行人事制度、分配制度、政府投入制度以及药品的招标采购制度革新。[1]

2017 年更是医疗体制改革大手笔的一年。首先是 2016 年年底发布的《国务院关于印发"十三五"深化医药卫生体制改革规划的通知》，2017 年相继发布的全方位的医院管理体制、药品流通体制的相关政策，可以说形成了一张关于医疗体制更新的严密之网。

2019 年制定的《基本医疗卫生与健康促进法》和新冠疫情以来国家在疫情防控上的巨大投入，可以视为医疗体制改革的第四次浪潮。这次改革的任务更为艰巨，与"十四五"规划相互叠加，在健康权保障和人类健康命运共同体的构建上意义重大。

综上所述，从实践的角度来看，医疗卫生体制改革呼吁更为全面和深刻的理论体系的支持。而从理论的角度来看，只有从健康权和国家的宪法责任两个要点出发来透视医疗卫生体制，才能发现很多实践难题背后所隐藏的出路。从健康权和宪法责任的两维来看待我国的医疗体制改革，可以从框架和路径两个方面展开。

首先，对《宪法》第 21 条关于国家发展医疗卫生事业的宪法条款进行理论分析，主要围绕健康权和国家责任的理论框架而展开。国家发展医疗

〔1〕 参见李玲：《中国的医改这些年做了什么？》，载新浪财经：http://finance.sina.com.cn/zl/china/20140501/115918982894.shtml，最后访问日期：2022 年 6 月 15 日。

卫生事业具有三个方面的宪法规范意义：第一，发展医疗卫生事业的正当性基础在于公民个体的健康权是应受保护的基本人权。第二，国家发展医疗卫生事业固然有其历史和制度动因，但在宪法教义学的视角下，体现的是规范意义的国家宪法责任，而不仅是国家的历史使命和政治担当。第三，国家在医疗卫生事业上的宪法责任意味着国家的规划和政策制定要符合宪法责任标准，进入宪法商谈的语境中接受宪法性价值的检验，并明确国家履行宪法责任的方式，这既体现了宪法责任背后的政治道德原理，也体现了矫正正义的要求。

其次，从宪法责任的视角深化对我国当下的医疗卫生体制建构的分析，需要从宪法学说中寻找出路。近一二十年，我国医疗卫生事业取得了长足发展，但仍然问题重重，主要体现在看病难、看病贵、医患关系恶化等社会难题。从宪法责任的视角看医疗卫生体制改革，其宪法意义有两个方面：第一，公民的健康权未能在医疗体制改革中被确立为基础性权利地位，导致无论是医疗体制的市场化，还是医药体制发展的多元化，都缺少了宪法权利维度，因此医疗卫生体制改革的制度性动力是公民的健康权这一基本人权。第二，在医疗体制改革中，政府的主导主要体现的是政府的行政思维和管制思维，而非宪法责任观念，宪法责任观念的缺失导致政府以权力逻辑主导改革，而非以责任思维引导和服务于医疗体制改革。因此，宪法对国家发展医疗卫生事业进行规定，并不意味着国家要主导医疗和卫生事业的规划和政策，而是国家在宪法责任的观念下建构与健康权的多重属性相符合的服务型和创新型体制。

最后，健康权的保护既需要制度构建，也需要完善的规范。我国医疗卫生领域的立法已经在广度上取得了很大的成就。在《基本医疗卫生与健康促进法》通过之后，医疗卫生领域的法律法规体系渐趋完善。穿梭于疫情之中的《传染病防治法》的修订也为公共卫生事务提供了更为完善的规范。《基本医疗卫生与健康促进法》处处体现着权利保障的色彩,包括平等获得医疗卫生服务的权利、患者知情权等,[1]但在整合健康权的价值维度和制度维度、促进医疗事业和卫生事业的有机整合上仍然存在着较大的规范空间。从《基本医疗卫生与健康促进法》回溯到宪法,是破解健康权之价值基础难题的必由之路。

"徒法不足以自行",《基本医疗卫生与健康促进法》是一部良法,能带来医疗卫生制度的法治化和常态化,以法律而非政策的方式解决医疗卫生领域的深层难题。这一任务的实现有赖于开放出该法律背后的价值空间。健康权的起点应该回到宪法文本,或者说回到宪法教义学。通过探讨国家发展医疗卫生事业的宪法内涵及其所启示出来的制度理性,才能稳步推进对于医疗卫生立法的体系性研究。

---

〔1〕 参见宋华琳:《权利保障视角下的基本医疗卫生立法》,载《求是学刊》2020年第1期。

第二章

《宪法》第21条“国家发展医疗卫生事业”的宪法教义学解读

第一节 《宪法》第21条的历史背景

《基本医疗卫生与健康促进法》作为医疗卫生事业的基本法，其最终的规范依据是我国《宪法》第21条的规定。我国《宪法》第21条的全部内容：“国家发展医疗卫生事业，发展现代医药和我国传统医药，鼓励和支持农村集体经济组织、国家企业事业组织和街道组织举办各种医疗卫生设施，开展群众性的卫生活动，保护人民健康。国家发展体育事业，开展群众性的体育活动，增强人民体质。”要理解这个宪法条文，需要做多个方面的理论准备。中国宪法具有很强的历史性，因此对我国宪法条款的规范含义的理解，离不开对每个条款制定过程的回顾。《宪法》第21条所规定的内容，同样具有很强的时代印记，反映了宪法制定者对于彼时医疗、健康和体育等社会状况的理解。

1982年《宪法》在制定的时候，医疗事业尚处于起步阶段，医疗技术远远没有当今这么发达，很多现在来看并非难题的疾病在当时都是严重的恶疾。因此,对这个条文的理解需要结合当时的历史背景。尽管在一定意义上,立法者意图是无法完全还原的,但我们还是可以根据当时的历史情势、立法者的立法记录来呈现制定一个宪法条文背后的主要考虑。立法者认识到医疗卫生事业的重要性,也意识到国家在发展医疗卫生事业上的财力、组织和动员优势,特别是在计划经济体制之下的管理优势,因此确立了国家在医疗卫生事业上的主导性地位。同时,从国家的主导性地位来理解该条文所规定的国家发展传统医药(中医)的要求,各个层级的行政主体承担的责任,以及国家在体育事业上的重要作用。从法律解释的角度来看,立法者原意或者意图在理解法律规范的意义上是存在分歧的,我们应当采取原旨主义的立场,还是按照现代的社会发展逻辑对该条文进行解释?本书采取后一种立场,即根据当代社会的最新发展状况,结合中国法治实践的历史进程,对宪法条文做出解释。

第二节 《宪法》第21条的规范解释

在明确了《宪法》第21条的历史背景之后,就需要对该条款的含义进行解释。法律规范若不经过解释,就无法在法律实践中显示其规范活力。宪法条款的解释一方面需要拓展宪法语言所包含的意义空间,以“发展我国传统医药”这个条款为例。什么是传统医药,国家如何发展?这些问题包含在这个条款之中,但答案并非明了。传统医疗与西药在生产方式和药效上存在着很大的差异,也无法用西方的科学评价体制来评价,比如《刑法》中所规定的“生产、销售、提供假药罪”对假药的认定,参照的是西方的医药标准,这必然会对中药的发展带来阻碍,如何在刑法之中体现出《宪法》第21条中所规定的对传统医药的鼓励和发展,是一个通过宪法解释而对刑法范围进行控制的问题。[1]

宪法解释也要《宪法》第 21 条包含在宪法总纲之中，对这个条款的理解应当与宪法总纲的精神、要义和结构相一致。宪法总纲有着浓重的历史气息和政治纲领性，反映了 1982 年《宪法》制定时立法者对中国未来政治发展的政治、经济和文化格局的宪法性期待。然而，历史进程毕竟受制于时空，制宪者也无法预估宪法文本会给中国政治和经济的发展带来何种意义，因此要在现代政治发展和推进中国现代化治理的整体语境下来解释宪法总纲的政治寓意和规范内涵。[2] 典型的例子是对《宪法》第 21 条中“国家发展体育事业”的解释。虽然“国家发展医疗卫生事业”这个条款在结构上与体育事业条款非常类似，而且二者大致共享相同的身体取向，即身体的健康，但国家发展体育事业蕴含着浓重的国家荣誉和锦标主义的色彩，在这一点上与国家发展医疗事业的宗旨大不相同。这也是当前体育领域存在诸多弊病的制度性原因。有学者建议，要从法律上克服这一制度弊病，需要回到体育的本质属性之中，同时对体育条款进行重新解读，将其定位为“国家目标条款”，从而释放公民个体在体育事务上的权利和利益。

在历次修宪中，宪法总纲经历过修改，在很多学者来看，宪法总纲有修改和删减的必要。[3] 此外，宪法总纲的解释也需要结合当代宪法理论的发展和宪法的内生性需求，主要体现为两点。

---

〔1〕 参见白斌：《传统医药在现行法秩序中的困境及其突围——以“假药”的合宪性解释为例证》，载《华东政法大学学报》2016 年第 1 期。

〔2〕 参见韩永红：《论我国宪法对“体育运动”保障之具体化》，载《法学评论》2013 年第 4 期。

〔3〕 参见马岭：《对〈宪法〉“序言”和“总纲”的修改建议》，载《法律科学（西北政法学院学报）》2003 年第 4 期。

一、宪法总纲的解释

第一,宪法总纲既具有历史性、政治性和纲要性,也要注入对宪法权利的保障。对宪法基本权利的保障,是贯彻宪法的基本精神。自从“国家尊重和保障人权”被写入宪法之后,人权或基本权利在宪法规范意义上得到确认,权利成为宪法推理的核心价值。因此,权利引入应当注入宪法总纲的理解。无论是国家的现代化治理,还是政治和经济体制改革,都应体现对基本权利的保护,完善权利体系。[1]

第二,宪法理论发展和宪法解释要结合政治、经济和社会发展的轨迹和现状,在对现实实践的照应中建构宪法文本的规范意义。这并不是说要由经济和社会发展来决定宪法的意义,而是在通过立法来贯彻和落实宪法的规范意义的过程中,参照中国社会发展的基本特征和逻辑。

这两点典型地体现在对“国家发展医疗卫生事业”的解释上。很显然,我们无法从这个条款中读出健康权这种权利主张。但这只是基于宪法文本的判断,如前所述,立法者在制定这个条款的时候虽然将基本权利写入了宪法,并未形成宪法权利的整体性理论,也就保留了宪法基本权利的拓展空间。由此,《宪法》第 21 条是从国家的视角规定了国家在医疗卫生事业上的责任,但可以通过宪法解释挖掘其背后的道德原理和权利源头,从而提出一种符合我国宪法实践机理的健康权主张。

制度建设是现代化治理的一部分,治理的目标是实现社会成员的福祉最大化,治理目标的实现有赖于法治,而法治提出了很多程序性和实质性要求,最有代表性的理论是美国法学家富勒所提出的法治八项原则:法律

〔1〕 参见刘茂林、秦小建:《论宪法权利体系理论的完善》,载《法商研究》2012 年第 3 期。

具有一般性、普遍性等。[1] 同时又有学者提出法治要求国家对基本价值进行保护,比如,权利、自由和尊严等。[2] 在我国当下全面推进依法治国的背景下,有必要倡导更具有实质意义的法治观。在这种更为实质的法治观的引导之下来看法治或制度建设,就能够发现制度建设背后的法律价值,反过来通过法律价值的反思来促进制度建设。因此,这是一个双向互动,通过法治保障制度建设,通过制度建设来实现法治。

二、宪法解释的整体性

根据上述分析,对《宪法》第21条的解释是一项综合工程,既有对中国当前法治化进程的反思和评估,也涉及对宪法文本自身的整体性理解和解释。在目前关于健康权本质和保护的研究中采取了不同的学科视角。有一些研究是从健康权所承载的国家责任或义务出发,分析国家在保护健康权上应尽的义务。有一些研究是从健康权的法律、社会和道德意义上来探讨,分析健康权的概念。[3] 也有一些研究将健康权的保护和基本医疗卫生法制体系的建立关联起来。[4] 然而,这些研究虽然都关注了健康权的部分属性,但并没有在健康权理论上建立一个体系性的框架,这导致国内学界对健康权的研究处于"各自为政"的境地。相关研究在一个问题上可以得到辩护,但到另一个问题上就无法得到很好地适用。

举例来说,东南大学法学院任梦华博士在其博士学位论文《健康权宪

〔1〕 参见[美]富勒:《法律的道德性》,郑戈译,商务印书馆出版2005年版。

〔2〕 参见[美]布雷恩·Z.塔玛纳哈:《论法治——历史、政治和理论》,李桂林译,武汉大学出版社2010年版。

〔3〕 参见黄清华:《健康权再认识——论健康权的民事、社会和政治权利属性》,载《社会科学论坛》2016年第1期。

〔4〕 参见祝瑾、马晓:《我国公民健康权的保护之伦理解析——基于〈基本医疗卫生与健康促进法〉》,载《中国医学伦理学》2021年第3期。

法保障研究》中详细地分析了健康权保护的宪法模式和基准。其中一章具体地分析了健康权宪法保护的伦理价值、社会价值和经济价值。伦理价值主要体现为人的尊严,通过对人的健康加以保护,可以维护人的基本尊严。社会价值体现为社会正义的实现,而经济价值体现为促进经济发展。[1] 然而,这个中间会引发两个质疑。

其一,健康权的伦理价值、社会价值和经济价值是并列的吗?如果是,三者之间具有同等的重要性吗?以社会价值和经济价值之间的关系为例。如果健康权保护的社会价值是实现社会正义,那么按照罗尔斯的正义理论,社会正义的实现恰恰可能会对经济价值加以否定,因为正义的一个核心要求是公平和平等,而经济价值在于社会功利的最大化。这两种价值之间存在着潜在的冲突。在我国,医疗改革的一项重大举措是促进医疗保险制度的优化,而目前我国医保虽然实现了从城市到农村的全覆盖,但医疗保险还是自愿参与,而非强制医保,主要是担心强制医保所带来的税收负担,会影响经济发展。这也是奥巴马医改在美国引发如此大的争议的原因。而从其他国家的实践来看,全民强制医保的确能够更好地实现健康权保护上的公平。

其二,健康权的伦理价值、社会价值和经济价值如何能够从《宪法》第21条中解释而得?如前所述,宪法制定者在制定第21条的时候并未形成健康权的权利观念,而强调了国家在医疗事务上的主导性角色。但这并不意味着我们无法从第21条中得到宪法意义上的健康权观念。然而,这里的问题是,如何从这一条中获得健康权的基本观念,以及健康权所包含的那些价值?答案在于,要基于宪法文本由内而外来得到健康权的基本内容以及健康权的基本价值。健康权的良好保护和实践当然会实现尊严的伦

[1] 参见任梦华:《健康权宪法保障研究》,东南大学2015年博士学位论文。

理价值,但如何在宪法规范、健康权的概念和尊严价值之间建立有效的联系,从而确立健康权保护的宪法基准?只是对健康权的价值进行列举,并不能解决这几个问题。

本书主张,对健康权的内涵界定,在法律意义上对健康权进行保护,以及在医疗、保险和社会制度上加以实施和保障,需要从宪法上确定一个基点,从而形成健康权保护的体系性理论。这个理论目标的实现,需要借助于宪法教义学。宪法教义学是解释宪法规范和观察宪法实践的体系性理论,也是将宪法在现代社会的根本意义释放和展现的最佳方式。本书将在宪法教义学的理论指导下,完成对《宪法》第 21 条中的“国家发展医疗卫生事业”的体系性构造。

第三节 宪法教义学的基本理论结构

宪法教义学在宪法学研究中的亮相,并非久远之事。[1] 最早以宪法教义学名义探讨宪法问题的是张慰博士发表的一篇论文。在这之后,陆续有学者从宪法教义学的视角分析中国的宪法实践问题。但比较早地体现宪法教义学立场的研究,是林来梵教授撰写的一书。[2] 该书确立了规范宪法学的基本立场,并与宪法学界比较盛行的另外一种立场,即政治宪法学形成理论对立。规范宪法学强调的是挖掘宪法规范的深意,但规范宪法学的称谓仍然不能全面地显示出宪法规范的教义性,因此现在更多的学者使用宪法教义学这个概念。只是在近几年,越来越多的宪法学者从宪法教义学

---

〔1〕 参见张慰:《适应与自主之间的德国基本权利教义学——德国国家信息行为的宪法教义学建构》,载《法制与社会发展》2012 年第 3 期。

〔2〕 参见林来梵:《从宪法规范到规范宪法——规范宪法学的一种前言》,商务印书馆 2017 年版。

的视角分析中国宪法实践中的重大议题。目前我国宪法实践和宪法权利的保护有着中国独特的逻辑和面貌,其背后有很多主观和客观原因。主观原因在于宪法还没有得到共识性的接受,成为国家权力机关和每个公民的根本政治生活指引,客观原因在于宪法学说和宪法解释理论尚不完整,对部门法实践指导有限,宪法权利理论未能在实质上形成宪法基本权利保护的有效指南。这在一定程度上造成当下宪法理论无法更为积极和强劲地回应法治实践中的难题,这造成了宪法理论的困境。

学术界对于宪法教义学之司法意义和立法意义的认同在不断强化,传统上被忽视的宪法教义学对立法的指引作用也被凸显出来。[1] 宪法教义学既可以在理论上提供一套完整的方案,也能够针对具体问题给出有针对性的分析。特别是在对基本权利的保护上,宪法教义学能够提供比较系统的解决方案。根据国内学者的相关研究,宪法教义学的基本纲领,总结起来主要体现为三个方面,下面分别简述。

一、规范视角的基本立场

宪法教义学对宪法实践和宪法文本的理解采取一种规范的视角。按照林来梵教授的主张,回到宪法规范并不意味着逃避现实,拒绝价值,而是“在于探究规范本身,它恢复了规范科学所应有的本来面目,并力图围绕规范形成思想”。规范的视角主张围绕宪法规范而进行意义的分析和建构,意义与价值相关,通过宪法规范的确认把基本价值纳入法律世界中,从而形成对现实世界的各种行动的有效指导。规范视角的集大成者是凯尔森。

〔1〕 参见张翔:《立法中的宪法教义学——兼论与社科法学的沟通》,载《中国法律评论》2021 年第 4 期。

凯尔森在《法与国家的一般理论》中发展出了一个完整的规范体系,他称为纯粹法理论,即把法律理解为一个完整的规范世界,不包含其他的内容。[1]虽然凯尔森的理论过于极端,把规范与其他社会因素完全区分开来,但是其积极意义在于确立了规范的独立地位,从而也区别于法律现实主义所主张的不存在真正意义上的规范,真正存在的是现实意义上的法官的理解或普通民众对法律的态度。宪法教义学采取规范视角有两个重大的意义。

第一个意义是提供了价值分析的平台。宪法保护各种基本的价值,比如,自由、权利和尊严等,这些价值要进入法律,必须经过规范。因此规范提供了对这些价值进行分析的平台,使关于基本价值的分析可以通过规范的解释贯彻下来。只有在宪法规范中纳入价值分析,在分析宪法规范和社会实践的关系的时候,才能让价值在实践难题的分析中发挥作用,比如,在医疗体制改革中的一项重要举措是取消药品加成。这项举措针对的是公立医院中广泛存在的以药养医现象。显然,以药养医已经超越了公立医院的公益属性和治病救人的原始机理,并直接导致我国看病难的社会难题。但在现实的医疗实践中,以药养医策略成为医院谋取利益和创收的重要渠道。取消药品加成,是公平这一价值的直接体现。而公平如何进入社会政策之中?宪法规范是一个转化渠道,通过宪法文本创造的意义空间把我们这个社会所重视和追求的那些价值疏解到现实的政策和改革中。改革是复杂的,涉及利益分配和冲突,体制转化,但是宪法提供了根本共识,为改革指明方向。

第二个意义是确认了法律规范在现代社会的法治意义。如果没有宪法规范,就会出现两个结果:一是基本权利得不到保障;二是社会中的很多

---

〔1〕 参见[奥]凯尔森:《法与国家的一般理论》,沈宗灵译,中国大百科全书出版社1995年版。

困境和难题没有解决的依据。而宪法规范恰恰为基本权利和实践困境的解决提供了规范依据。宪法教义学以规范为中心建立教义之科学,奠定了规范在宪法教义学中的基础地位。规范是从哪里来的?一方面,规范是由立法者制定的。另一方面,立法者所制定的规范只是提供了宪法教义学思考的起点,宪法教义学通过规范所包含的语言把语言背后的意义释放出来,形成一个以规范为中心的意义空间,既沟通了宪法背后的价值,也给转型期中国的重大政治和经济改革提供了根本性的宪法依据。这体现了法治的精神。

通过规范的形式确立国家权力机关的职责和权力界限、基本权利的范围,以及法律规范的产生和失效程序等,都体现了法治在国家现代化治理中的核心地位。宪法教义学为中国特色社会主义法治实践提供了理论上的指导,同时也是一种约束,使无论是经济改革还是社会政策的调整,都能够围绕宪法而展开。如李忠夏教授所言,“宪法成为一个沟通法律系统与环境的中转站和节拍器。在法律系统中,由于宪法在整个法律体系中处于金字塔尖的位置,外部环境中的重要变化都是通过宪法对整个法律体系产生影响,宪法学中引入‘价值’这种包容性很强的概念也是为了将外部环境的变化转换到法律系统之内”。因此可以说,《宪法》第 21 条,以及宪法所形成的整个规范体系,为我国的医疗卫生体制改革提供了法律评价的源头。无论是医疗卫生领域的立法,健康权的司法保护,还是相关纠纷的解决,都应该从法律规范中寻找答案,这是法治的基本要求。

二、宪法解释的重要性

宪法教义学的理论结构包含的第二个方面是,强调宪法解释的重要性。宪法解释在理论上包含两个议题:一是宪法解释主体;二是宪法解释方法。一般来说,宪法解释主体会在宪法之中加以规定,比如我国《宪法》第67条规定全国人大常委会“解释宪法,监督宪法的实施”。但在西方国家,特别是实行司法审查制度的国家,比如,美国,司法机关也有权对宪法做出解释。在我国,不存在司法审查,全国人大常委会也不会轻易解释宪法。因此,宪法解释的主要关注点是宪法解释的方法。从学理上来看,宪法解释也是一种法律解释,是把规范文义所包含的意义和规范背后的基本价值发掘出来的解释性过程。法律解释是理解和适用法律的必要技艺,宪法解释同样也强调技艺和方法,但宪法解释是对宪法文本的解释,因此具有特殊性。国内宪法学界对宪法解释的性质进行了大量的研究,本部分从宪法教义学的角度,在既有研究的基础上分析宪法教义学视角下的宪法解释的特殊性和意义。可以从三个方面展开。

第一,宪法解释阐明了宪法规范的体系性含义,为宪法实施和部门法的制定提供了指引。宪法语言具有高度的抽象性,且在一定程度上脱离琐碎的现实世界。因此,需要进行宪法解释以阐明宪法之含义。宪法同时又是所有实在法规范的效力源头,因此宪法的意义具有重大基础性,并且赋予其他部门法规范以效力。然而,人们对宪法文本和规范的含义总是会存在不同的理解,因此需要宪法教义学和法学方法论来控制宪法解释的实践。一方面要在制度上完善释宪机制,[1]另一方面要加深对宪法解释方法的研究。宪法解释方法是多元的,在何种情况下采取何种方法,在理论上也众说纷纭。以“国家发展医疗卫生事业”条款为例,这个条款是否包含着公民享有健康权的意义?如果采取文义解释,显然并不包含。但如果从宪法整体逻辑和体系的角度来解释,便能够得到这个条款包含着国家责任和

---

〔1〕 参见刘国:《宪法解释之于宪法实施的作用及其发挥——兼论我国释宪机制的完善》,载《政治与法律》2015年第11期。

公民基本权利的规范结构，这样解释宪法会使得宪法的活力被释放出来，从而让宪法更好地在社会中实现其根本法的地位。

但不可否认的是，宪法解释方法的确会存在争议。这一点在目前宪法学界的研究中不断体现出来。比较典型的有对“城市的土地属于国家所有”和《宪法》第38条所规定的人格尊严条款的解释。不同的宪法学者给出了不同的解释，使部门法学者对这些条款产生了更多的困惑。这种难题的解决，既依赖于宪法解释方法的成熟，也要借助于宪法所发挥的社会整合功能，即宪法解释的第二个方面。

第二，宪法解释能够促进社会整合。宪法文本是相对确定的，但社会是变动不居的。社会形势、文化和结构都处于不断变动的过程中，以至于现在的中国社会与10年前的中国社会可能会有巨大的差异。在这种情况下，要让宪法能够更好地成为社会发展的规范基石，需要发挥宪法解释的社会整合功能。借鉴李忠夏教授的总结，宪法与社会之间存在互动：“政治上的变化首先通过宪法渗入到法律系统当中，而宪法的变化反过来亦会促进政治系统的结构变迁。随着社会结构的变化，国家与社会的日益融合，宪法的功能亦有单纯的规范与限制国家权力，通过基本权利功能的扩展，向对社会进行全方位的调控，因此宪法亦成为勾连法律系统与社会系统的节拍器，社会的结构变迁亦可以通过宪法为媒介而影响至整个法律系统。随着现代社会复杂性程度的提高，现代社会并非单一的价值或者单一的目的、功能具有统治性的地位，而是多元价值的并存。”[1]通过宪法解释，可以将社会不同的、松散的系统整合进一个不同价值多元共存、相互之间存在融合的规范体系之中，为社会的激烈转型施加一个缓冲阀，也能够提供

〔1〕 李忠夏：《作为社会整合的宪法解释——以宪法变迁为切入点》，载《法制与社会发展》2013年第2期。

法律意义上的引导、评价和调整。

在这个意义上,《基本医疗卫生与健康促进法》作为科学立法和良法善治的一部分,实际上既勾连了医疗卫生健康领域的迫切社会需求和制度空白,也是将该领域纳入中国转型期之下社会整合的整体行动框架之下的一次弥合之作。在这个社会整合的巨大行程中,中国需要填补的空间还有很多。基于政策和功利导向的短时立法能够补足这些空间,但也可能会因为立法太过仓促而造成立法与社会现实之间的张力,以及体系上的不融洽。而宪法教义学能够成为立法的控制力量,使立法更加符合理性,并能为权利的保护提供更好的价值平台。

三、通过教义空间的体系性构造影响立法

宪法教义学可以通过宪法实施加以制度化,宪法实施包含政治性实施和法律性实施两种观念。政治性实施指的是通过实施宪法来建立新的法律和政治秩序,把宪法的政治意义转化成现实世界中的动员性力量。[1] 这种实施观更多地强调宪法在政治生活中的政治总纲性和基础协议性。宪法的法律性实施强调的是将宪法的规范性力量释放在法律实践的全部过程之中。从这个意义上来看,宪法的法律性实施包罗万象,既包括依据宪法制定部门法,也包括宪法解释。尽管宪法的法律性实施的含义还有一些争议,并且也存在着宪法是否能够被司法化的难题,但法律性实施相比于政治性实施,可以更好地展现宪法的活力,以及在现代法律体系下的基础地位。

宪法的法律性实施是本书关注的重点。尽管目前在司法适用上,宪法

〔1〕 参见翟国强:《中国语境下的“宪法实施”:一项概念史的考察》,载《中国法学》2016年第2期。

被实施的可能性不大,但把宪法精神转化到立法之中,以及通过对宪法进行解释而对立法形成教义学和原则性指导,是有着极大可能性的。宪法解释既是对宪法意义的阐明,也是对宪法的实施,因为宪法解释必然会产生一系列的政治和法律效力。如郑贤君教授指出的,“立法机关依据宪法形成法律对宪法含义的阐明是明确宪法含义方式之一种,既是实施宪法,也属于宪法解释,只不过是以制定法律的程序进行,它区别于法官裁决宪法争议之时的宪法解释,其解释宪法是主动的”。[1]

具体来看,宪法实施与立法的关系的澄清可以通过教义空间的体系性构造来实现。教义空间指的是由宪法规范所承载的意义和价值所构建起来的意义结构,是宪法教义学的研究所着力的对象,也是宪法教义学独特性的体现。按照前面提到的,宪法教义学在宪法规范的基础上挖掘其背后的意义,通过特定的解释和方法把这些意义发掘出来,并形成一个连接价值判断和社会转型和变迁的中间地带。这个教义空间有着三个方面的特征,能够为作用于立法,也体现出宪法实施的过程。

1. 教义性:指的是通过一定的技术和方法把宪法规范的意义空间梳理成一系列的教义,使人们能够理解宪法的内容和意义,这些教义表达着宪法价值和原则,也直面社会现实和社会问题。虽然宪法规范的确定意义会随着社会变迁而发生变化,以及人们在对宪法规范进行理解的过程中也并不总是能够达成一致意见,然而正是因为宪法规范的教义性特征,使我们可以以规范为平台进行充分的论辩,从而尽可能地挖掘规范的含义,来指导现实世界中的宪法实施和法律制定。有学者指出,教义学扮演的一项重要的功能是进行沟通,“法教义学这种关于法律实践的沟通,提供了法律人的法言法语。从而,任何外部视角对法律的观察,如果它们能在法律实践

〔1〕 郑贤君:《宪法实施:解释的事业——政治理论的宪法解释图式》,载《法学杂志》2013 年第12 期。

中起到作用,必须被转译为法教义学的语言。而这也正是法教义学绝对不可替代之处"。[1] 而宪法的教义性也在发挥着重要的沟通功能,宪法规范是固定的,但宪法的意义在法律部门的不同领域之中是流动的,通过教义学可以把流动的宪法意义转化为相对固定的语言表达,比如,在医疗体制改革中,医疗卫生规范的制定就是通过法律规范将医疗卫生活动中的权利话语和公平正义观念表达出来,形成一个可以解决现实问题的沟通机制。

2. 创造性:宪法规范是相对稳定的,但宪法规范的教义空间不是封闭的,而是具有创造性,可以把社会问题和立法需求转化到宪法的教义空间中,并拓展这一空间,典型的例子如我国民法典的编纂。民法典是规范民法实践的最基本依据,但民法典显然是具有宪法意义的,而且也可以从宪法的基本价值中为民法典的编纂提供教义性的指导。[2] 正如有学者所建议的,一方面,"编纂民法典应当具有自觉的宪法意识,主动将合宪性考量纳入立法程序、价值选择和制度设计之中"。[3] 另一方面,民法典对于宪法精神的体现并不是将宪法文本直接吸收到民法典之中,也不是由宪法直接决定民法典相关规定的效力,而是实质性地推进宪法和民法在整个法律体系内的功能划界。这个划界可以在功能上深化宪法改变社会结构的能力,同时也能够在教义空间上对宪法基本权利的民法学理解。《民法典》出台之后,无论是民法权利的保护还是民事权利冲突的解决,都可以从宪法规范的解释中找到解决思路。[4]

3. 体系性:宪法规范针对不同的领域而制定,宪法规范所形成的教义空间却是体系性的,体系性意味着法律规范要统合在宪法规范之下,在宪

---

〔1〕 纪海龙:《法教义学:力量与弱点》,载《交大法学》2015年第2期。

〔2〕 参见林来梵:《民法典编纂的宪法学透析》,载《法学研究》2016年第4期。

〔3〕 苗连营、郑磊:《民法典编纂中的宪法三题》,载《法制与社会发展》2015年第6期。

〔4〕 参见秦前红、周航:《〈民法典〉实施中的宪法问题》,载《法学》2020年第11期。

法体系中确立其意义，而不能与宪法相冲突，因此体系性也为各个层面的立法施加了合宪性束缚。我国宪法学界目前关于基本权利的研究在体系性上并不突出，很多主张呈现出碎片化的状态，而宪法中所规定的权利应该能够形成一个整体的方案，借鉴其他国家，特别是德国的宪法学说，能够帮助我们形成对宪法基本权利的体系性认知，正如张翔教授所指出的，“德国基本权利教义学从‘价值与请求权体系’到‘基本权利的功能体系’的发展，可以为建构我国基本权利的法学体系提供方法和内容的借鉴。体系化乃法学的基本思维，是法学达成其学科使命的基本致力方向”。[1] 从这一视角对我国《宪法》第33条关于基本权利的规定进行体系性解读，有助于形成一个基本权利的功能体系。参照德国宪法理论，我们可以尝试把基本权利作为对公共权力形成制约的“客观的价值秩序”，那么宪法就成为一种价值决定，对公共权力的具体实施施加要求和约束，比如，国家权力应当为基本权利的实现提供基本的客观条件和制度性保障。

第四节　“国家发展医疗卫生事业”条款的宪法教义学结构

前面所讨论的宪法教义学的基本主张，为我们理解“国家发展医疗卫生事业”这个条款做出了理论预备。通过宪法教义学视角的分析，对该条款的解释和适用，可以变得立体起来。无论该条款是否包含健康权的权利主张，这个问题都不会是解释该条款的障碍，反而是促进健康权存在之论证的起点。对宪法条款的教义学分析是一个动态的过程，并且会与宪法的

〔1〕 参见张翔：《基本权利的体系思维》，载《清华法学》2012年第4期。

实践形成互动。本书接下来部分会从多个方面探讨“国家发展医疗卫生事业”的教义学内涵,也会展现与医疗卫生事业相关的教义空间在我国医疗卫生体制改革的大背景下的教义性、创造性和体系性三个特征。

应当承认的是,医疗卫生体制改革是一项复杂的民生工程,涉及各行各业,需要各种形式的政府部门参与,而且的确也会触动到不同主体的相关利益。政府进行医改的意愿是充足的,但最终的成效并非总能完全地符合我们的期待。尽管如此,宪法作为我国政治和社会改革的总指引,能够为医疗体制改革提供解决最难啃之骨头的规范框架和疏解渠道。如学者言,一方面,宪法教义学是一种知识体系,需要借助于学术上而不仅仅实证法上的概念体系,将繁杂的实证法规范、相关的宪法决定结合成为一个逻辑融贯的法律体系;另一方面,宪法教义学同样也包含了价值判断,需要通过“抽象化”的概念形成,将多重选择的可能性涵括在内,而且从“可能性边界”的范围中作出选择,考量相关决定的后果等事实性的因素,作出“最优的决定”。若从宪法教义学的理论立场出发,对“国家发展医疗卫生事业”条款进行教义和实践的双重解读,可以提炼出以下四个方面的意义,共同形成该条款的开放式教义体系。[1]

宪法教义学空间的四层意义,分别是道德意义、国家意义、制度意义和社会意义。道德意义主要指的是确立健康权的宪法基本权利地位,从而为国家保护健康权和医疗立法提供道德依据。国家意义关注的是从“国家发展医疗卫生事业”中构建出国家的宪法责任。宪法责任是一个宪法学界讨论不多的主题,但实际上对我们理解基本权利和权利在具体立法和司法中的角色来说至关重要。制度意义主要是立法层面的,制度包含两个内容:一是构成制度的材料,这些主要是法律规范和制度运行的相关规定;二是

〔1〕 参见李忠夏:《宪法教义学反思:一个社会系统理论的视角》,载《法学研究》2015 年第 6 期。

在制度之下社会中权力主体、公民个体和社会组织共同参与之下所形成的制度生效或者失灵的状态。社会意义体现为宪法教义学空间所包含的价值和规范在社会中被释放,而引发的社会效果和创造力,这一点体现了宪法教义学的创造性。

一、道德意义

无论是健康权的保护还是医疗法律体系的完善,都与每个公民的健康和生命密切相关。因此,国家对于医疗卫生事业的发展,具有极强的道德性和公共意义。人之生死最能引发道德体验和反思,国家对生死病痛的制度性安排也是社会道德的一面镜子。医院和患者之间的关系,药品开发和医学研究,以及对于安全健康的食品和生态环境的维护和保障,无不体现出生命的意义和价值。因此,国家在医疗事务上的角色,有很强的伦理性和关怀性,这一点不同于国家在公民的劳动、言论和政治参与等权利上的角色。与生命相关的道德意义的存在,使健康权的内涵显得格外重要。一方面,医疗事务和公共卫生促进每个人的生命健康完整性,对于个人发展来说具有重要的道德意义,通过对健康权的保护体现人的生命尊严和重要价值。另一方面,医疗事务和公共卫生的目标是预防疾病和促进健康,其公共属性强调的是作为整体的人口的健康而非仅仅特殊个体的健康,因此公共健康需要在整体与个体之间进行取舍和权衡,于是便产生了整体功利与个体正义之间的伦理冲突。[1] 因此公共卫生事务具有很强的道德属性,在实现道德目标、解决伦理冲突的过程中不断呈现出制度设置和发展背后的争议,而道德意义上的解决方案应该突出一种以人的生命尊严为逻辑起

〔1〕 参见史军:《功利与正义:公共健康的伦理选择初探》,载《学术论坛》2006 年第 7 期。

点、以健康正义为根本目标、以公民权利为价值尺度、以责任伦理为内在要求的综合伦理。[1] 将这种综合伦理纳入宪法教义学的处理框架中,可以输出健康权利的道德意义的解释框架。

按照 ICESCR 第 12 条和《第 14 号一般性意见》等国际法文件的规定,健康权作为“人人享有最高可达到的体质和心理健康的水准的权利”,然而最高可达到的体质和心理健康并不是一种非常容易确定的标准,而且这种标准的权利还涉及的一个问题是,它具有何种权利属性,以及如何与其他基本权利相区分?对健康权的研究越深入,越能挖掘出其背后的制度意义和实践内涵,健康权涉及中国公民实现“最高可达到的健康水准”,究竟需要哪些权利要素和相应的制度保障,这是一个根本性问题。换言之,在一国法律体系内,究竟应当如何尊重、保护和实现健康权,才能成就本国公民“最高可达到的健康水准”这一崇高目标?对这一问题如何回应,不仅涉及社会领域法律制度建设,也事关法学学科发展,并可能产生实质性影响。本书后面将以专章探讨健康权的道德意义问题,解析教义学视角下健康权的内涵。

二、国家意义

我们生活在一个权利的时代,权利意味着公民所享有的某些重大的利益被法律确认,同时也得到格外的保护。但如何保护,仅仅通过立法吗?现代社会中很多国家已经进入了立法爆炸的时代,即使在中国,我们的法治建设起步比较晚,但在社会主义法律体系基本建成之后,我们每年仍然

〔1〕 参见朱海林:《公共健康伦理:关于公共健康问题的伦理解读》,载《河南师范大学学报(哲学社会科学版)》2012 年第 1 期。

会制定大量的法律。显然,医疗卫生法及一些辅助性的法律法规也是立法爆炸时代的产物。然而,如果不经过立法,如何应对规范缺失的社会需求?这个问题的解决方案在于确立国家发展医疗卫生事业条款中所包含的国家意义,即国家的宪法责任。宪法责任是对基本权利的回应,也是国家进行相应立法的责任基础。如果没有宪法责任在中间起承转合,那么就会陷入立法的工具化困境。宪法责任将国家立法纳入其概念范畴中,使国家立法不只是一个起草文本、组织专家论证和全国人大代表投票的过程,而是国家治理大格局中的国家责任的实在化和制度生产,既充实了中国作为一个负责任大国的国家法治和道义形象,也为民生发展确定了基本的制度平台。

国家不是一个抽象的实体,而是由各种行动和规范所构成的一个充满活力的动态制度体。按照权利义务的基本逻辑,基本权利对应着国家的基本义务。按照邓海娟教授的总结,健康权的国家义务的产生,以及基本权利与国家义务的对应,存在着法哲学逻辑和宪法哲学逻辑。法哲学逻辑指的是"个人自由权利是国家义务存在的前提、基础与目的,个人要求权引发了国家义务,是国家存在的根本理由,也是基本权利国家义务法哲学的基础与依据"。[1] 宪法哲学逻辑指的是权利包含着主观权利和客观价值秩序双重属性,无论是主观权利还是客观价值秩序,都需要国家对基本权利进行尊重和实现,因此要求国家义务的存在和履行。

虽然国家承担国家义务在基本权利的逻辑之中能够合理说明,但仍然有一些问题悬而未决,比如,国家责任和国家义务概念如何区分,以及国家义务包含着积极含义,还是只局限于消极含义。这些问题都需要在宪法学上进行澄清,才能清晰确定国家在医疗卫生事务上的责任。

---

〔1〕 邓海娟:《健康权的国家义务研究》,法律出版社2014年版,第61页。

三、制度意义

制度意义指的是以宪法规范为基础而建立起来相应的制度，既包括相关领域的法律规定和制度主体的运行方案，也包括制度运行所产生的效果。制度与法律相互之间形成支持，法律是一个规范空间，而制度是一个由人、事和规范构成的相对稳定的结构。法律使制度更为完善，制度运行可以让法律规范的效力在社会之中发挥出来。在这个意义上，医疗立法，既是对现有医疗体制的完善，也是生产一种新的符合宪法精神和法治要求的新型体制。医疗体制改革借助于法律的力量，在制度上实现突破和完善，使医疗体制成为造福社会的社会制度。在我国的社会制度中，医疗体制是一个非常复杂也是牵一发而动全身的制度，如果医疗体制借助于医疗立法而变得越来越良性，注入宪法基本权利因素，形成执法和司法良性互动的平台，那么就会成为其他制度改革的样板和标本。

在主体问题上，国家义务的实施主体是多元的和全方位的，健康权的义务承担者是国家，国家应从法律、卫生政策的制定执行的公平性和加大卫生体制的改革以及强化政府责任、健康教育等多个角度来保障公民获得平等的健康权。有学者提出，宪法中的健康条款是健康中国建设和健康法治发展的根本规范，具有宪法根本规范的自洽性、逻辑清晰性和指向明确性。笔者认为，宪法中有关健康条款的内部规范构造和外部结构为健康中国的建设提供制度支撑和路径保障。[1]

宪法中的健康条款存在着内部规范构造，包括保障主体、手段和内容三个方面。保障主体包括国家、社会组织和公民个人，国家是最主要的保

---

〔1〕 参见付子堂、庞新燕：《宪法中健康条款的规范构造与协同适用》，载《学术交流》2022 年第 8 期。

障主体,社会组织是重要的协助主体,公民个人是自身健康的第一责任人。保障手段多种多样,包括尊重和保护、发展、鼓励和支持等方式。保障内容包括发展医疗卫生事业、社会保险、社会救济等方面,以及强调环境保护和基本人权保障等方面,体现了公民健康权的丰富内涵。宪法中的健康条款也存在一个外部结构,即健康条款形成与发展的历史背景和影响因素。国际人权法对我国宪法健康条款的制定提供了一定的指引,特别是《世界人权宣言》《经济、社会和文化权利国际公约》等国际人权文书。国内政策对我国宪法健康条款的完善起到了推动作用。

宪法中的健康条款也存在着一个协同适用的空间。第一,宪法中的健康条款与部门法和国家与公民之间的关系相协调,发挥其指导和规范作用,实现健康权的保障和促进。宪法与部门法在保障公民健康权方面有各自的分工和功能,但也有一致的期望值、保障手段和价值。第二,国家与公民的双向适用,宪法中的健康条款对国家公权力有约束作用,要求国家在立法、行政、司法等方面尊重、保护、实现公民健康权,同时也对公民有保障作用,要求公民享有健康权的同时还要履行健康义务,尊重他人和社会的健康利益。

国家由立法机关、行政机关、司法机关和国家人权保护机关所具体化。一般来说,立法机关的主要职能是制定法律,对健康权的法律地位、范围、内容、监督救济等加以明确规定,通过立法建立系统的健康制度。[1] 同时立法机关也发挥监督功能,对健康预算和相关立法、政策和行政行为进行监督。行政机关作为国家权力机关的执行机关,是对健康权相关立法的具体实施,通过给付行政和秩序行政保障健康权的基本条件和维持基本的健康权秩序,比如,公共卫生安全。司法机关主要是通过司法手段对健康权

---

〔1〕 参见邓海娟:《健康权的国家义务研究》,法律出版社 2014 年版,第 65 页。

进行救济，以确保立法机关及时有效地制定法律，行政机关做出充分的行政给付。然而，司法机关究竟如何对健康权进行保护，在不同国家却存在着不同的可诉性方案。比如，北欧国家医疗体制发达，法院并不支持个人基于健康权的理由对立法机关或行政机关提起诉讼。而在南非、阿根廷和印度等国家，个人可以向法院提起诉求，要求政府履行特定领域的健康权保护职责。

四、社会意义

法律制度在社会之中总是会引发各种社会效果。制度既属于社会的一部分，也超越于社会，因为制度有着不同于社会一般观念和形态的特殊构造形式。无论是法律制度，还是医疗制度，都体现了国家的治理角色和责任实践，但国家所要承担的责任，在社会之中会产生不同的反馈。传统健康正义理念并不能充分体现出健康制度的社会意义。恰当的生命权利观应当把个人的生命看作社会生命机体的一部分，并且将个人的生命活动与社会的生产发展统一起来。笔者将生命权利分为生存权、健康权、发展权三个要素，并由此引导出健康正义的三个维度，即生命的维度、生活的维度、生产的维度。生命的维度关切医疗资源的分配正义问题，生活的维度关切生活资料的分配正义问题，生产的维度关切生产供给的分配问题。[1]

在数次医改之中，国家所实施的责任都产生了相应的社会效果。健康是人的生命状态最形象的外在表达，人们透过健康感受生命的意义，而社会透过健康评估居民的幸福指数。这也是为什么在媒体和互联网上，健康

---

〔1〕 参见余根雄：《马克思政治哲学视域下的生命权利与健康正义》，载《南通大学学报（社会科学版）》2023年第1期。

问题会成为最受关注的话题之一,也是最容易引发社会情绪和不满的触发点。医疗立法不只是要关注法律的社会效果,也会实质性地改变社会效果。

在医疗体制改革初期,国家应对不足,责任实施机制失灵,导致出现看病难和看病贵的问题,医疗领域问题丛生,引发激烈的社会反馈,导致医疗体制最终的改革效果不尽如人意。然而,伴随"十四五"全民医疗保障规划推进,我国医疗改革迈入提质阶段,依托《基本医疗卫生与健康促进法》等法治建设,势必在医疗医药、保险等各个领域带来全新变革和面貌,其社会意义也会昭然可见。

看病难和看病贵的社会难题将得到制度性和法治化的疏解渠道,在法律、制度和社会之间所形成的网络性综合机制,会改变医疗事务在公民生活中的角色,使医疗领域不只是一种社会情感或观念的投射,而是法治化和制度化的公共领域,是对公民基本健康权进行保障的核心机制。医疗卫生立法所产生的社会意义也会对医疗卫生法的内容形成非正式渠道的冲击,促使医疗卫生法进行修订和更新。医疗卫生体制的社会意义也形成了一个相对独立的空间,对立法的意义进行评估和判断,与立法形成有效互动。

医疗卫生事业的社会意义同样关联着我国特有的体制性难题,例如城乡二元结构、贫富差距等问题。城乡二元结构和户籍制度对医疗体制改革形成了显著掣肘。反过来,若能在医疗体制改革上取得突破,则对矫正城乡二元体制的诸多弊端大有裨益,同样有助于弥合贫富间的巨大鸿沟,毕竟医疗与经济成本紧密相连。在医疗体制改革进程中,农村地区常处于弱势和边缘地位。在医疗保障尚不健全的背景下,重大疾病风险对农村家庭可能构成灾难性负担。当前,医疗资源在城乡之间的分配仍存较大差距,资源错配和结构性失衡问题尚未得到根本解决:

> “尽管新医改以来国家加大对农村医卫事业在人力、物力和财力方面的投入力度，但由于欠账过多，农村地区医疗卫生的短板仍然没有补齐，医疗资源错配和结构性失衡严重，集中体现在农村基础医疗服务基础薄弱、质量低和医卫人员老龄化及紧缺等方面，客观上剥夺了农村居民就医的机会公平。在医疗资源均等化水平较高的情况下，正常的就医逻辑是：常见病、多发病就近就便，大病重病选择医疗水平高、设备好的综合医院，但农村居民的实际医疗需求并没有完全按照这样的逻辑被满足。一个重要原因是‘自上而下’的医疗资源供给模式过分强调供给，农村居民的实际医疗需求被不同程度忽视，导致有效供给不足，无效供给过剩。”〔1〕

农村医疗与经济现状一方面更能体现出社会对平等和公正的医疗体制的需求，另一方面也要求政府承担实质性责任，借助医疗体制改革推动城乡二元结构的优化。

总而言之，国家对医疗卫生事业的发展，会在不同程度上体现上述四种意义。宪法教义学是对上述四种意义的调控，有助于国家行动的制度化、国家宪法责任的落实、医疗卫生立法的体系化和医疗体制改革的法治化。

---

〔1〕 谢兰兰：《由不公平到更加公平：农村居民医疗公平性研究进展》，载《江汉学术》2021年第5期。

第三章

健康权的权利框架与道德基础

根据上一章的探讨，国家发展医疗卫生事业是围绕健康权的保护这个核心使命而展开的。健康权的保护包含权利主张和保护方式等内容，因此需要发展出一套关于健康权之本质的体系性理论。我们目前正处于一个权利的时代，首先，健康权是一种权利，符合权利的基本结构和特征，因此对健康权的保护与对其他基本权利的保护至少应该在原理上不能冲突，也能突出权利在现代社会中的重要价值。其次，健康权在内容上是对健康的保护，因此与健康的基本属性是相关的，健康是人的身心状态，既包括人的客观身心状况和主观感受，也体现为医疗、环境等外在因素，所以对健康权的保护是一个涵括范围非常广的实践。最后，正是因为社会对健康的理解不同，对食品、环境和卫生等要素的要求存在差异，所以如何设置健康权的保护标准，国家在健康权的保护上承担多重的角色，以及基本制度设置如何体现出健康权的重要性，都是健康权的保护所迫切面对的问题。

本章解决关于健康权的体系性理论的第一个方面和第二个方面，并将这两个方面的探讨视为第三个方面，也就是医疗卫生和公共卫生制度的形成和发展的基础。人的生命存续和发展离不开健康，人类社会延续的重要内容是对抗自然和疾病的侵害。然而，对健康权的关注，是最近几十年的事情。1948年《世界人权宣言》第25条规定："人人有权享有为维持他本人和家属的健康和福利所需的生活水准，包括食物、衣着、住房、医疗和必要的社会服务；在遭到失业、疾病、残废、守寡、衰老或在其他不能控制的情况下丧失谋生能力时，有权享受保障。"虽然该条规定将健康包含在适当生活水准的范围之中，但它可以被视为健康权的人权地位在国际法上的首次确立。在之后的一系列国际条约和文件中，健康作为一种权利的地位越来越重要。1966年，《经济、社会和文化权利国际公约》第12条将健康权的人权属性加以确认，并详细规定了健康权受保护的途径，该条规定：

"一、本公约缔约各国承认人人有权享有能达到的最高的体质和心理健康的标准。

二、本公约缔约各国为充分实现这一权利而采取的步骤应包括为达到下列目标所需的步骤：

（甲）减低死胎率和婴儿死亡率，和使儿童得到健康的发育；

（乙）改善环境卫生和工业卫生的各个方面；

（丙）预防、治疗和控制传染病、风土病、职业病以及其他的疾病；

（丁）创造保证人人在患病时能得到医疗照顾的条件。"

2000年联合国经济、社会和文化权利委员会在其《第14号一般性意见》中指出：健康是一项为行使其他人权必不可少的基本人权。每个人都有权享有健康最高可达到的水准，以利于实现有尊严的生活。该意见对《经济、社会和文化权利国际公约》第12条关于健康权的规定加以细致的分析和界定，明确提出健康权保护的范围、方式和国家应该承担的责任，该一般性意见分别从规范内容（第一部分）、缔约国的义务（第二部分）、违反行为或事例（第三部分）、国家层面的贯彻执行（第四部分）和缔约国以外的其他行为者的义务（第五部分）等方面作出了详细的规定。相较于《经济、社会和文化权利国际公约》第12条的规定，该一般性意见更具有指导性和操作性，也便于评估各国执行健康权保护的程度，因此成为国际人权领域的重要参考。

从上面的不完全梳理可以看出，如同人权这个概念的发展轨迹，健康权首先在国际文件中获得认可，之后被很多国家以援引或者国内立法的形式加以确认。然而，如同国际人权保护实践所面对的困境，基于国际条约而形成的健康权概念同样面对着一些困难。这些困难总结起来体现为两点：第一，国际条约不同于国内法，本质上还是国家之间达成的协议或惯例，那么国际法或国际条约显然不能给健康权提供一个最终意义上的道德基础。尽管不可否认，如《经济、社会和文化权利国际公约》的确给各国的经济和社会权利保护提供了有力的指引，但一个国家之所以对经济和社会权利加以保护，并不是因为国际条约如此规定，而是这些经济权利和社会权利能够成为人权，因此应该受到国家的保护。第二，无论是《世界人权宣言》还是《经济、社会和文化权利国际公约》都似乎蕴含着一个潜在的判断，即健康权是普遍的，应该被每个国家所重视和保护。然而事实果真如此吗？不同国家之间的公民会拥有同一种健康权主张吗？在雾霾笼罩之下的中国公民，可以提出与几乎没有空气污染的北欧国家公民相同的权利主张吗？

本章对学术界关于健康权的学理分析进行梳理，尝试回应前面所提到的两个困难。首先，本章试图给出的一个初步结论是，健康权的权利主张包含在人之为人的重要性之中，授权理论不需要从国际条约之中得到道德基础，但国际条约确认了这种重要性，并且能够以实在的方式对国内法的实践形成约束。其次,健康权是普遍的,普遍性意味着每个公民都可以提出健康权的主张,但这种主张受制于健康权得到保障的条件和方式,健康权的重要性对保障条件提出了要求,从而构成国家责任的基础和医疗卫生制度发展的动力。

第一节　健康权的权利框架:基于授权理论

同传统的基本权利或人权不同,健康权这种概念本身包含两个要素,第一个要素是权利(right),即权利主体对健康这种状态的主张,每个个体都能够主张自己在身体和心理等方面得到良好的发展。第二个要素是权力(power),这个要素在传统的权利中是以消极的形式存在的,比如,在言论自由权的保护中,国家扮演的角色是消极的,在公民行使言论自由的时候,只要不会损害公共利益或他人利益,则国家就应该尊重这种自由。然而,在健康权的保护中,国家的角色是消极的,也是积极的。国家角色消极方面体现在国家的尊重义务,也即充分地尊重个人对健康事务的选择和追求,比如,个人参加体育运动、从事音乐活动等。国家的积极角色意味着两点,首先国家要行使权力,对个人的生命或健康进行促进和保护,其次国家承担着制度性责任,需要构建完善的制度机制,对健康权进行保护,以达成"最高的体质和心理健康的标准"的目标,因此权力要素在对健康权的道德基础的理解上发挥重要作用。

然而,我们却看到健康权的消极方面和积极方面之间的关系可能存在的一种冲突,这种冲突是传统的权利理论不好解决的,也是以健康权为代表的社会经济权利普遍面对的一个理论困境。按照德国基本权利学说,权利体现了主观权利和客观价值秩序的双重属性。健康权首先具有主观权利属性，也就是说，健康权表明了每个个人对健康的重视和追求，并且可以自己决定以哪种方式来实现健康。然而，在客观价值秩序这个属性上，如果不经过充分的说明，健康权很难体现出来一种客观价值秩序的存在。主要的难题体现在，首先，与健康权相关的客观价值秩序的传统理解，并不能充分地阐释出健康权的特性。比如，人所享有的健康体现出了自由和尊严这类客观价值秩序，但健康毕竟不同于自由和尊严，自由和尊严在一定程度上是内嵌于人的生命本质的一种客观性很强的价值形态，但健康只是人所享有的不同程度的良好身心状态，会随着内在身体条件和外在环境和条件的变化而变化，因此健康并没有对应着一种相对客观的价值秩序。其次，就客观价值秩序的客观意义而言，其要求国家所承担的责任和义务具有一定程度的稳定性和确定性，国家行动的范围是相对确定的，而且救济渠道也是相对固定的。如果国家侵犯了个人自由，那么个人可以向法院诉求国家进行赔偿。而健康权对于国家行动所提出的要求就显得很不确定，而且健康权的救济渠道在不同的国家也存在很大的差异，与之类似的其他社会经济权利，比如，充足住房权和用水权、文化权利等，都存在类似的问题。

这并不是说传统的权利理论无法在健康权的问题上进行适用，而是说传统理论的确存在着很多限制，无法很好地解决健康权问题上的独特性。1993 年在哈佛大学曾经专门召开过一次关于健康权的理论基础的研讨会，该次研讨会就以“经济和社会权利以及健康权”为主题，汇聚了当时美国最出色的一批哲学家和医学伦理学家，对健康权的理论争议进行讨论，其中有著名的哲学家玛莎·努斯鲍姆（Martha Nssbaum），哈佛大学法学院院长玛莎·米诺（Martha Minow），以及全球享有盛誉的医学伦理学家劳伦斯·戈斯汀（Lawrence Gostin）。讨论的内容汇集成为一个论文集，以《经济和社会权利以及健康权》为名，发表于 1995 年。通过这个文集中的讨论记录可以看出，人们对于健康权的基础存在非常多的争议，以至于很难确定健康权的内涵,也无法就健康权的保护机制做出统一安排。在发言之中,玛莎·米诺抛出来三个问题,关于健康权等新兴权利,激发激烈的讨论和争论:(1)我们如何能够成功地建构一种依赖于物质条件满足才能实现的人权?(2)我们如何能够建构出一种权利,既能促进社会中人们的互动,也能保护个体性的权利?(3)我们如何能够建构出一种权利,虽然是普遍的,却回应于人们因为年龄、性别和文化传统之间的差异?[1]显然,这些问题都与健康权的定义相关,也是界定健康权必须解决的一些问题。前面已经指出,传统的权利理论难以对这三个问题做出令人满意的回答,因此需要结合健康权的特殊权利属性,以及健康权与社会环境之间的关系,提出一种更有说服力的回答。

按照美国著名医学哲学家丹尼尔斯的主张,国家在医疗事务上所承担的责任的主要依据在于平等主义的公正观,医疗保健公正是给予每个人同样的机会以满足每个人的基本医疗需要。[2] 从这个角度来看,国家参与到医疗事务之中,并不是为了特别地体现每个人健康背后的客观价值秩序,而是为了体现出让每个人都能够平等地享有接受医疗的机会。也就是说,国家是在机会平等的意义上保证每个人所享有的健康权,所以这是一种程序正义的权利观,与权利的客观价值秩序所体现出来的实质性权利存在差异。然而,这种机会平等或者程序正义意义上的健康权也存在一些问题,不然这种观点强调的是每个人在医疗上的机会平等,但实际上每个人因为经济水平、医疗环境的差异,实际上很难得到平等的医疗机会。特别是在贫富差距大的情况下,机会平等更加显得像空想。因此,我们有必要寻找

[1] See *Economic and social rights and the right to health*: An interdisciplinary discussion held at Harvard Law School in September, 1993, p.2.

[2] 参见张艳梅:《论丹尼尔斯医疗保健公正理论》,载《医学与哲学(人文社会医学版)》2007年第4期。

一种新的基础,来说明健康权的本质。

一、健康权的授权理论

如上一章所述,在人类历史中健康始终是一个重要的社会问题,然而只有在当代,从国际法实践开始,健康才开始被作为一种权利话语。健康保护是公共事务,但很长时间之内社会把健康视为一项经济和社会事务,关于药品的分配、防疫制度等,而没有把它作为权利事项。在公共健康领域运用权利语言分析的价值就在于对相似的疾病群体进行分解,从关注集体或者健康的社会现象转向关注个人遭遇。然而,虽然权利塑造了世界中的主体"各归其所"的现实,但在关于健康权方面是模糊的。通过研究人权与健康之间的关系以及理论与实践中健康与人权所指的不同来对健康权下的权力问题进行研究,可以澄清健康权的权利结构。在《世界人权宣言》之前,健康受到维持和保护,但不是以权利的形式。为什么在《世界人权宣言》之后,健康就获得了权利话语的青睐?即使到现在,在学术讨论中,这个问题仍然没有解决。正如纳斯鲍姆所言,"人们一直在以不同的方式理解权利,而且权利语言的使用经常会使晦涩难懂的理论问题变得模糊不清,权利语言的使用会给出一种意见一致的错觉,但其中包含着深层次的哲学上的分歧。人们关于权利主张的基础事实是什么有着不同看法:理性、知觉以及纯粹的生活都有拥护者"。[1]

在关于健康权的本质这个问题的研究中,目前国外学术界已经有大量的成果,但我们需要面对一种研究现状,即一些最著名的宪法学家或者哲

---

〔1〕 [美]玛莎·C.纳斯鲍姆:《正义的前沿》,陈文娟等译,中国人民大学出版社 2016 年版,第 200 页。

学家,并没有特别地针对健康权进行专门研究,而更多的是进行一般性理论的研究,比如,关于基本权利的探讨。除玛莎·努斯鲍姆外,其他的哲学家对健康权的探讨并不多。一方面,我们可以借鉴他们所提出的一般理论,运用到健康权的分析之中。另一方面,我们需要寻找新的资源,为健康权的分析提供支持。本部分借鉴艾丽西亚·伊利·亚明(Alicia Ely Yamin)所提出的健康权的授权理论(empowerment theory),对健康权这个概念所涉及的权力问题进行简要分析。艾丽西亚·伊利·亚明是哈佛大学陈曾熙公共卫生学院的一名研究员,既受过法学教育,也从事公共卫生研究,可以说是当代美国最出色的医疗和公共卫生法领域的专家,她既有大量的关于公共卫生的研究成果,也有大量的公共卫生实践经验,远赴很多国家进行调研,并于2016年被联合国秘书长任命为妇女、儿童和青少年健康全球战略的独立责任小组成员(Independent Accountability Panel for the Global Strategy on Women's, Children's and Adolecents' Health)。Yamin所提出的健康权的授权理论,是目前为止最有说服力和解释力的一种主张。本部分将结合健康权的授权理论,探讨健康权的人权基础和实践机制。

(一)授权理论的基本含义

健康权的授权理论指的是把人们对于健康的权利主张视为一种授权,即权利授予(empower)人们一种资格来过自己的生活,而不是由生活来引导和支配他们。[1] 在健康这个问题上,授权理论体现为健康权授予人们一种资格来获得营造健康生命并好好活下去。授权理论为分析健康权的结构创造了更多可能性。按照艾丽西亚·伊利·亚明的理论,"从授权的视

〔1〕 See Alicia Ely Yamin, *Defining Questions: Situating Issues of Power in the Formulation of a Right to Health under International Law*, Human Rights Quarterly, 1996, Vol. 18, No. 2, pp. 401–402.

角来看,基于人权而对健康的拥护显然是对那些在传统权力结构之下发不出声音的人们的辩护”。[1] 授权理论分析认可,权利修辞的力量对于重新划定社会边界和可能性来说是非常关键的,因为它允许个人对政府实现前述可能性的责任提出看法。

授权分析对于健康权的构建有多重意义,既将健康与权利问题相联系,又超越了传统的将健康权视为经济/社会权或公民权/政治权的讨论范畴。根据传统进路,健康权意味着资源的分配和国家承担的促进健康义务,但是授权理论通过阐述文本语言与实际行动之间的辩证关系而构建权利与健康之间的关系。授权理论对于构建社会环境的边界和可能性是关键的,既将健康权建立在统一普遍的理论之上,又对于理解个人和团体的具体生活非常有益。

在公共健康领域的实践中,比如,医疗卫生制度的建立中,健康权的框架结构成为健康权保护中的一个重要障碍,一个可能的原因就是“健康存在于人类范畴之外,不能够界定为权利”。因此,取巧的做法是将健康权归结为健康照护权(right to health care),这一点在众多国际性协议或学者论述中得到明确阐述。[2] 然而,从授权理论来看,将健康权理解为健康照护权涉及很多问题,最为关键的就是在提供医疗保健服务的同时,应当考虑背后的社会环境问题。社会环境如何作用于人们对健康的权利主张,在传统上存在极小主义和极大主义两种立场。[3] 极小主义者将健康保健范围缩小到医疗照护,而极大主义者在关注医疗保健的同时还关注背后政府承担的义务。然而,这个区分并未解决健康权定义的相关问题,不论是极小

---

〔1〕 Alicia Ely Yamin, *Defining Questions: Situating Issues of Power in the Formulation of a Right to Health under International Law*, Human Rights Quarterly, 1996, Vol. 18, No. 2, p. 406.

〔2〕 参见高秦伟:《论作为社会权的健康照护权》,载《江汉论坛》2015 年第 8 期。

〔3〕 See Alicia Ely Yamin, *Defining Questions: Situating Issues of Power in the Formulation of a Right to Health under International Law*, Human Rights Quarterly, 1996, Vol. 18, No. 2, pp. 410 – 411.

主义者和极大主义者，都需要首先解决健康权的本质问题，然而再来判断政治权力在健康权上所承担的角色。授权理论为政治权力与健康权的关系提供了一个继续探讨的框架。基于授权理论，可以对国际法和国内法的很多实践做出更好的理解，并且也能够进一步地澄清健康权这个概念所包含的更深的道德意义和政策意义。

（二）授权理论的国际法体现

授权理论不仅有助于我们理解实践中的健康权含义及范畴，而且启发我们理解国际人权文件中规定的健康权的哲学含义。健康权在1946年《世界卫生组织章程》《经济、社会和文化权利国际公约》中被定义为"获得最大限度的控制自身健康的标准"。《渥太华宪章》同样强调，为了促进健康，个人或团体必须能够辨明所需、满足所需并且随着环境的变化而相应改变。《阿拉木图宣言》虽然使用了主要的医疗保健术语，却认为"健康涉及很多不同的层面（四个层面），反映了健康问题的复杂路径，而不仅仅是服务或环境"。所涉及的四个层面：一是强调基本的高品质的健康保健服务；二是强调避免性或促进性战略；三是强调在全球范围内讨论健康权问题；四是政府必须承担提供医疗保健服务的义务。《渥太华宪章》《阿拉木图宣言》共同构成了授权性理论的概念性框架。[1]

（三）授权理论的实践机制

将人们对健康的主张视为权利主张，而不仅是社会安排，会带来重大的实践上的差异。不同的权利理论会产生不同的实践结果，授权理论的健

〔1〕 See Alicia Ely Yamin, *Defining Questions: Situating Issues of Power in the Formulation of a Right to Health under International Law*, Human Rights Quarterly, 1996, Vol. 18, No. 2, pp. 414 – 418.

康权主张会带来哪些实践效果和差异？按照 Yamin 的主张，基于授权理论的健康权主张可以给权利保护机制的完善和一些基本政治价值的实现带来突破。比如，在健康权意味着个人能够向国家主张何种程度的帮助义务的问题上，能力理论的倡导者纳斯鲍姆认为尽管帮助身体残疾者是有价值的，但是更多的精力应当放在确保穷困群体的基本健康服务上。残疾的确是对健康的一种损害，然而国家需要做的并不是帮助每个残疾人恢复到正常人的生命状态。否则国家需要付出巨大的成本。

二、健康权授权理论的说服力

首先，授权理论体现平等这一价值，即每个人都平等地得到授权，在生活中享受健康这种利益，这意味着国家的首要责任是提供大多数人都能够享受到的医疗卫生服务。其次，授权理论强调个体对自身的健康发展负责，但社会环境和健康政策塑造了个体对健康的理解和自身所采取的行动，因此从能力的角度来看，社会环境和健康政策应当以能够促进人的能力发展为目标。以人的能力发展作为理解授权的一种框架，可以解决一些传统权利理论难以克服的问题。比如在健康权基础至上的医疗保险制度设计的问题，究竟是全民免费医疗还是全面医疗保险？按照顾昕教授的主张，在中国目前的医疗保障体制之下，由于主客观条件的作用，新医改应致力于建立一个全民医疗保险而不是全民免费医疗的新体制。主要原因在于全面免费医疗给财政带来的负担是巨大的，“在现行公共财政体制基本架构不发生大的改变的前提下，要求中国政府在原有财政卫生投入的基础上新增 1.5 倍的公立医疗机构预算开支，是相当不现实的。实际上，政府财政中所谓‘卫生投入’类别不限于对医疗服务的投入，而且还包括对公共卫生、药品监管、医学科研、计划生育、医疗保障补助等方面的投入，可以说医疗卫生领域的方方面面都需要政府增加投入”。[1] 本书支持全面医疗保险模式，将在后面几章分析原因。但在这里，如何从健康权的授权理论来分析这种模式的可取性？

授权理论表明健康权并非像自由或者平等那样来自人的与生俱来的属性，而是来自健康这种特质在人的一生的能力发展和提升中的重要性，授权理论提供了这种资格，人们可以通过各种社会渠道提出健康的要求，而资格意味着社会必须通过各种方式保障这种资格的实现。但资格并非要求在功能意义上健康的重要性完全地在一个人身上彰显出来，否则一个人就失去了自己经营健康的主动权，同时资格也并不要求政府或者社会在保障各项条件上达到资格上的完全成就和实现，因此一种渐进的、能够推动资格的强化和实现的制度设计方案会更加务实地促进健康权保护的实现。

以医疗体制改革中的核心项医保制度的改革为例。我国目前医保制度覆盖面广，但并不完善。覆盖面的广度主要是与政府的政治推动能力相关，能够在如此广泛的农村地区建立全范围的新型农村合作医疗制度。然而医保制度的不完善性主要体现在其不均等性，要求政府在医保制度上设计出来更能够体现医疗公正的相关筹资方案和第三方购买机制。

如果我们只是从社会公正的角度要求政府设计出一种体现公正的筹资体系，或者按照传统意义上的客观价值秩序的权利观念要求政府对健康权进行保护，像保护人身自由或者民法权利那样，这种要求与医疗体制的内部制度之间难以建立有效的联系。那么我们对于健康权的理解还是会局限于传统的权利理论框架，比如把健康权泛化为具体部门法领域的一些

---

〔1〕 顾昕：《全民免费医疗还是全民医疗保险——基于健康权保障的制度安排》，载《学习与探索》2011 年第 2 期。

权利如民事权利,有学者将健康权认定为民法中的人格权,而人格权又属于身份权的一种。[1] 然而,这种将健康权降格的方式虽然有一定的道理,比如通过确定化为民事权利可以明确健康权的救济方式,但从根本上来说,传统的权利理论框架还是会束缚我们对健康权性质的理解。举一个简单的例子,从民事权利的角度来看,当健康权受到外在环境或他人的不当侵害时,比如,出售过期食品而对消费者健康带来危害,个人可以通过民事诉讼渠道提请赔偿。但这种救济途径非常有限,而且只能针对一些典型的民事侵权情形,而对于其他一些情形,比如,烟草对于健康的危害,无法通过提起民事权利之诉就能轻易解决。一般来说,消除烟草危害或者进行烟草控制所涉及的健康权问题主要围绕国家义务而展开。根据邓海娟教授的总结,"从健康权角度看,烟草依赖是一个慢性疾病,在主要的国际疾病分类中一般被归类为身体和精神疾病,国家因此有义务提供有效的和充足的公共健康和卫生保健措施、商品及服务以使个人从烟草依赖中得以康复"。[2] 由此可见,健康权是一种无法限定在传统部门法权利观念之下的权利。

从健康权的授权理论出发,可以围绕资格问题而展开,通过资格所包含的确定身份、提出主张、要求与资格相互适应的特定实施方案。比如,健康权所包含的每个人都应该得到基本医疗保障的资格的内涵,要求政府实现医疗保障的全覆盖,同时也要求医疗保障的均等化,均等化并不意味着平等,而是政府通过各种举措尽可能地保障医疗服务的公平性和可及性,如顾昕教授所总结的,"国家强化了公共财政在卫生筹资中的责任和功能,推进了基本医疗保障体系覆盖面的拓展和筹资水平的提高,其直接的效果

[1] 参见邹艳辉:《健康权的权利性质界定》,载《济南大学学报(社会科学版)》2015 年第 1 期。
[2] 邓海娟:《健康权的国家义务研究》,法律出版社 2014 年版,第 199 页。

就是大大降低了患者的自付水平,从而有效地提高了医药卫生费用负担的公平性”。[1] 国家责任和功能的强化可以是一种渐进主义的实践方式,这与健康权的重要性并不冲突,而且也体现了国家以权利为价值引导,同时反过来通过体制推进对权利进行塑造的能动性。我们的医保制度必然要走向更加体现公正和均等性的全民医保,按照顾昕教授的构想,通过一种渐进主义的路径,实施两个阶段的改革进程,最终能够实现全民医保的制度目标。在第一阶段,三大公立医疗保险依然以身份制为基础,分别以城镇工作人群及离退休者、城镇非工作人群和农村居民为参保对象,其管理机构依然分别隶属于劳保部和卫生部。在第二阶段,三大公立医疗保险将打破身份制,面向全体国民,构成缴费水平不同、给付水平不同、服务水平不同的三层次公立医疗保障体系。国家实施强制性参保,民众可以在三大公立医疗保险中任选其一。医保机构将践行政事分开,最终与政府行政部门脱钩,成为独立的公立法人组织,直接向各地政府或者人大负责。[2]

除与平等之间的关系,授权理论下的健康权概念还会引发进一步的问题:健康权是不是一种人权?授权理论表明通过权利话语赋予人们对健康的主张以一种特别的资格,看起来与传统意义上的人权主张相区别。按照传统意义的人权主张,人权来自人之为人的基本属性。但既然《世界人权宣言》将健康包含在规定之中,并且该宣言也在很大程度上体现了授权理论,那么在健康权和人权之间就存在着可以建立实质联系的空间。

既然健康权是关于每个公民得到健康的一种资格,那么除了体现平等之外,健康权还包含着公共性的内涵。公共性内涵体现为权利实践与社会

〔1〕 顾昕:《全民免费医疗还是全民医疗保险——基于健康权保障的制度安排》,载《学习与探索》2011 年第 2 期。

〔2〕 参见顾昕:《通向全民医保的渐进主义之路——论三层次公立医疗保险体系的构建》,载《东岳论丛》2008 年第 1 期。

公正相关，并且也会成为评估社会实践和公共政策的依据。其次体现为权利实践所包含的价值因素，权利实践会与其他的价值和目标产生关联，比如，平等、尊严等。所以接下来的一些问题是，如何理解健康权的内容，以及如何在健康权和社会公正、社会政策之间实现协调。最后，在对健康权做出理论定位之后，需要在宪法教义学的框架之下将健康权的内容和价值关系纳入其中。

第二节　健康权与人权的关系

在社会常识中，健康与人的主观感受紧密相关，人在健康状态下并不会刻意关注健康的意义。在法学研究中，健康与人权的关系也是如此。健康很少和人权以明确直接的方式相联系，只有在健康受到明显伤害时我们才会联想到人权。健康和人权难以建立联系的原因包括复杂的哲学基础、不断变化的术语表达等。从实践角度讲，健康工作者关注实用性或可应用性，而很少关注人权，反之亦然。如果健康权是一种授权性的权利，那么健康权是不是一种人权？尽管国际条约已经在很大程度上确认了健康权的人权属性，但这并没有解决健康和人权进行关联的很多障碍。毕竟如何确立健康的人权意义，以及如何对健康进行人权评估，目前在理论上和实践中都存在着太多的问题没有解决。尽管如此，健康和人权确是促进人类福祉的良好途径。健康与人权如果能够寻找到共同的基础，便能促进两者的结合。关键的问题是，二者之间的共同基础如何建立。

一、健康与人权的结合点

现代健康概念源于医学和公共健康两个不同的学科。医学关注个人的健康，而公共健康则关注整个群体的健康、疾病的预防等，所以医学与健康严格意义上不能等同。比如，在《世界卫生组织宪章》中关于健康的定义："健康是身体、心理和社会福祉的复杂结合，而不仅仅是没有疾病"，将健康与社会、医学联系在一起。该定义同时注重促进健康的重要性。现代健康概念从医疗保健拓展到更广泛的社会层面和社会、个人的福祉。

现代人权概念同样是复杂的、不断变化的。尽管人权思维有很长的历史，但是真正达成一致是在 1945 年联合国成立后。1948 年，《世界人权宣言》被视为所有种族和国家的统一标准，也确立了人权的国际法和国内法保护的基本框架。尽管宣言中所规定的基本人权是模糊的和有争议的，但我们可以通过宣言总结出现代人权具有如下几个特征：人权属于所有人；人权是固有的；人权适用于所有人；人权主要涉及个人和国家的关系。现代人权观主要体现在《世界人权宣言》《联合国宪章》《公民权利和政治权利国际公约》《经济、社会和文化权利国际公约》以及基于以上文件制定的针对特定人群或问题的公约或声明。1948 年开始，促进和保护人权受到全世界越来越多国家的关注，并且其他的国家、非政府组织和媒体也开始监督人权保护的状况。

20 世纪 40 年代末开始，人权主张和相关挑战逐渐从四个方面拓展了人权运动的范围：第一，关注的范围从公民权和政治权（含若干经济社会权利）拓展到环境权和全球经济社会发展。第二，人权概念和话语的使用拓展到人权斗争和社会运动中。第三，其他的社会机构和体系可能会严重影响人权的实现。第四,促进和保护人权逐渐被视为相互依赖。[1] 总而言之,人权术语和规则正在逐渐成为国家和世界生活的一部分。

在这种人权实践和发展的背景之下,开始有越来越多的研究把健康和人权联系在一起。显然,同很多人权主张一样,比如,获得工作的权利,将健康视为一种人权能够产生很多福祉,这样做的益处比单纯地保护健康或者保护人权所产生的益处要大。[2] 总结起来,这些益处体现为:第一,健康政策、规划和实践的成败会对人权保护产生积极和消极影响;第二,侵犯人权会对健康带来影响;第三,为促进和保护人权与健康是重大关联的。

现代国家承担着繁重的公共健康责任,在医疗制度、卫生政策和财政政策等各个领域确立健康责任的实施策略,并通过大量的政策和规划来细化。公共健康的三个关键功能包括:对公共健康状况和发展进行评估并制定规划,比如中国正在推行的医疗体制改革和"全民健康"规划目标;制定优先性健康问题的政策,比如,对糖尿病为代表的慢性病的优先防治;确保健康发展规划能够实现战略性目标,比如,《"健康中国2030"规划纲要》和《中国防治慢性病中长期规划(2017—2025年)》的制定实施。这三个功能都体现了国家在公共健康事务上所发挥的政策性和引导性角色。然而,国家的政策角色主要是通过具体化的决定和目标导向来施展,目标导向在很大程度上会导致国家过度关注结果的实现。如果忽视了健康的人权维度,那么就会出现政策导向、目标导向的短期倾向,而无法实现制度的稳定性。

以基本药物制度为例。国家通过实施基本药物制度,通过政府定价,

〔1〕 See Jonathan M. Mann, Lawrence Gostin, Sofia Gruskin, Troyen Brennan, Zita Lazzarini and Harvey V. Fineberg, Health and Human Rights, 1994, Vol. 1, No. 1, pp. 11-12.

〔2〕 See Jonathan M. Mann, Lawrence Gostin, Sofia Gruskin, Troyen Brennan, Zita Lazzarini and Harvey V. Fineberg, Health and Human Rights, 1994, Vol. 1, No. 1, p. 12

设置基本药物的范围，以提高药物对于患者的普及性和可得性，并降低药品需求者的经济成本。该制度最初由世界卫生组织所倡导，其目标是提高医疗制度落后的发展中国家的医疗水平，降低普通民众的医疗成本。我国自2009年发布《关于建立国家基本药物制度的实施意见》以来，开始正式实施基本药物制度。该项制度的实施具有很强的目标性和政策性，比如，其目标是“到2011年，初步建立国家基本药物制度；到2020年，全面实施规范的、覆盖城乡的国家基本药物制度”。然而，无论是世界卫生组织倡导该项制度的初衷，还是该制度设计背后的价值导向，都包含着健康权保护这一核心价值。如果只是看中基本药物制度的政策性，而忽视了基本药物制度背后所包含的个人对于健康的权利请求，那么这项政策就只具有过渡性，而增加了政策实施的随机性和不稳定性。〔1〕

综上分析，健康权具备了初步的人权属性，通过赋予健康以人权意义，无论是从健康带来每个公民的福祉还是从健康保护的全备性来看，都具有更为积极的意义。然而，健康权是否是真正意义上的人权，还需要进一步的论证。因为把健康权视为人权，还面对着一些论证上的障碍。

其中比较重要的有两点质疑：第一点质疑是，健康权作为人权是否能够受到限制。有学者认为，健康权内涵过于模糊，因此应该用“健康照护权”（right to health care）代替“健康权”，从而明晰健康权利作为一项基本权利的规范内涵，找到保护公民健康的新进路。健康权满足成为一项人权的三个标准，即主体的普遍性、至关重要性和可实现性，因此可以确认其作为人权的权利属性。但是，由于缺乏清晰的规范内涵，健康权难以从国际法上的人权顺利转化为国内法中的基本权利。文章指出，“健康”概念具有

〔1〕　参见宋玉萍、王晨光：《从权利救济到权利请求——基本药物制度的法理学分析》，载《比较法研究》2013年第3期。

不确定性和易变性,并且缺乏衡量健康的明确标准。一些国际文件力图通过释明健康的决定因素来摆脱其内涵的模糊性,但这种做法实际上是对阐明其规范内涵的放弃。对健康的基本决定因素的讨论实际上暗示了健康照护权作为一项国内法上的基本权利的可能。健康照护权满足作为一项基本权利的实质要素和形式要素,即人权基础和宪法基础。在实质内涵上,健康照护权是健康权的一个实践性的下位概念,是对健康权重要落实和实现。在形式基础上,我国《宪法》第 14 条第 3 款、第 21 条、第 33 条、第 36 条以及第 45 条中的相关内容间接构成了健康照护权的宪法基础。[1]

第二点质疑是作为人权的健康权会对传统的人权观、健康的相关主体带来怎样的影响。著名的人权理论家格里芬在《论人权》中提出了一系列的追问,反映出了将健康作为人权可能遇到的一些困境:"如果人权保护生命,难道它们不应该保证为了让身体和灵魂保持在一起而必需的手段,即某种最低限度的物质供给吗?既然单纯的生存(即让身体和灵魂保持在一起)过于单薄,不足以确保规范能动性,难道人权不也应该保证作为规范行动者也需要的闲暇、教育以及了解其他人的思想的渠道吗?"[2]

格里芬支持将福利权纳入人权的框架体系中,因此与福利相关的那些因素就成为人权的备选选项,按照他自己所提出的一个标准,某些形式的福利从经验的角度来看是自主性和自由的必要条件,但也有一些形式的福利是逻辑上必要的:当我们说一个人具有自由和自主性的权利时,我们也是在说,他至少享有哪些形式的福利。[3] 因此,对于自由或者自主强调会使我们看重福利的价值,因为福利提供了一个人发挥规范能动性的基本条

〔1〕 参见刘永红、杨知行:《论健康权转向为健康照护权的权利属性与规范内涵分析》,载《乐山师范学院学报》2023 年第 3 期。

〔2〕 [英]詹姆斯 · 格里芬:《论人权》,徐向东、刘明译,译林出版社 2015 年版,第 216 页。

〔3〕 参见[英]詹姆斯 · 格里芬:《论人权》,徐向东、刘明译,译林出版社 2015 年版,第 217 页。

件。按照格里芬的主张，对福利的重视会要求我们去保护另一个人，以免他失去自己的能动性；它会要求我们去帮助另一个人恢复他已经丧失的能动性，比如说，通过给残疾人提供方便或给盲人引路。格里芬的立场体现了一种强烈的人权福利主义观，通过把人权与福利进行结合，扩展了传统的人权范围。

然而，在何种程度上福利能够进入人权的范围，将一些福利作为人权会给国际人权实践或者法律规范的制定带来怎样的影响，福利主义并没有给出明确的答案。健康权作为一种新兴人权形态，与其他新兴权利又存在区别，比如，信息权利、基因权利或者环境权利和食物权等，信息、基因和食物等是构成福利的一些基础性物质条件，而健康不只是体现在物质条件的满足上，更主要是体现了健康拥有者在健康上所获得的尊严。如果我们把食物权作为一项基本人权，[1]那么食物权所引发的国家责任或者社会结构问题会比较清晰，比如，政府通过立法和严格执法保障食物的充足供应和安全，并通过培植市场引导食品行业的多元化，对食品权的尊重和保护是与食品市场的充分健全呈正相关的。然而，与健康相关联的医疗服务市场的运行逻辑跟食品市场的逻辑却迥然不同，与健康相对应的医疗市场是一个具有高度专业性、门槛性高和信息高度不对称的市场领域，这个市场有一个自身的逻辑体系，在运行上并不与健康的重要性呈正相关，可能会排斥健康权上的均等性，因此就需要确认国家责任的性质。而解决这个问题，需要澄清健康权与人权之间的关系，及其独特人权结构。

---

〔1〕 参见姚建宗等：《新兴权利研究》，中国人民大学出版社 2011 年版，第 326～354 页。

二、健康作为人权的限制

权利的范围和实践会受到限制，我国宪法明确规定了权利应该受到限制的情形，《宪法》第51条规定，中华人民共和国公民在行使自由和权利的时候，不得损害国家的、社会的、集体的利益和其他公民的合法的自由和权利。这是对权利行使的一般性限制，划定了权利的范围。但需要注意的是，这里的限制更多的是从结果来判断，也就是权利行使给其他人带来的损害。尽管在何种情况下，对他人利益构成损害在理论上存在很多模糊的地方，但总体而言《宪法》第51条充分尊重了公民行使权利的空间和困难。

然而，如果我们把健康作为一种权利形态，健康权所面对的限制就不同于一般意义上的权利。传统的权利，如生命权，体现的是个人对自身生命的排他性支配，他人不能剥夺自己的生命，言论自由权则体现的是个体能够自由地表达和传递自身观念和判断的空间，同样也阻断了他人的干涉。一些更具有社会性的权利，如劳动权，更多地体现了作为社会之组成部分的每个个人，作为一个社会人而承担的参与社会创造的身份，国家通过劳动保障和经济分配而对劳动者的权利加以政治承认。[1] 然而，在经济和社会权利中，无论是适足生活水准权，还是健康权，都既不体现公民个人作为一个实践主体在社会实践中的创造性空间，也无法像劳动权那样通过劳动建立与国家共同体之间的相互承认关系。且不论健康权在行使和适用之中的问题，单就概念而言，把健康权作为一种人权，就面对着一些限制。虽然上一部分讲到健康与人权之间的结合可能带来的很多益处，但这

〔1〕 参见王旭：《劳动、政治承认与国家伦理——对我国〈宪法〉劳动权规范的一种阐释》，载《中国法学》2010年第3期。

些限制必须加以面对和回应。

第一,健康权作为人权会带来卫生健康政策上的负担。一方面在卫生健康实践中,患者、医生、医疗机构和行政机关的角色会因为健康权的分析而面临角色上的转化;另一方面健康权作为人权的权利性质会改变不同主体之间提出要求的方式。比如,作为一项社会难题的艾滋病患者的生命健康权问题。显然,艾滋病问题不只是一个医学问题,更是一个社会问题。在世界卫生组织的报告中指出:“特别容易感染艾滋病毒的人群,如年轻妇女,男男性行为者和注射吸毒者,往往受到歧视,在社会和经济上处于不利地位。这些脆弱人群可能是法律和政策的目标,由此进一步加剧其边缘状况,使其更难获得预防和医护服务。”[1]这个概括总结出艾滋病患者所面临的社会和经济困境,如果从人权视角来看,艾滋病患者所面对的歧视和排斥显然是对其健康权的阻碍。然而,人权视角的出现增加了艾滋病患者救助的复杂性,也会对疾病救助者和救助机构施加更高的要求。如何面对和化解这种负担,是健康的人权论证所要解决的问题。

第二,健康权作为人权会带来社会公正的难题。基本人权应该获得国家在法律、政策和财政上的必要支持,如果将健康作为一项人权,那么意味着国家有责任对每个公民个体的健康状况加以尊重、保护和促进。然而这个假定会产生一系列的问题,比如,国家承担责任的程度应该达到什么样的层次,健康的维持一方面需要个人自身身体状况和外在环境,另一方面也需要相应的医疗和医药条件。国家不能控制每个人的身体,因此个人的身体状况只能由自己负责,然而每个人的身体条件差异太大,既有健康与虚弱的差异,也有健全和残疾的区别,国家在这些差异面前既不能做到一

〔1〕《健康与人权》,载世界卫生组织:http://www.who.int/mediacentre/factsheets/fs323/zh/,最后访问日期:2022 年 6 月 15 日。

视同仁,也无法个别处理。

人权引发的社会公正问题还体现在城乡差异和资源分配的问题上。我国城乡发展、东西部发展不均衡,医疗资源高度集中在发达地区。在广大农村地区,医疗水平仍然相对落后。此外,农村地区社会保障覆盖不足,医疗报销比例偏低,使农民看病贵,在疾病面前往往束手无策。其中也涉及资源分配和成本的问题,我国农村人口数量多,在短时间内让这么多农村人口享受到同城市人口同等的医疗待遇和政策,在财政上也会造成巨大负担。同时,我国的医疗资源也存在严重不均衡,医疗资源不断地向城市和大医院集中,导致医疗资源形成了“倒三角形”的配置格局,这种状况势必会影响城乡大多数居民对医疗的可及性和公平性。[1]

第三,与前面两个方面相关的,将健康视为一种人权,会带来人权评估上的困难。传统的人权实践,在评估上已经形成相对健康的评估标准。一般来说,良好的人权保护的重要表征是国家的权力受到限制,公民的基本权利得到基本保障,比如犯罪嫌疑人的刑事诉讼权利得到基本保障。然而在健康权的问题上,人权评估存在多种困难。首先,如何对健康进行判断,国家或者政府本身也没有一个确定的标准。其次,现代社会大多数国家都在医疗事务上承担重要责任,但不同国家采取的方案是不同的。美国采取市场机制,在奥巴马医改之前,交由商业保险市场来调整医疗供需,然而这种体制弊端比较多,所以奥巴马推行医疗改革,强制美国所有公民购买医疗保险,虽然此举引发宪法争议,最终仍在最高法院平安通过,但特朗普总统上台之后力图废除全民医保,可见美国医疗体制的特殊性。相较之下,很多国家采取全民医保制度,如日本,所有居民(不限于公民)都可以加入

〔1〕 参见代英姿、王兆刚:《中国医疗资源的配置:失衡与调整》,载《东北财经大学学报》2014 年第 1 期。

全面健康保险,个人承担少部分,政府承担大部分。不同国家的医疗制度背后有政治制度和文化制度的差异,因此很难形成一种统一的医疗体制之效果和效力的人权评价标准。当然,我们必须承认,医疗制度只是健康权保护的整体机制的一部分,但从医疗制度的多样性来看,确定比较可靠和一致的人权评估标准是存在较大难度的。

综上所述,把健康作为人权,既有结果和益处上的吸引力,同时也有理论上的困难。国内学术界在处理这个问题的时候,采取的策略大多数是援引国际条约和在宪法文本内部论证。援引国际条约的做法虽然比较稳妥,但同样面对着如何将国家条约转化成国内法律实践的难题。我国已经签署《经济、社会和文化权利国际公约》,然而,在如何贯彻落实该条约的问题上,仍然有很多理论上的空白,特别是该条约所提出的很多权利主张与中国的政治经济制度相协调的问题。

很多研究将宪法的人权属性的来源归结到相应的宪法规范之中,比如,焦洪昌教授主张,《宪法》第 21 条所规定的“国家发展医疗卫生事业”,第 26 条所规定的“国家保护和改善生活环境和生态环境,防治污染和其他公害”,以及第 33 条所规定的“国家尊重和保障人权”等,都蕴含着健康权的观念,而且可以把健康权视为实定化的人权。[1] 然而,宪法规范蕴含的健康权内涵,可以视为解释宪法的结论,但并非得出健康权人权这个结论的前提。因此,要证明健康权是一种基本权利或者人权,能够得到宪法意义的保护,需要在宪法背后的原理之中进行论证。按照宪法教义学的理论逻辑,如果不能在宪法原理上解决健康权的人权基础问题,就无法全面立体地展现健康权的权利内涵,而仍然停留在对健康权进行分类列举的层次上。很显然,通过分类列举的方式来思考健康权,比如,事前健康权、获得

〔1〕 参见焦洪昌:《论作为基本权利的健康权》,载《中国政法大学学报》2010 年第 1 期。

清洁用水的权利,事后的健康权、获得及时有效治疗的权利等,能够充实我们对于健康权的理解,但这种方式具有明显的局限性,比如,雾霾问题,我们是否还要增加获得清洁空气的权利?又如,近几年中国夏季高温问题也越发突出,甚至直接危害人体健康,那我们是否也要提出免于高温危害的权利?列举式权利必然会陷入这种分类不足和相对滞后的困境。

本章采取的论证策略是,在宪法教义学的宏观框架下,分析健康权的内容和道德意义。按照授权理论的健康权观念,健康权本质上是一种授权。这意味着健康权并非天赋,也不是基于社会契约,而是基于健康之重要性从而赋予每个公民主张健康的资格。在这个框架的基础上,健康权的充实包含着几个方面,大致可以分为内容上的充实,健康权所处的价值网络和健康权的制度外延。这几个方面与"国家发展医疗卫生事业"的宪法教义学框架大致吻合,但健康权是国家发展医疗卫生事业的价值要义,因此需要单独加以考察。

第四章

健康权、能力与未完全理论化的协议

第一节 健康权的内容与哲学基础

虽然健康权越来越受到制度层面和实践上的重视，但其内容一直充满着不确定性和争议。其中一项重要的缺陷，是缺乏对健康权的哲学基础的探讨。本部分借鉴耶鲁大学教授詹妮弗·普拉·鲁格(Jennifer Prah Ruger)所提出的健康权的能力路径和未完全理论化协议的分析，对健康权的内容进行充实。

在詹妮弗·普拉·鲁格看来，从事公共健康和健康政策的国际人权法学者主要关注政府促进和保护公共健康和人权的义务，这些学者促进了对一个国家公民权和政治权利的理解，但是没有系统化地考察经济和社会权利的意义和实施。虽然联合国经社委员会在 14 号一般性意见中提供了关于健康权更具可靠性的说明，但是这种说明也是列举式的，并且可操作性不强。尽管很多理论已经对健康权的理论基础做出了分析，但是缺乏关于健康权的体系化的哲学基础。无论是在西方发达国家，还是在中国，对健康权的关注往往更多的是从政策角度，而没有关注健康权的哲学基础。少数关注健康权的国际关系学者和活动家提供了三种国际健康合作的框架：国家和安全利益、国内和国际经济发展、国际人权。[1] 人权主义路径填补了在国际健康进程中由经济和地缘政治所留下的道德空白。但是，该路径只在某些领域有效，比如控制和减少艾滋病、实施国际健康组织章程等。

同样地，与健康权相关的最具理论性的领域是医学伦理或者生物学伦理，这些研究基本框架是将健康权作为一种社会福利，但是很少关注健康本身与社会正义之间的关系。这种偏见的一个假设就是：健康并不能作为评价社会公正或者人权的可辨析的焦点，公共福利、自由、资源等却可以。对健康的哲学基础的忽视会直接影响健康权的保护，因此 Ruger 认为，探讨健康权的基础需要聚焦于伦理领域的公共道德准则（也就是说，促进健康权的个人和集体的义务）。对个人和社会的规则不仅要求法律文件，而且要求关乎个人和社会的内在化的伦理规则，从而促进所有人的健康。这种内在规则反过来会促进国内政策和法律文件的更大效用，进而促进健康权的保护。当个人将公共道德准则作为个人和集体行动的指导性准则时，这种情形更容易实现。

第二节　几种论证进路

一、功利主义和健康政策

功利主义是一种占据主导地位的健康经济学分析模型，并且作为健康

〔1〕 See Jennifer Prah Ruger, *Toward a Theory of a Right to Health: Capability and Incompletely Theorized Agreements*, Yale Journal of law & the Humanities, 2006, Vol. 18, Issue 2, p. 274.

政策分析的标准框架在健康政策中得到大量体现。功利主义模型期待在健康政策分析中发挥更大的效用,该模型于 1993 年由美国公共卫生署(United States Public Health Service)所创造的一个健康和医药成本—收益小组(Panel on Cost-Effectiveness in Health and Medicine)在一份报告中提出。该小组提出很多建议,其中一条就是基于人们的健康偏好而制定相应的健康政策,以实现最大限度的功利最大化。然而,功利主义将实用性作为绝对的原则,并没有给健康特殊的对待。除此之外,功利主义追求累积的福利,并没有考虑社会中收益与负担的分配,因此无法成为健康权的有效哲学基础。[1]

二、自由至上主义(libertarian)视角

以罗伯特·诺奇克为首的哲学家认为,公正的自由主义理论将会排斥任何要求社会提供卫生保健或健康保险的义务,因为由此增加的税费将会侵害到个人的自由。[2] 自由主义将自由设为绝对的原则,并没有给健康以特殊的对待。在人权学术和实践领域的“自由共识”认可消极权利的实现却忽略了积极权利的实现。[3] 因此,自由主义支持保证消极自由的国家法律,但是反对再次分配资源以促进积极权利。以诺奇克为代表的极端自由主义理论在健康权问题上显示出明显的弊端,特别是在现代福利国家的背景之下,更是难以被人接受。

---

〔1〕 See Jennifer Prah Ruger, *Toward a Theory of a Right to Health: Capability and Incompletely Theorized Agreements*, Yale Journal of Law & the Humanities, 2006, Vol. 18, Issue 2, pp. 280 – 281.

〔2〕 参见[美]罗伯特·诺奇克:《无政府、国家与乌托邦》,何怀宏译,中国社会科学出版社 2008 年版,第 20 页。

〔3〕 See Jennifer Prah Ruger, *Toward a Teory of a Right to Health: Capability and Incompletely Theorized Agreements*, Yale Journal of Law & the Humanities, 2006, Vol. 18, pp. 280 – 281.

三、罗尔斯的正义理论

在罗尔斯看来，不考虑个人得失的理性个体将会选择公正的原则以实现本人善的最大化。善是根据机会的相对公平来分配的，而相对的公平指的是因出生、家庭财产、教育体系等。[1] 在纳斯鲍姆看来，尽管罗尔斯的正义理论存在诸多优点，但罗尔斯主义的主要关注点在于路径而非目的，其并未考虑人类所追求的善和目标的多样性。罗尔斯明确反对将健康作为研究要点，因为没有社会会保证每个个人的健康。[2] 他在随后的《人民之法》中将健康作为一种首要之善，但是他在《正义论》中所提出的正义理论的核心观点，仍然把健康视为一种自然之善，而不是像自由那样的首要之善，这个缺陷使得罗尔斯的正义理论无法回应将健康作为一种人权的基础问题。

四、公平的机会平等

诺曼·丹尼尔斯(Norman Daniels)在罗尔斯的正义论基础上基于机会平等来建立健康保障权的基础。丹尼尔斯认为，提供健康保健的社会义务不同于并且优先于提供其他首要之善的义务。丹尼尔斯认为："影响到健康的社会机制应当尽可能地做出安排，以尽可能地允许每个人实现社会中存在的正常范围的机会的公平分配。"[3] 在后期，丹尼尔斯受罗尔斯影响，

---

〔1〕 参见[美]约翰·罗尔斯：《正义论》，何怀宏等译，中国社会科学出版社2001年版，第61页。

〔2〕 参见[美]约翰·罗尔斯：《正义论》，何怀宏等译，中国社会科学出版社2001年版，第62页。

〔3〕 Jennifer Prah Ruger, *Toward a Teory of a Right to Health: Capability and Incompletely Theorized Agreements*, Yale Journal of Law & the Humanities, 2006, Vol. 18, p. 284.

认为健康是正义的一个副产品。然而,公平的机会平等理论用来说明健康的道德基础,仍然存在很多无法解决的问题,在此基础之上无法形成真正有效的健康政策。首先,机会平等关注的是在社会安排中对于各种实现人的福祉的机会,能够尽可能地保证公平地分配到条件大致相等的人之中,从而帮助他们实现自身的福祉。然而,健康并不是人在社会之中所有的一种机会,而是实现和追求这些机会的条件,即使不同的人之间得到了相同的机会,但他们之间的健康状况不同,那么他们还是不平等的。另一种情况是,对于很多人来说,机会平等并无意义,比如,老弱病残,他们并没有从机会中受益的意义。其次,丹尼尔斯将健康权视为正义理论的副产品,或者是正义实践的结果,忽视了健康本身的重要性,以及作为正义实践之基础的属性。根据上述分析,健康不能成为正义的结果,而是正义理论设计的起点。正是由于健康本身对于每个人的重要意义,正义理论才需要将健康作为一项基础性的关注内容。

第三节　基于能力的论证进路

一、能力进路的基本内容

本部分结合 Ruger 所提出的能力进路,对健康权的道德基础做一个重新的构建。前面几种进路大多是把健康视为符合正义的政策和法律的结果,而不是正义法律的必然内容,因此存在着难以克服的缺陷。而起源于亚里士多德,由阿玛蒂亚 · 森和纳斯鲍姆所发展的能力理论,在健康问题上,有着巨大的理论说服力。能力与健康存在天然的结合点,而能力是人的发展和繁荣的必备条件,因此在健康政策和人权保护中应当将健康作为公正和效率的焦点。将健康作为正义之焦点的社会义务是普遍的,应用于所有人,无论阶层、性别、种族等,对于核心健康能力的关注源于确保人体关键重要机能达到最低标准的需要。

在詹妮弗·普拉·鲁格看来,现存的关于健康政策和法律的医学、社会伦理学、传统方式并未解决人类生活中的许多实际问题。能力路径可以帮助我们解决该问题,因为其将人类昌盛的能力视为目的而不是工具,并且提供了可分析的具体框架。能力理论始自亚里士多德。亚里士多德关于人类发展和人类繁荣的观点主要由五部分组成:(1)人类的繁荣是所有政治活动的目的所在;(2)诸如财富等资源并不是政治活动的目的所在;(3)对政治安排的评价;(4)不同类别的活动存在不同的价值;(5)界定人类繁荣的含义从而对政治安排是否实现了这种繁荣做出评估。这五个内容构成了人类繁荣的基本状态。人们通过运用实践智慧,在各项活动中发挥自身的功能,从而实现繁荣。而政治则通过对资源进行分配,以保障每个人都发挥好的功能。由此可知,如果有人在身体方面存在缺陷,那么国家就应该在环境允许的情况下,对资源进行重新分配,以保证此人能够重新获得自身繁荣的能力。[1]

亚里士多德的能力进路的当代继承者阿玛蒂亚·森更为全面地提出了人类发展的能力理论。该进路通过强调能力作为社会评价的核心而与亚里士多德的社会和政治伦理构建起密切的联系。阿玛蒂亚·森的能力路径主要包括四个要点:第一,森批判了各种各样的平等主义者的理论,平等主义者主张平等是政治安排和设计的一项重要标准,但在森看来,我们无法解决平等到底要求什么的问题。森主张以个人获得机能的能力作为

---

〔1〕 See Jennifer Prah Ruger, *Toward a Theory of a Right to Health: Capability and Incompletely Theorized Agreements*, Yale Journal of Law & the Humanities, 2006, Vol. 18, pp. 292 – 293.

社会正义的标准(能力通过两种方式与机能相联系:获得保持良好机能的资源及有效发挥使之发挥作用的能力)。[1] 第二,人类的多样异质性(heterogeneity)是考量平等的核心,多样性因为提供了区别对待不同个体的理由而与健康权和健康政策相关联。第三,个人偏好或欲望本身并不是人的福祉的指示器,相反,实现有价值的机能的能力是评估平等的主要标准,运用偏好或欲望来评价健康并不会促进健康机能,健康需要和健康能力的良好分配。第四,人类的自由至少包括机会和实现路径两个方面,机会方面通过对公正政策影响人的实质自由和选择生活的能力来对政策作出评估,因此公正政策必须关注人们实现有价值的结果的机会。实现路径方面则关注的是将政治决定和社会选择中的公共参与作为公共政策的构成性内容。[2]

二、未完全理论化的协议

能力路径承认不同的人具有不同的机能,并将机能划分为基础机能和关键机能。区分核心和非核心能力来拓展健康政策的概念是非常重要的。核心能力是非核心能力的基础,在评价健康政策时优于非核心能力。能力路径的“未完全阐述和部分有序”对于理解公共政策、健康政策及法律层面的平等需求是重要的(同时是一个迭代的过程)。美国哲学家纳斯鲍姆在森的基础上更进一步细化了能力理论的基本内容。她对能力理论提出了清晰的定位,她认为“能力理论并不是一种探讨何为人心的理论,它并没有

〔1〕［印］阿玛蒂亚·森:《论经济不平等,不平等之再考察》,王利文、于占杰译,中国人民大学出版社2015年版。

〔2〕 See Jennifer Prah Ruger, *Toward a Theory of a Right to Health: Capability and Incompletely Theorized Agreements*, Yale Journal of Law & the Humanities, 2006, Vol. 18, pp. 297 – 298.

从内在人性中解读出规范。准确地说,它从一开始就是评估性的、伦理性的。它的问题可以表述为:在人类能力得到发展后可以进行的多种活动中,哪些是真正有价值的活动?哪些是一个最低限度公正社会所应努力去培育和支持的能力?有关人性的叙述可以告诉我们,我们具有哪些资源和可能性,我们又将面对何种困难,但它不能告诉我们,什么是有价值的”。

究竟哪些是有价值的?能力进路为此开拓了方向,但在内容上仍然存在着不确定性。如果我们将健康作为一种重要的价值,并且视为人的机能的重要基础,那么如何设置合理的公共政策和法律对健康进行保护?能力进路与未完全理论化协议的观念相结合,会在实质上解决这个问题,并为健康权的公共立法提供指引。未完全理论化是由美国法学家孙斯坦所提出的一种观念。这种观念的内容非常简单,但在法律推理和政治实践领域具有很大的启发性。未完全理论化协议,简单地说就是,人们可能在一般原则问题上存在分歧或不一致,但可以在具体问题上达成共识。[1] 该观念包含着两个内容:一是承认人们在达成基本原则的一致性上的认识论困境和巨大成本,因此是未能完全理论化的;二是在具体问题的不同观点冲突上,通过一定的程序和途径,可以实现共识。未完全理论化协议通常适用于司法裁判领域,为司法中的疑难案件提供指引。但在公正政策和立法领域,该观念也颇具解释力。

在应用能力进路审视健康、健康政策和健康权时,未完全理论化协议可以作为亚里士多德主义和能力路径的互补性框架。虽然未完全理论化协议已经在法律领域作为一种描述性和规范性的框架,但是并未应用于诸如健康等政策领域。未完全理论化的协议是在高层次和低层次之间未统

〔1〕 参见[美]凯斯·R.孙斯坦:《法律推理与政治冲突》,金朝武等译,法律出版社2004年版,第二章。

一适用的理论,在某种程度上与罗尔斯的重叠共识相关联,但又区别于重叠共识。罗尔斯通过重叠共识强调人们可以在分歧的基础上就社会合作的根本问题达成一个最低限度的公共性的共识。而未完全理论化的协议并非关乎社会合作的根本问题,而是面向人的具体合作、具体事务。未完全理论化协议虽然其承认抽象政治原则的共识会产生稳定性、社会共识和社会改革,但是罗尔斯的正义论因为集中于重大的哲学问题而在法律目的及日常政治生活中未产生多大用途。

高层次的原则在民主政治生活中是重要的,但是政治政策决定需要在特定事项上达成合理的共识。人们可以对基本的原则未达成一致,但是对具体实际案例可以达成一致。桑斯坦的未完全理论化的模式在健康和健康政策制定过程中是有益的。我们可以区分未完全理论化协议的三种不同类型,即未完全具体的协议(高层次协议)、未完全具体和一般化协议(中层协议)、特定结果的未完全理论化协议(低层次协议)。(1)未完全具体的协议:该类型产生于对一般的原则(健康原则)达成一致,但是在具体的情形(何为“医疗保健”等)中产生重大冲突。(2)未完全具体和一般化协议:该类型产生于对中层的原则(如健康保险)达成一致,但是对更高层次的理论(如平等理论)和更低层次的结果(如具体的健康计划)未达成一致的情形。(3)特定结果的未完全理论化协议:该类型指的是在公共政策和人权范畴下,人们如何作出决定和在特定的政策中达成一致。

在运用未完全理论化协议框架来谈论公共政策和人权时,有两点是非常重要的:一是该路径很好地适应于多元和模糊的人类福祉;二是允许路径不同但是结果相同的协议。在作出有关健康权、健康能力和健康政策决定时,未完全理论化框架在以下三个方面很好地补充了能力路径:一是健康和健康能力是多层面的概念;二是未完全的偏序路径在特定事项要求理性公共政策上与未完全理论化协议相融合;三是未完全理论化协议允许通过不同的路径达到相同的目的。

多元化和模糊性在对未完全理论化协议也起着重要作用。在运用能力路径作出决定时,我们虽然在最基本的需要上达成一致,但是未能完全理解原因所在,这使未完全理论化协议在讨论人权(如健康或人类繁荣)时显得更有用途。未完全理论化协议允许人们在结果方面达成一致,但在基础方面不能达成共识。

三、未完全理论化协议和健康权中的优先性和充分性标准

在评估健康权时所采用的选择和衡量健康能力的共识使得未完全理论化协议很好地补充了能力路径。未完全理论化协议承认多元论会以多种形式存在。当运用未完全理论协议来考量健康、健康能力和健康政策时,我们会发现人们在特定的结果方面会达成一致。未完全理论化协议对澄清健康权的定义和范围是有益的,主要体现在以下两个方面:一是健康观念在实施健康权时作为指导性共识是有用的;二是在民主政策和法律中对国家、非国家组织和个人的伦理和社会要求是重要的。[1]

能力表现为人体的各项机能和发展潜力,因此能力既具有未来的延展性,也具有现实处境中的有限性。按照 Efrat Ram-Tiktin 的主张,在一个公正的社会中,一项安排应当考虑人体机能的各种因素,以确保每个人的良好生活品质。在涉及健康权论证时,我们讨论的是人体机能,而不是资源或福祉。一个人身体机能越多,就越能够获得不同的资源,学习不同的技能,进而更全面地实现健康。在涉及充分性的平等和公正关系时,应区分

〔1〕 See Jennifer Prah Ruger, *Toward a Theory of a Right to Health: Capability and Incompletely Theorized Agreements*, Yale Journal of Law & the Humanities, 2006, Vol. 18, p. 312.

形式原则(普遍平等和部分平等)和实质原则(比较性平等),在涉及健康权公正问题时,应当关注品质而非数量的区别。Ram-Tiktin 指出,关于医疗保健权的讨论应当始于国家机构对于公民个人的义务,而非人们享有的健康保健救济权。当然,该项假设的前提条件是公民对于公正的医疗保健安排有明确的认知。

未完全理论化协议的结构也有助于我们理解医疗保健权的内容。医疗保健权是一种派生权利,源于国家承担的确保公民健康机能的基本义务。因为健康机能等相关概念目前未取得统一的认识,人们对健康的概念的理解存在着一个有限的共识,即在社会环境中,实现个人目标所必备的生理机能和心理机能。健康与疾病具有价值中立的方面,即每个物种都有其独特的典型功能;同时健康与疾病又具有价值倾向性的方面,即在不同的社会、文化及政治环境中其含义是不一样的。人身机能可以分为九个方面(思考和情感、感官、循环、呼吸、消化和新陈代谢、运动和平衡、免疫和排泄、繁衍、激素),并且每个方面都是非常重要的、不可替代的。国家有义务将医疗保健提升到充分性标准,以使其满足健康机能需求。[1]

上述健康保健的讨论建立在以下三个层面:一是如何确定充分性标准及如何界定某人生活在非充分性下。该问题需要分两步回答:首先,某人的能力是否与其当前所处的阶段相符合(性别和年龄等);其次,某人相应阶段的能力是否消极地影响了良好执行生命计划的能力。文章在此引用了新陈代谢(人体对铁元素的吸收为例)的例子进行论证。二是我们不应当运用充分性标准来考量所有人,因为不同的人群具有不同的健康需求。在接下来的论述中,优先性将成为考量不同权利诉求的一种方式。三是国

〔1〕 See Efrat Ram-Tiktin, *The Right to Health Care as a Right to Basic Human Functional Capabilities*, Ethical Theory and Moral Practice, 2012, Vol. 15, No. 3, pp. 340 – 341.

家机构承担提升健康标准之下人们的生活水平,并需要同步考量国家义务是如何影响个人自主性的。

在资源有限的前提下,我们应当考虑如何满足不同的病人群体间的健康需求。在未完全理论化协议框架的指引下,可以基于能力路径提出一种优先性原则,在充分性门槛下,可以提出基本的人格门槛。充分性门槛,指的是个人的身体机能能够保证正常的生活,并不会危及基本的生存;人格门槛,指的是保证人之为人的基本的要求,低于该要求则人的基本生活机会受到严重影响。优先性原则在此指的是"根据数量和受益规模权衡充分性"的原则,即应当将有限的资源首先给予不能满足基本身体机能的人们,受益的类别要比受益的数量更为重要。Ram-Tiktin 援引了 1000 名 5 岁儿童身高缺陷对比 100 名肺癌患者的例子来进行详细论证。虽然肺癌患者的数量要比身高缺陷的儿童少很多,但是因为肺癌已经严重危及了生命(远低于充分性标准)并且生命权要比身高更为重要,所以应当将有限的医疗资源给予肺癌患者。[1]

在回答对于以上论述的疑问(疾病的原因并未考虑)中,西姆·西格尔的运气优先性说明机能充分性更为重要。西格尔的运气优先性包含两层含义:运气平等主义和优先性主义。西格尔认为,虽然在考虑疾病严重性之前思考为保持健康生活作出的努力是违背直觉的,但是该原则是在健康方面的平等原则,而非分类原则。为此,如果将 1000 名身高缺陷的儿童分为两类(一半是缺乏生长激素所致,另一半是父母早亡所致),将 100 名肺癌患者分为两类(一半是吸烟所致,另一半是运气不佳所致)。无论是根据西格尔的运气优先性还是"根据数量和受益规模权衡充分性"原则,结论就

〔1〕 See Efrat Ram-Tiktin, *The Right to Health Care as a Right to Basic Human Functional Capabilities*, Ethical Theory and Moral Practice, 2012, Vol. 15, No. 3, pp. 342 – 344.

是在“需要”与“亟需”之间应当优先选择“亟需”。[1]

在充分性标准之上，也应当设置优先性标准。充分性标准之下的健康保健服务分为两类：预防性治疗（健康教育、预防性治疗和服务、后续治疗）和享受性治疗（身体功能性能力增强、美容整形）。援引了牛皮癣患者和可能患有乳腺癌患者的例子，说明应当首先满足预防性治疗（因为可能危及生命），然后满足享受性治疗。有限医疗资源的分配应当根据需要优先性的原则进行。因此，积极的健康保健权源于国家机构对个人承担的义务，合法的健康公平诉求源于在人格门槛、充分性门槛下的人身基本功能性能力权利的需要。根据人身功能性权利能力受到的威胁程度轻重来分配有限的医疗资源是优先性的应有之义。个人保持健康生活方式的责任和努力与享受健康保健服务的标准无关，不应当在宏观的优先性原则背景下考虑此类事项。

（一）跨国性：健康权的全球化视角

能力路径要求我们在世界范围内达成关于健康的一致意见，无论在发达国家还是发展中国家。虽然哲学、医学和人权文献对于如何界定健康做出过讨论，但是未能达成共识。在健康权的伦理和社会义务上达成的关于健康的一致性意见是有难度的，但并这不意味着我们无法实现，尽管人们对什么是正义、平等等一般问题存在深刻分歧，但在具体的健康权问题上还是可以发展出一个相对一致的概念。如健康或生活品质等概念并不能因为援引外部资源而具有意义，这就要求我们在一般化和关键层面考虑如人体功能和健康等概念。

---

〔1〕 See Efrat Ram-Tiktin, *The Right to Health Care as a Right to Basic Human Functional Capabilities*, Ethical Theory and Moral Practice, 2012, Vol. 15, No. 3, pp. 344 – 347.

权威的《斯特德曼医学词典》提出了一种较为全面的理解健康的模型。该模型涉及正常情形下的有机体形式,与外界的动态平衡,组织的、生理的和心理的整合。该种模型说明健康是多种层面的构建,既包含心理层面因素,又包含生理层面因素。该种模型从人体的生理和心理层面因素来判别是否健康。然而,与其他健康和疾病概念相比,该模型与特定的社会规则联系甚少。即使如此,该模型还是启发我们在关于健康的核心层面取得未完全理论化协议的重要性。

Rugar 在上述健康模型的基础上,提出了拓展的健康模型以从实践的层面界定健康的核心特征。在运用能力路径审视健康政策和健康权时,她主张运用该拓展的模型。该拓展模型包含两个方面分析:潜在的和实际的,健康能力构成了个人获得若干健康机能的能力。拓展模型构成了预防和治疗疾病的基础,使我们可以区分与健康有关的需要和满足与健康有关需要的医疗服务。随着资源分配的拓展,虽然有必要在不同层面整合不同的观点,但应当是循序渐进的。[1]

(二)国内和国际政策及法律中的义务和责任:伦理义务和公共道德准则

健康权对每个个体、社会和政治组织提出了伦理义务,该义务将健康权视为新立法的基础和动力,强调诸如健康需要、能力等重要的机能和自由,而不是优先性、欲望和实用性。因为健康权的实现需要社会组织和立法重新分配资源,所以该义务要求所有的人(尤其是富有的人)将公共道德准则内化于心,以达到所有人得到健康的目的。阿玛蒂亚·森认为,国家

〔1〕 See Efrat Ram-Tiktin, *The Right to Health Care as a Right to Basic Human Functional Capabilities*, Ethical Theory and Moral Practice, 2012, Vol. 15, No. 3, pp. 312 – 317.

和个人的义务意味着要解决个人人权面临的威胁，森借用康德的绝对义务来提供一种说明国家和个体所承担的人权义务，人权产生了完美义务和不完美义务，我们是通过规范的论证来确定完美义务和不完美义务的内容，而这些论证可以一个未完全理论化的协议来进行。

（三）平等在健康权构建中的角色

按照前面的分析，健康权的核心内容在于人们发挥能力的机能，健康政策应该以此为核心目标，并且应当在评价健康政策的公正和效率时使其享有优先性，因此我们应当寻求适格的平等标准来评判影响健康和健康权的公共政策。Rugar 区分了两种平等，一种是获得性平等（attainment equality），另一种是差额平等（shortfall equality）。获得性平等根据绝对的获得标准来比较人们之间区别，差额平等比较实际获得与最佳标准之间的差距。[1] 获得性平等因为未考虑人们之间的最大化潜力，所以会使得评价标准降低；而差额平等因为将潜在的能力考虑在内，所以会在评价健康能力时使评价标准最优化（残疾人尤其如此）。在现有社会水平下，差额平等可以用来评估社会实现了多少潜在健康，因为差额平等很好地比较了实际获得的与潜在最大化之间的差别。差额平等主要关注如何最优化分配资源以减少实际与潜在的差别，而很少关注健康制度和政策的实施。在现有社会水平下，差额平等的比例性减少可以衡量不平等性。从个人角度考量，慢性病人或残疾人与正常人之间的健康能力的区别是评价不公平的一种情形。评价的目的应当是最大化减小实际与潜在能力的差别。从差额平等的角度考虑，我们应当主要关注减少个人或集体健康能力的不平等。

〔1〕 See Efrat Ram-Tiktin, *The Right to Health Care as a Right to Basic Human Functional Capabilities*, Ethical Theory and Moral Practice, 2012, Vol. 15, No. 3, p. 319.

健康政策的公正性也要求社会能够最大化提高每个人的健康能力。

四、小结

对健康权本质的探讨是对其进行法律保护的基础,然而我国法学界和卫生学界对于健康权的探讨主要采纳的是分类的视角,而没有关注其本质特征。本部分主要为健康权提供了一种哲学化的辨析。在此基础上,本部分在整合亚里士多德的政治理论、能力进路及未完全理论化协议的基础上,形成了理论化的框架(能力—健康评估模式)。该框架整合了不同概念的元素,以达到在不同的意见间取得一致并提出可行性的解决方案,即主张在衡量影响健康的公共政策领域中的健康权和公正时,应当在人们不同优先性选择之间选择相互能接受的方案。能力和健康核算模式重视免于疾病的长寿和自由,以促进生活质量的提高。重点关注被剥夺健康或者面临剥夺健康威胁人群,同时重点关注旨在提高人们身心健康能力的行为。该模式重视在具体的案例中运用成本—效益进行分析,同时强调将健康权视为一种伦理要求和内在的公共道德准则。

第四节　健康权的社会维度:走向公正和尊严

前面部分分析了健康权的结构、人权属性和确定健康之内容的进路。健康权的授权理论提出了将健康权的主张视为被赋予的资格,人们有资格提出健康的要求,这种授权理论摆脱了传统权利理论的束缚,能够更好地体现健康权和其他社会经济权利的权利结构和制度逻辑,正如有学者所言,“对公民和政治权利的论证意在解决社会、国家运作的积极能动方面的问题，也就是说，只有赋予公民这些权利，国家才可能正常运作，公民社会也才可能根据自己的交往逻辑正常运转；当然，这类权利主要是为了保护公民的消极自由，但另一方面，只有在公民们的消极自由得到基本保障的基础上，他们才可能发挥出主观积极性；敢说、敢做、敢当，唯一的条件是没有越过权利的界限”。[1] 授权理论正是解决了健康权的权利基础，使公民的主观积极性能够被最大限度地释放出来。

人权话语的纳入使健康权获得了空前的重要地位，在国际人权保护的大背景下获得了特殊的政策意义，然而将健康权视为人权的做法在理论上还存在着很多疑问，主要的原因是人权的道德基础没有得到解决。本书倡导一种基于能力进路的人权观，借助森和纳斯鲍姆的理论，将健康视为一种能力，是人的发展必不可少的条件。正是因为能力对于人的生存和繁荣是不可或缺的，所以能力才能够提出人权的基本主张。能力意味着人的发展的能动性和实现繁荣的潜在力量，因此如何更好地实现能力，我们可以提出一个一般性的清单，但这不过是个清单而已，国家如何通过法律和政策实现人的这些能力，却往往充满争议。因此，未完全理论化协议观念的引入，可以解决健康权之内容和实现途径的问题。

目前来看，关于健康权的理论框架已经初步建成，但还留下一个问题，即健康权的社会意义问题。无论是作为授权的健康权，还是体现为人的能力的权利，都带有浓厚的社会色彩。区别于传统的生命权等权利，健康权的社会意义是复杂的。一方面，健康权体现为较强的社会交往性，无论是自然环境还是社会环境，都会对人的健康产生实质性的影响，健康实践也会带来实质性的社会效果，比如，抗击非典事件所引发的公共卫生应急体制的建立。另一方面，健康权的实现和保护也需要全社会的参与。一个人

---

〔1〕 杨春福等:《经济、社会和文化权利的法理学研究》,法律出版社 2014 年版,第 31 页。

的生命存活在没有外在伤害的情况下是能够维持的，除了个人自己结束自己的生命，但一个人的健康状况不牵扯到来自他人的伤害，而是被放置在更为全面的社会领域中。人的正常体能维持需要水和食物，因此清洁水和健康食物就变得很重要，人在疾病的时候需要有专业技能的医生加以诊断和治疗，否则健康可能危在旦夕。由此可见，健康权是沉浸在社会环境之中的，并且牵动着每一个社会环节的神经。这就给医疗体制的设计和改革带来困难，怎么样做才能体现出健康权的重要性？

探究健康权的社会意义，关注公正和尊严两个要素，有助于为医疗卫生事业的发展注入充满活力的要素。医疗卫生事业关乎民生，民生不只是体现为人民生活上的富足，更主要体现为社会公正和每个人过上有尊严的生活。因此，以健康为主要表征的人的福祉包含着公正和尊严两个要素。在医疗制度设计和社会政策的制定上，公正和尊严两个要素也应该发挥指引性作用。因此，对公正和尊严与健康权的关系做一个理论探讨，很有必要。

一、健康权背后的公正问题

在理论上，健康权属于社会经济权，指的是在《世界人权宣言》《经济、社会和文化权利国际公约》中规定的权利类型。而公正理论，指的是罗尔斯的正义论，以及在罗尔斯之后的社会福利公正等理论。在关于抽象的公正理论与社会福利公正关系上，罗尔斯的理论对于理论与政治研究很有帮助。社会经济权与公正理论之间的关系不仅是学术领域的区别，更是对现实政治社会中如社会福利优先等问题的不同回答。将主张具体权利类型的社会经济权理论与主张抽象原则的公正理论结合在一起，其目的是从更广泛的理论层面讨论社会经济权，有助于解决社会经济权相关立法和制度设计方面的一些难题。

虽然公正理论存在于每个人的直觉当中，但是更准确地说，是存在于有关公正事项的基础理论判断。这种理论判断不是个人之间的直觉，而是大家所公认的常识。虽然公正理论判断有时需要与其他权利类型妥协，甚至有时是激进的，但对于理解权利与公正之间的复杂关系是有帮助的。简单来说，对于社会经济权利和公正之间的关系，主要有两种立场：一种认为二者是冲突的，我们应该否定社会经济权利；另一种试图对二者进行调和，把公正的因素纳入社会经济权利中。一些评论家主张，即使公平理论作为常识存在，社会经济权利的主张也应当被拒绝，因为违反了“应当意味着能够”的原则。公平理论使该困境在初期变得十分明显，因为其整个理论就是建立在稀有性的前提下。在社会资源稀有的前提下，我们需要对不同的需求进行分类、平衡和排序。尤其是涉及社会经济主张与财产权利之间关系时更当如此，因为在资源有限的情况下，社会福利体系的建立需要根据纳税人的不同承担水平进行，为穷困的人们提供生存的基本保障。

美国哲学家罗伯特·诺奇克的观点代表了第一种立场。诺奇克是“最低限度的国家”理论的倡导者，他主张国家应该受到权利的道德边际约束的束缚，权利对国家构成了道德意义上的约束，国家不应该对个人权利进行不当干预和限制。最大限度地尊重个人权利的国家，才是公正的。[1] 在诺奇克的理论中，社会经济权利是附属于财产权的，因为社会经济权利需要对财产进行再分配，这种再分配是基于人的需求（need），比如，贫困中的人需要来自他人的资助，而真正的权利是基于人的应得（desert），即一个人应当得到什么，在诺奇克的理论视角下，再分配意义上的社会经济权利是

〔1〕 参见[美]罗伯特·诺奇克：《无政府、国家与乌托邦》，姚大志译，中国社会科学出版社 2008 年版。

对权利的扭曲，是不公正的。相较之下，罗尔斯的理论更为缓和，罗尔斯所提出的正义的两个基本原则体现了一种社会公正观。正义的两个基本原则是，第一个原则平等尊重和保护每个人的基本自由，不能对人的自由施加限制。第二个原则是差异原则，即在社会和经济中的不平等只有在向社会中多数成员开放，并且受惠最少的人获得尽可能最大的利益的时候才是公正的。[1] 罗尔斯的主张符合第二种立场，即可以将社会经济权利纳入他的正义理论体系中，为社会经济权利提供基础。

然而，罗尔斯对天赋资质所做出的概括，既包括个人自身的才智及能力，也包括外在的家庭教育环境等。他认为，人的天赋资质应当是社会的，因此按个人天赋来分配是自然的、偶然的、不平等的，国家和社会应在分配中发挥更重要的作用，第二个原则就是对这种分配进行指导。而诺齐克则坚持认为国家和社会的主要任务在于保证个体能力的自由发挥，而不是关注这种自由发挥结果的差异有多大。然而，这两种立场都存在缺陷。罗尔斯的失误在于，为了平等而在一定程度上过度消弭个体差异，进而将个体与社会共同拥有的天赋说成本质上是属于社会的，这显然是一种偏于平等愿望的理论设计。另外，即使天赋应归于社会，天赋造成的财富差异由社会来统一分配，那也不一定就得平等分配。

诺齐克的失误在于，为了放任自流而将人的差异合理性任意放大，既无视各种不当的先在差异对人的持有与转让行为的影响，又将作为个体与社会共同生成的资质，看作本质上只是个体化的。其实，无论是持有的正义还是转让的正义都必须在社会环境中完成，离开社会合作的支持，人们既无法合理地持有，也无法合理地转让。[2] 诺齐克将绝对占有作为权利的

〔1〕 参见[美]约翰·罗尔斯:《正义论》,何怀宏等译,中国社会科学出版社2001年版。
〔2〕 参见易小明:《分配正义的两个基本原则》,载《中国社会科学》2015年第3期。

体现,忽视了他人利用社会资源获益的同等权利。[1] 这两种立场的缺陷影响了社会经济权利的基础的夯实,也无法为社会经济权利的保护提供路线图,尽管它们在学说史上具有重要的地位,但在健康权的保护上显得捉襟见肘。

能力理论为社会经济权利和公正之间的实质关联提供了出路。无论是森,还是纳斯鲍姆,都在能力理论的基础上提出了一种比较完整的公正理论,这种理论反过来又能对社会经济权利的保护提供比较详细的指引。首先,能力进路为政府的行动和责任提供了切实的正义要求。纳斯鲍姆提出的能力清单中的十种要求,可以作为一种政治原则对国家和政府施加门槛性限制。正如纳斯鲍姆所说,"这十个多元化和多样性的目的全都是正义的最低要求,至少处于最低水平之上。换言之,这个理论不支持直觉主义的平衡或在它们当中作出利弊权衡。宪法结构要求,对每个公民而言,它们全都确保处在某一恰当的最低水平之上"。[2]

能力清单中的十种能力实际上是纳斯鲍姆为一个正义社会所设定的底线,这也是任何一个社会在人权保障问题上的底线。一个国家或社会应不遗余力地促进公民上述十种能力的全面发展。这一要求实际上内含着平等的倾向,但纳斯鲍姆提醒我们这里的平等主要指的是公民权利和政治权利(比如,平等和尊严),而不包括物质上的条件,实际上这也不可能。在底线的设定上既不能过高,也不能过低。如果底线标准高到无法实现,比如,每个人都能够得到最好的医疗治愈,这也不现实,其结果要么是变成一种彻头彻尾的乌托邦主义而无实际意义,要么是标准高到使人们产生极大

〔1〕 参见周海军:《所有权权限:罗尔斯与诺齐克正义理论比较新解》,载《西南交通大学学报(社会科学版)》2022 年第 2 期。

〔2〕 [美]玛莎 · C. 纳斯鲍姆:《正义的前沿》,陈文娟等译,中国人民大学出版社 2016 年版,第 122 页。

挫败感,这都不利于人的能力的培育;如果底线低到任何一个国家都能轻松跨域,但是达不到人性尊严的基本要求,那么这也是没有任何意义的。[1]所以,按照未完全理论化的协议,合理的做法是"选择一种既有理想也并非乌托邦的底线",这样,既能够将人们现有的能力维持在一定的水平,又可能在此基础上使它们获得创造性的发展。

能力理论的另一个核心概念是效率性(资源匮乏时以最小的成本获得最大的收益)应当促进公正的实现。当多种不同的选择可以达到相同目的时,应当选取同时满足效率性和平等性的方案。以最少的资源获得个人能力的最优化健康标准和减少不平等同时要求临床和经济方案。一般的效率方案同时考虑风险、收益和成本因素,而健康方面的效率性并非如此。其首先解决平等性问题,用临床输入以保证个人获得健康能力,然后运用成本—收益分析解决效率性问题。

与健康权相关的能力和健康因素的核心目标是减少个人获得与健康相关能力时的不公平。健康政策是所有因素中影响健康最大的社会因素。公共政策分析应当包括不同政策的范围、相互作用和影响。我们尚不能理解影响健康或如何衡量不同社会目标的精确社会运行机制。因此,明智的选择是比较在与社会不平等相关的经济增长中获得的健康收益与在完全社会平等中获得的社会收益,以理解不同社会政策的净效果。

二、作为健康权之外显的尊严

除与社会公正相关,健康权还与另外一项重要的价值,即尊严紧密相

〔1〕 参见董骏:《迈向一种能力进路的人权观——评纳斯鲍姆〈寻求有尊严的生活〉》,载《河北法学》2017年第2期。

关。社会公正关系到的是如何能够在社会经济权利，特别是健康权的保护之中体现出政府应该尽到的责任，这些责任是由社会公正的基本原理所决定的，同时也在具体的社会领域之中体现出来，比如，司法公正、教育公正和医疗公正等。健康权与尊严之间的关系区别于与社会公正之间的关系。如果说社会公正是贯彻和落实健康权之保护的控制标准，尊严就是健康权在每个个体身上的外显。

尊严在现代政治发展中已经成为一项核心价值，尽管我国宪法没有直接将尊严作为一项基本的宪法价值，但在《宪法》第 38 条中规定："中华人民共和国公民的人格尊严不受侵犯。"这个条款更多的是民法意义上的人格权，但不能就此否认尊严在我国的宪法地位。然而，尊严的含义是什么，尊严在宪法上有什么样的实践意义，在理论上仍然存在很多的争议。因此，尊严如何在健康权上体现，也存在一些有待澄清的地方。

在一般意义上，尊严意味着人受到尊重的地位和状态。但人受到尊重，是如何体现在人享有健康这种权利的？鉴于学术界对尊严的定义仍然存在分歧，在此有必要对尊严的本质做一个简要的说明，然后对尊严和健康权的关系加以澄清。按照哲学家罗森的说法，尊严被很多人认为是空洞的，不能给我们的社会改进带来什么益处。[1] 虽然这种担忧在现实之中是有反映的，比如，在我国，仍然有很多人因为贫困而导致疾病无法治愈，陷入痛苦之中，当我们说他们在这种贫苦处境之中仍然享有尊严的话，显得非常单薄。然而，通过对尊严进行历史的梳理，可以看到尊严在现代社会变得越来越重要，即使这个词仍然有些空洞，但它已经对国家的宪法结构和公民的权利保护增加了实质性的内容。

对尊严的研究可以追溯至古希腊、古罗马的斯多葛学派思想和歌德时

---

〔1〕 参见[美]迈克尔·罗森：《尊严：历史和意义》，石可译，法律出版社 2015 年版，第 3 页。

期的重要文献,现代的学者多从哲学、神学和生物伦理学的角度对人类尊严进行研究。亚当·舒曼(Adam Schulman)在为美国总统生物伦理学委员会撰写的一份报告中列举了人类尊严的四种起源:古典概念认为尊严是稀有的因而值得尊重;人因着上帝的创造而享有内在不可剥夺的尊严;康德的道德哲学认为理性自治使人们之间得以相互尊重;20 世纪宪法和国际性文件认为尊严作为最高价值。[1] 上述四种学说有着各自的内涵:古典概念认为尊严是特殊的、稀有的;神学概念认为人类是由上帝创造的,所以因着神的旨意而使得尊严享有至高无上的地位;康德概念认为人是实践理性的,因此不同的主体间应当相互尊重;20 世纪的尊严概念是在吸收"二战"的悲惨教训下,认为不同国家的国民是平等的,应当享有诸如尊严等人之所以为人的一些共同的权利。其中康德主义的立场最具有代表性。按照康德主义的立场,尊严是与人性相关的,康德所提出的人性公式反映的就是人作为人的根本属性,这种属性体现为人的尊严。

在《世界人权宣言》将尊严的平等确立为一项基本原则之后,尊严成为一项重要的政治话语,并且与人权观念紧密联系在一起。根据《经济、社会和文化权利国际公约》中关于尊严与健康权的表述,我们可以看到尊严与健康权的模糊关系,但康德的人性公式在界定健康权与尊严之间的关系上显得非常力不从心。阿多诺(Roberto Adorno)提出国际人权法对尊严的规定并不是进行哲学探讨,而其实是为了更好政治行动而进行的妥协。[2] 托宾(Tobin)借用孙斯坦的未完全理论化协议观点说明国际人权法中对于尊

[1] See A. Schulman, *Bioethics and the question of human dignity*, in A. Schulman (ed), Human dignity and bioethics: Essays commissioned by the President's Council on Bioethics, Washington, DC: Government Printing Office, 2008.

[2] See R. Adorno, *International policy and a universal conception of human dignity*, in S. Dilley and N. J. Palpant (eds), Human dignity in bioethics: From worldviews to the public square, New York and London: Routledge, 2013, p. 136.

严的规定不过是一种在重大分歧面前达成的一些微薄的未完全理论化的协议。[1]

本书支持在能力进路的基础上，将尊严和健康权之间的关系放在未完全理论化协议的平台上进行关联，一方面强调尊严在法律实践中的重要性，另一方面将尊严视为健康权的外显尊严如何更好地显示出健康权，有赖于能力的渐进实现和潜在空间。尊严的重要性体现在人与人在主体上的平等，正如学者胡玉鸿所总结的，“人的尊严并不是对人外在的天赋、成就、贡献、能力的褒奖，而只是对人人具有平等身份的法律宣示。换句话说，仅仅因为人是人，法律就必须保证他们拥有和别人相同的尊严，与他人一样成为法律上的主体。为了保证人的尊严的实现，法律上通过人格制度，确立了人人同等的主体资格”。[2]

在内容上，我们难以确定尊严的最终内容，但可以探索尊严与能力之间的关系，从而逐步地确认哪些能力或功能能够更好地体现出人的平等主体资格，从而将健康权的重要性外显出来。用纳斯鲍姆的术语来说，我们所追求的尊严概念，是亚里士多德式的，而非康德式的。[3] 能力进路如何能够更好地体现出尊严的观念，从而优于其他学者所提出的方案？在纳斯鲍姆看来，“核心能力和政府之间存在概念上的关联，如果一种能力确实属于核心能力目录，这是因为它直接关系到人性尊严所要求的生活的可能性本身。一种有关政府之目标的标准叙述认为，政府的任务至少是要让民众有可能过上这种人性尊严所要求的生活”。[4]

---

〔1〕 See J. Tobin, The right to health in international law, Oxford：Oxford University Press, 2012.

〔2〕 胡玉鸿：《人的尊严的法律属性辨析》，载《中国社会科学》2016 年第 5 期。

〔3〕 参见[美]玛莎 · C. 纳斯鲍姆：《正义的前沿》，陈文娟等译，中国人民大学出版社 2016 年版，第 111 页。

〔4〕 [美]玛莎 · C. 纳斯鲍姆：《寻求有尊严的生活》，田雷译，中国人民大学出版社 2016 年版，第 45 页。

在实践中,纳斯鲍姆所列的这十种能力以多种方式相互支持,实践理性和对环境进行物质、政治支配这两种能力处于一种建构性(architectonic)的地位:他们组织起并且扩展至其他种类的能力。在制度上,立法、司法和行政三者缺一不可,共同承担着辅助和培育人的能力的重任。在现代国家,行政机构掌握着庞大而复杂的权力体系,它以各种方式影响着人们生活的方方面面:迁徙自由、城市建设、交通安全、社会治安、食品药品安全、环境保护、医疗卫生及教育等。立法、行政、司法体现的是国家通过正式的制度来维护能力的稳定,那么能力理论的内在要求还意味存在另一种维护和实现能力的方式,即通过国际组织、跨国公司、社会团体、企业乃至个人来促进人类能力的实现。[1]

以尊严为契机,可以对健康权相关的种种理论要素做一个整合。健康权在当今世界获得了如此重要的法律意义,一方面是国际人权法律实践的推动,另一方面是现代社会中人的社会维度的复兴。但健康权的理论根基尚未解决,使健康权的国内法保护存在着很多空白。基于授权理论的健康权主张解决了结构问题,而基于能力进路的分析和建立在未完全理论化协议基础上的健康权的人权塑造则解决了健康权的内容问题。健康权的结构和内容共同构成了公民的健康权对国家所提出的正义要求,因此健康权的保护和实现在本质上是一个社会公正问题,能力理论视角下的社会公正要求国家在制度上保护每个公民的核心能力。在公民个体的能力得到提升和施展,国家践行社会公正的过程中,个人尊严得以体现。就健康权的保护而言,每个公民在健康这种能力上所获得的提升和促进,个人因为得到健康之益处而获得的福祉,都应该是宪法实践的目标和宗旨。

---

〔1〕 参见董骏:《迈向一种能力进路的人权观——评纳斯鲍姆〈寻求有尊严的生活〉》,载《河北法学》2017 年第 2 期。

第五章

国家医疗卫生责任的宪法教义学构建

从授权的视角来看，健康权赋予人们主张健康的资格，在社会公正和尊严等要素的支撑下，健康权在宪法实践之中打造出一个十分突出的责任关系，这种关系有两个突出的内涵，第一，它包含着国家—公民的二元结构，公民享有什么样的权利，就对应着国家承担什么样的责任。权利意味着每个人都应该得到的某些益处，权利典型地预设着这样的二元结构，公民应该得到哪些益处，就意味着国家能够帮助公民实现哪些益处。因此，健康权的保护必然对应着国家所应该承担的实质责任。从人权发展史来看，按照人权理论家的总结，人权可以分为三代人权，健康权是属于第二代人权，通常被包含在社会经济权利中。[1] 第一代人权和第二代人权之间是有差别的，第一代人权更多地强调公民的政治自由权，如言论自由、宗教信仰自由等，国家更多的承担消极责任。第二代人权强调公民的社会性，即

〔1〕 参见贺鉴：《论中国宪法与国际人权法对三代人权的保护》，载《法律科学(西北政法大学学报)》2010年第2期。当然，人权的代际划分在理论上也存在争议，第三代人权是否能够成立，很多学者也持怀疑态度，比如，美国学者沃尔曼认为第三代人权“可能是一种没有实际意义的虚构”。参见[美]卡尔·沃尔曼(Carl Wellman)：《社会连带、个人与人权》，姜峰译，载《法学在线》：http://article.chinalawinfo.com/ArticleFullText.aspx? ArticleId=24609。

公民发展所必备的社会条件,因此国家应该承担更为积极的责任,帮助公民实现这些权利。尽管第一代人权和第二代人权在实践方式上存在差异,比如言论自由强调的是公民通过言论或者文字把思想表达出来,而社会经济权利则更多的是公民个体的福利条件,比如,通过劳动获得生活所需,通过医疗维持身体康健。但无论是政治权利还是社会经济权利,都需要国家积极地创造条件,例如,如果没有互联网的迅速发展,公民的言论自由权利就失去了一个重要的平台。因此,在权利保护上,我们需要一种关于国家责任的理论,以详细地解释说明国家—公民这个二元结构中每一方的具体责任基础和形态。

第二,权利保护中的责任关系需要被放置到宪法结构中,从宪法原理中寻找责任的基础和责任的实践机制。在现代政治文明的基本逻辑中,无论是在西方成文宪法和不成文宪法国家中,还是在建立社会主义法治国家的中国,宪法提供了国家行动的最终依据。因此,在权利保护上的国家责任也需要在宪法理论的视角下加以考察,更具体地说,需要关于国家责任的宪法教义学理论,在此基础上才能在制度上和法律实践中将宪法的活力释放出来。同时国家责任的重要性也与能力进路相吻合,因为能力进路包含着一个关于国家所承担之责任的体系内容,正如纳斯保姆所言,“与人权进路一样,能力进路在某方面是以一个国家为中心的,并建议我们将能力清单当作衡量每一个社会内部之社会正义的一个标准、当作关于基本宪法权利的一种说明。如人权记录所做的那样,它同样给整个国际共同体以及整个人类提供了一些目标。正如我们即将看到的,这两个方面是同时存在并相互补充的:世界共同体与民族—国家应当携起手来,共同实现这些目标”。[1]

本章将围绕健康权的保护，探讨国家责任的宪法教义学结构。在现代的宪法学研究中，脱离了责任这个概念，我们对立法、改革和其他政治活动的理解就难以全面。《宪法》第21条所规定之“国家发展医疗卫生事业”条款是国家在公民健康权事务上的宪法责任的具体体现，国家如何发展医疗卫生事业，则是这种宪法责任的内容。鉴于国家责任、宪法责任或者国家义务等概念在目前国内宪法学界的研究之中仍然存在很多概念上的混乱，导致很多理论主张之间出现了冲突，第一节尝试对这些概念做一个重新的界定，笔者尝试实现的目标是，尽可能地减轻概念论辩所产生的认识上的负担，而是将国家的角色放置在宪法教义学的框架之下，使国家在宪法中的角色获得一种重生性力量。第二节探讨国家责任的具体实践形态，主要是宪法之中所直接或间接体现出来的国家应当承担的责任，并尝试在宪法教义学的框架之下加以融合，以求得理论上的一致。第三节具体观照国家责任在医疗卫生事业上的具体体现，以展现《宪法》第21条的教义学面貌。

第一节　国家宪法责任的概念辨析

一、相关概念的界定

宪法是我国的根本法，国家行动应当于宪法有据，无论是立法还是执法。但在对国家行动做出的评估和判断中，不同学者使用的词汇是不同

[1] ［美］玛莎·C. 纳斯鲍姆：《正义的前沿》，陈文娟等译，中国人民大学出版社2016年版，第204页。

的,这一定程度上带来了混淆。总结起来,大概有如下几个概念,常被宪法学者用来界定国家或者政府应该承担的职责或者需要履行的义务。

1. 宪法责任:大多数学者使用该术语以指代宪法主体违反宪法所应当承担的责任,所以在一定意义上,宪法责任被等同于违宪责任,宪法责任关联着违宪制裁。〔1〕

2. 国家责任:相较宪法责任,该术语有更为积极的含义,通常指的是国家在一些社会事务之中所应当承担的角色,比如在社会救助中所承担的责任,有制度供给责任、财政责任、实施和监管责任、引导民间救助以及宣传责任等。〔2〕 国家责任也具有国际法内涵,有学者认为这个词就是从国际法中转化过来的。〔3〕 在新冠疫情发生之后,面对公共卫生危机和疫情传播风险,国家控制传染病的责任以剧烈的方式呈现出来,“即使存在诸多的偶然性,但是不能否定的是,最终‘有权力’去进行决定的仍然是政治系统和法律系统,并且由于它们是最终的决定者,在行使决定权力的同时,对于疫情防控具有直接的核心性的‘责任’”。〔4〕

3. 国家义务:由于权利与义务天然的对应,国家义务往往对应着公民的基本权利,是国家对基本权利进行保护所承担的义务,比如,国家对基本权利的保障,〔5〕以及通过公租房制度对公民的社会权进行保障。〔6〕

4. 宪法义务:相较前三个概念,宪法义务的范围要更为广泛,一般情况下,国家责任、宪法责任和国家义务都指向国家这个主体,但宪法义务不仅

〔1〕 参见王广辉、陈根强:《试论政府的宪法责任》,载《法商研究》2003 年第 3 期;刘广登:《宪法责任分析》,载《江苏社会科学》2006 年第 1 期;郭殊:《论宪法责任》,载《华东政法大学学报》2005 年第 5 期。

〔2〕 参见杨思斌:《论社会救助法中的国家责任原则》,载《山东社会科学》2010 年第 1 期。

〔3〕 参见石文龙:《国家责任——中国宪法学新的理论支点》,载《上海师范大学学报(哲学社会科学版)》2008 年第 4 期。

〔4〕 周巍:《全球公共卫生治理中的国家责任及其伦理向度》,载《河北法学》2022 年第 4 期。

〔5〕 参见龚向和:《国家义务是公民权利的根本保障——国家与公民关系新视角》,载《法律科学(西北政法大学学报)》2010 年第 4 期。

〔6〕 张震:《社会权国家义务的实践维度——以公租房制度为例》,载《当代法学》2014 年第 3 期。

指代国家,也指代普通公民和社会团体,比如,公民服兵役的义务和社会团体尊重他人权利的义务。

总体而言,宪法义务概念引发的混淆要少一些,主要的混淆在于宪法责任和国家责任这两个概念,而国家义务概念面对的一个困境是如何与宪法责任和国家责任进行对应。本部分希望做出一些澄清,提出以下主张:我们无须区分义务和责任两个概念,而是在宽泛的意义上将义务和责任理解成特定主体基于特定规范状态而应当作出的回应和行动;相应地,在理解宪法相关条款的时候,使用国家的宪法责任这个概念,一方面提出国家所承担的责任是宪法意义上的,另一方面包含着国家应当做的回应和行动,和国家没有做出应有的回应和行动而承担的后果,鉴于我国不存在违宪审查机制,所以违宪责任这个提法还无法呈现出全面的意义,因此我们现在应避免使用违宪责任这个概念,而是挖掘出宪法责任这个术语所包含的消极含义,以指代国家机构或者公民个人违反宪法而承担的责任。

“宪法责任”一词出现在国内宪法学的论著和教材中的时候,学者们一般是把它当作一个“不证自明”的常识性概念来使用的,很少有人问及什么是宪法责任,也许就是这“不证自明”的原因,国内宪法学界很少有学者对宪法责任作系统的理论研究。从所看到的国内文献来看,关注宪法责任并作分析研究的教材、论著主要有周叶中教授主编的《宪法》、[1]莫纪宏教授著的《现代宪法的逻辑基础》、[2]王广辉教授为第一作者的论文《试论政府的宪法责任》、[3]郭殊所写的《论宪法责任》、[4]刘广登所写的《宪法责任研究》。[5]

---

〔1〕 参见周叶中主编:《宪法》,高等教育出版社、北京大学出版社2000年版。

〔2〕 参见莫纪宏:《现代宪法的逻辑基础》,法律出版社2001年版。

〔3〕 参见王广辉、陈根强:《试论政府的宪法责任》,载《法商研究》2003年第3期。

〔4〕 参见郭殊:《论宪法责任》,载《华东政法学院学报》2005年第5期。

〔5〕 参见刘广登:《宪法责任研究》,苏州大学2005年博士学位论文。

在周叶中教授主编的《宪法》教材中，用一节的篇幅阐释了“违宪责任”的几个问题。这是仅有的一本把违宪责任作为重要问题来专门讲解的教材。该书认为“违宪责任是一种特殊的法律责任，它是指国家机关及其工作人员、各政党、社会团体、企事业单位和公民的言论或行为违背宪法的原则、精神和具体内容因而必须承担相应的法律责任”。从这个定义可以看出，所有的宪法关系主体都应是违宪责任的主体。作者在阐释违宪责任的时候链接了宪法责任，笔者认为，违宪责任不等于宪法责任，“要理解宪法责任，还必须把违宪责任和宪法责任区别开来。一般来说，宪法责任的内容较为广泛，它涵盖了违宪责任。违宪责任只是宪法责任的一部分”。在界定了违宪责任后，笔者对违宪责任的特征、违宪责任的种类、违宪责任的形式和违宪责任的归结等问题作了分析和归纳。但是，由于周叶中教授是在讲违宪责任的时候提到了宪法责任，并没有解释什么是宪法责任，宪法责任的内涵是什么不得而知，所以，“违宪责任”与“宪法责任”的异同也不得而知。

二、宪法责任概念的重新定位

对“宪法责任”进行专门研究的主要专著有莫纪宏教授的《现代宪法的逻辑基础》。在该书中，笔者以“宪法责任的逻辑构造”为题，对宪法责任的主体、宪法责任的判定标准、宪法责任的作用、宪法责任的形式等问题作了形而上的分析和阐释。笔者认为“宪法责任毫无疑问应当是宪法关系主体依据宪法规定应承担的责任”。在该书看来，宪法是两种意义上的法律规范：(1)宪法是一种“契约”；(2)宪法是一种“授权委托书”。对于后者，宪法是授权法并不难理解。因此，作者事实上把宪法责任主体分为两大类，一类是“参与契约”主体的宪法责任。由于宪法是“人民的总契约”，“宪法契约”的主体事实上是人民的个体化即公民，公民不履行契约可能承担的主要责任形式包括“侵权责任”和违反“宪法义务”的责任。另一类是作为“授权委托书”主体的宪法责任。作为授权委托书的主体包括两方面，即作为授权者的主权者和被授权者的国家机关。其中，作为授权者的主权者的宪法责任是“自治责任”和“监督责任”，作为被授权者的国家机关承担的是“越权”和“滥用权力”的法律责任。从该书的分析来看，作为最基本的宪法关系主体的人民、公民和国家机关都是宪法规制和约束的对象，都是宪法责任的主体。宪法关系主体在什么情况下承担宪法责任呢？该书认为，宪法责任是针对宪法应然性而言的，它并不与具体的“宪法权力”、“宪法义务”和“宪法权利”相对应。只要宪法关系主体没有按照宪法的规定来行使宪法权利、宪法权力和履行宪法义务，都构成对宪法应然性的破坏，都必须在逻辑上与旨在纠正这种破坏宪法应然性行为的法律后果联系起来。就宪法责任的形式，笔者认为社会监督责任、公民责任、代表责任和宪法职责是宪法责任的基本形式。这里的宪法责任形式其实是以主体来划分的宪法责任的种类，并非通常意义上的法律责任形式，而且其对“宪法责任”与“违宪责任”两者之间的区别与联系并没有真正地界定清楚，高密度的理论建构并不能完全符合宪法责任的实际运行状况。〔1〕

王广辉教授等在《试论政府的宪法责任》一文中分析了政府承担宪法责任的根据，剖析了西方国家政府宪法责任的形式，在对我国政府宪法责任进行规范和实证分析的基础上，对完善我国政府宪法责任制度如健全质询制度、完善调查制度等方面，提出了一些很有意义的设想。〔2〕当然，同上述文献资料一样，对于“宪法责任”与“违宪责任”之异同亦未进行清晰

〔1〕参见莫纪宏：《现代宪法的逻辑基础》，法律出版社 2001 年版。

〔2〕参见王广辉、陈根强：《试论政府的宪法责任》，载《法商研究》2003 年第 3 期。

的界分。

郭殊所写的《论宪法责任》也是一篇言简意赅但是非常系统研究“宪法责任”的论文。郭殊在对学术界已有的观点进行了简单介绍后，提出了自己对于“宪法责任”概念的看法。郭殊认为，孙笑侠的法律责任“关系论”可以作为探讨宪法责任问题的基础，依据此理论推导出宪法责任的两个层次：一是宪法责任关系，宪法责任关系实质上是一定的宪法义务，一切宪法责任的前提是一定宪法规范义务的存在，宪法关系还可以进一步解释为功利性关系及道义性关系；二是宪法责任层次，宪法责任形式与责任关系存在功利的和道义的两种形态相关，在责任形式方面也存在两类，即补偿与惩罚。由此，笔者进一步认为，“宪法责任”可以如此定义：以破坏宪法上的功利关系和道义关系为前提而产生的宪法上的补偿和惩罚的不利后果。[1]客观地说，郭殊依据法理学上孙笑侠的“法律责任关系理论”来分析宪法学上的“宪法责任”概念，方法以及观点都具有一定的新颖和创新性。其从“宪法关系”和“责任形式”两个方面来理解“宪法责任”，前者可分为功利性关系和道义关系，后者依据对前者关系的违反可分为“补偿”和“惩罚”，两种责任形式，“宪法责任”即“补偿”和“惩罚”所带来的不利后果，责任主体因为“合法行为”产生的责任是“补偿”，因“违法行为”产生的责任是“惩罚”。正如医学上进行器官移植一样，将一人完好的器官移植入另一病人身体中，看似治愈，实则有“器官排异期”的存在，可能导致病人难以痊愈。同理，作者此种观点对于更加深入理解宪法责任的内涵提供了一个新颖的视角，但是问题在于，套用既有的法理学理论来理解宪法学概念，看似具有说服力，能够自圆其说，但会存在“学科理论排异期”的问题，即理论不贯通、不一致的问题，且此种理解并不符合传统的宪法学学术语境和理解习

〔1〕 参见郭殊：《论宪法责任》，载《华东政法学院学报》2005 年第 5 期。

惯;而且,对于“宪法责任”与“违宪责任”的关系作者也没有给出解释,事实上,此种理论也难以对两者的关系进行说明。不过,这并不妨碍其成为一种令人耳目一新的观点。

刘广登所写的《宪法责任研究》是专门对“宪法责任”进行系统研究且富有开创性的文献,对于“宪法责任”研究进行了卓有成效甚至开创性的研究。刘广登认为,如果坚持认为“宪法责任”、“宪政责任”和“违宪责任”有不同的含义并认为宪法责任涵盖了“违宪责任”,可以作如下的理解,无论是“宪法责任”还是“违宪责任”都是宪法关系主体因违反“第一性义务”所要承担的“第二性义务”,即否定性后果,不同之处在于“第一性义务”来自何处,即来自一国的宪法和宪法性法律还是既来自一国的宪法和宪法性法律又来自普遍性的宪政理念、宪法精神和宪法原则。“违宪责任”的第一性义务只是来自一国的宪法和宪法性法律,也就是说,违宪责任是指特定宪法关系主体违反一国宪法和宪法性法律所规定的义务而要承担的否定性后果;而“宪法责任”则是指在此基础上,宪法关系主体还因违反基于普遍性的宪政理念、宪法精神、宪法原则和一国的宪法和宪法性法律所产生的宪法义务所必需承担的否定性后果。因此宪法责任、宪政责任和人类普遍性的宪政理念和公认的宪法原则相联系,它超出了一国宪法的范围。与上述理解相联系,两者的区别也就显而易见了。违宪责任具有明确性,宪法规范直接或间接地规定了具体性特定宪法关系主体承担什么样的责任,具有特殊性和时代性,不同国家、不同的历史时期的违宪责任形式的规定是不完全相同的。[1]

综上所述,刘广登对于“宪法责任”和“违宪责任”两者的关系提出了自己独到的观点和分析路径,其认为“宪法责任”和“违宪责任”都是“第二性

〔1〕 参见刘广登:《宪法责任研究》,苏州大学2005年博士学位论文。

义务”,区别只在于“第一性义务的来源是什么?”,如果理解为“第一性义务”来源于本国宪法的明文规定,那么对其规范的违反便可以称为“违宪责任”;另一种情况,如果违反了抽象的宪法理念和宪法原则,那么由此产生的责任便可以称为“宪法责任”,即狭义意义上的“宪法责任”。因此广义意义上的“宪法责任”的概念意涵便包含了“违宪责任”的意涵。刘广登以“第一性义务的来源”为分析路径,对“宪法责任”和“违宪责任”关系的研究非常具有启发性,但是依据这种分析路径,对于两者的关系笔者得出了不同的见解。

简单地说,“第一性义务”主要是宪法明文规定的或者宪法原则要求的宪法主体应为的宪法义务;“第二性义务”主要是因为对“第一性义务”的违反,宪法主体所应承担的不利后果。遵循这种理解,实际上,根据“两阶层宪法责任理论”,笔者认为,广义的“宪法责任”可以分解为狭义的“宪法责任”和“违宪责任”。可将广义的“宪法责任”做“两层次”的理解,方可初步地理解且厘清其与“违宪责任”的关系:从第一层次来看,“宪法责任”主要是指“第一性义务”,即宪法主体所应为的宪法明文规定或者宪法原则要求的宪法义务,此时的“宪法责任”概念是狭义的,其与“宪法义务”概念等同,表示一种“义务关系”;从第二层次来看,“宪法责任”主要是“第二性义务”,此时“宪法责任”就是“违宪责任”,表示一种“责任形式”:如果把宪法责任理解为特定宪法关系主体违反宪法义务或不当履行宪法义务所要承担的否定性后果的时候,“宪法责任”和“违宪责任”是同一层次的范畴,具有同质性,两个概念可以相互替换使用。当我们把违宪责任理解为违反宪法而要承担的不利后果,就如同民事责任就是违反民事法律而要承担的不利后果一样,但习惯上并不把违反民事法律的不利后果称为“违民责任”,而是称其为民事责任。同样,违反宪法的不利后果也可不称为违宪责任,而称其为宪事责任,这样“宪事责任”“宪法责任”的内涵具有同一性。因此便可以得出“宪法责任”与“违宪责任”的关系,即广义的“宪法责任”包括狭义“宪法责任”和“违宪责任”,广义的“宪法责任”是“违宪责任”的上位概念,两者是包含关系;狭义的“宪法责任”和“违宪责任”两者的概念意涵是对立或者递进关系,前者是后者产生的基础,后者是前者实现的目的,两者互为逻辑关联层次,这就是笔者所持的“两层次宪法责任理论”。之所以这样理解,主要是考虑目前在我国,“违宪责任”并不是一个达成共识且有效的概念,与其更多地从反面考虑如何追究宪法主体(如政府及其官员)的“违宪责任”,不如从正面考虑宪法主体应该如何承担宪法规定的义务,履行宪法责任才是更加切实可行的。在分析宪法责任的时候,应该着重分析这个概念的积极方面,也就是国家有哪些积极的宪法责任,而不仅是政府、官员和公民违反了宪法应该受到哪种制裁。

在对宪法责任和违宪责任做出区分之后,宪法责任和国家义务之间的关系也变得明朗起来。国家义务包含两个向度,一是伦理性和公共性向度,是把国家作为一个伦理体而在特定领土范围之下所建立起来的社会之中的公共担当,这种担当具有很深的伦理意味,关乎每个人的美好生活,诚如有学者言,“国家的目的就是社会的目的,也是个人的目的——实现最美好的生活”。[1] 二是法律性向度,国家在社会中所承担的伦理要求必须被内化为具体的宪法和部门法上的义务,比如维护领土安全、环境和发展文化、教育事业等,在这个向度上,国家义务就转化成了宪法责任,义务与责任实现了对等,相应地,如果国家没有尽到必要的国家义务,那么国家就应承担相应的不利后果,比如赔偿、给付,在特定情形下受影响的个人也可以提起诉讼。[2]

---

〔1〕 蒋银华:《论国家义务的理论渊源:现代公共性理论》,载《法学评论》2010 年第 2 期。
〔2〕 参见刘耀辉:《国家义务的可诉性》,载《法学论坛》2010 年第 5 期。

第二节 国家宪法责任的教义学结构

根据以上分析,可以得出初步结论,我们无须严格区分宪法责任和国家义务,因为国家义务的伦理性最终还是要通过制度和法律落实到国家机关所承担的具体职责上。如果国家没有尽到必要的义务,那么宪法责任的消极一面就会被激活,国家就应该承担补救和赔偿等责任。何为国家?国家的功能和义务具体由谁来承担?国家的宪法责任究竟如何落实?这些都是国家理论需要回答的基本问题。国家理论,主要有国家的法哲学、国家的教义学和国家的社会理论三个维度,其中,法哲学主要是为国家的研究提供正义理论的哲学基础,教义学则是国家的基础和前提,社会理论则是国家之形象和本质的具体的内容表达。国家在健康权等社会民生事务上所承担的职责,需要一种国家理论的支撑,比如,我国成功推动并顺利实现的精准扶贫,开创出一条中国特色的贫困治理之路,也是宪法意义上的国家责任的具体体现。[1]

因为健康权作为一项人权的核心要义是宪法意义上的,无论是关于国家的公正基础,还是国家如何在具体的社会进程中发挥其功能(如中国历次医疗体制改革的社会效果),都需要一种关于国家之责任的理论解说。因此本部分只关注国家的教义学,即国家在宪法中是一种什么样的角色,当公民的基本权利向国家提出特定要求的时候,国家在宪法上应该如何回应。简言之,国家的教义学的核心是国家作为一个责任主体,应该如何实

〔1〕 参见雷刚:《作为"国家责任"的精准扶贫——基于宪法视角分析》,载《山东行政学院学报》2021年第4期。

施其责任,并且为其实施行为负责。

一、宪法责任的主体:国家

“国家责任”是由“国家”和“责任”两个名词所构成的一个复合名词,“责任”是中心词,“国家”是修饰词,对中心词进行限定,对于“责任”一词的概念分析在前面已经完成,即责任主要由“责任关系”和“责任方式”两阶层内涵组成。因此,本书所要重点探究的是作为修饰词的“国家”的概念内涵。正如上文分析,国家责任是宪法责任中最重要的一种,原因在于宪法责任的责任主体多是国家(机构),因此本书探究“国家”内涵,实际上就是要弄清楚作为责任主体的“国家”到底为何,而且,作为责任主体的“国家”也是国家责任进行归责的一个重要构成要件。在以往的宪法责任和国家责任问题的研究中,有意无意地都在忽视“国家”的问题,而直接进入国家机构责任承担的研究,这是一种舍本逐末的做法。所以,关于国家责任的宪法教义学结构,包含着国家之含义和意义的解说,需要弄清楚“国家”和“国家机构”之间的关系以及作为两者桥梁的“国家任务”的概念内涵。

(一)国家的概念内涵

要建构中国宪法上这样一个国家概念,首先要面对的是我们如何确定国家的正义准则。正如耶利内克所言,我们研究国家的概念从来不是研究一个具体的经验的国家,而是一个理性的、自为的、自由的对象。现代国家的理念不是个体意志的产物,它也不是神授的,现代国家的本质应该是理性的,理性的本质是自由的。国家面向实践问题而进行理论反思,并在实践理性维度上解决实践中所出现的一系列困境。国家的实践特性为我们理解国家责任提供了一个重要的维度。一方面,实践中所面对的各种难题,比如,是否应当允许网约车,国家是否应当对金融进行监管等,向国家治理提出了理论上的挑战;另一方面,国家必须以符合实践理性的方式对这些难题进行回应,在制度上和法律上提出相应的应对方案。

因此,国家的概念中包含实践理性的内在要求,也包含内在的目的论。我们要评判国家的每一个行为,包括国家机构的每一个具体的行为,它是不是符合这个目的,从而进入正义论的范畴。如果我们要清晰地构建一个国家的概念,通过它再去进一步延伸出国家机构的概念,通过国家机构的概念,我们再去评判某一个具体的国家机构,它行为的合宪性,必须先回溯到一般的国家正义理论的建构。没有一般国家正义理论建构,就很难解释某一个国家机构,它具体的行为是否正当,是否符合宪法解释。

(二)国家任务与国家机构

在国家的实践理性和目的论之间,出现了另外一个概念,也即国家任务。在一定程度上,这个概念是非常有中国特色的。我们在宪法之中能够发现任务这个词,主要讲的是中国的根本任务,是具有很强的政治性的。[1]但实际上,宪法中的很多条款,都体现了浓厚的国家任务色彩,国家发展医疗卫生事业和发展体育事业,都是任务性条款。国家任务是国家责任的内容具体化,也是抽象国家与具体国家机构的逻辑链条,国家机构为国家任务履行而存在,国家因国家任务而需要机构化。

国家和国家机构之间的逻辑链条上还有一个现实化和情景化的环节,就是国家任务。国家在宪法上包含两个要件,第一个要件是主观意志,第二个要件就是它的客观方面,即行为。在现实政治实践中,国家是由特定的任务支配的。我国在社会各个领域的发展规划,在一定程度上就是国家

〔1〕 参见陈玉山:《论国家根本任务的宪法地位》,载《清华法学》2012年第5期。

任务的反映。国家受到宪法的控制，国家行为只能在宪法限定的国家任务里完成，所以国家机构这个概念在逻辑上是以国家任务为前提的，如果没有国家任务这个构成要件，则不需要有国家机构。任何一个具体的国家机构，都是对具体国家任务的承担和落实，同时，国家机构的成立一定与国家任务在逻辑上成立为前提。因此，从国家到国家机构之间，需要有国家任务作为法教义学的建构，如果缺少了国家任务，那么这个建构过程就是不完整的。

对于国家机构，我们应该如何在教义学上进行建构？机构既是实在的组织形式，也是一种动态的责任载体。国家机构的概念包含两个要素，第一个要有价值判断，任何机构的运行，必须有一套公正理论的支撑。第二个要符合国家任务的法教义学体系，即对这个机构内在属性的要求，以及机构在宪法价值网络中的定位。彭真同志在1982年宪法草案的报告里面讲了三条很重要的标准，他认为国家机构的设置在宪法上不是随意的，要遵循三个基本的原则和方向：第一，能够使人民更好地行使国家权力。第二，要让国家机构能够更有效、更好地履行职能。第三，就是国家机构之间在工作上还要能够有所分工，互相制约。[1]

二、国家视角下的基本权利

按照上一章的探讨，权利最好与能力相结合，才能为国家在个人权利的保护上发挥更重要的作用。国家视角下的权利观，包含两个基本的内容，第一是国家在权利保护中应当承担什么样的角色，第二是从国家任务

〔1〕 参见彭真：《关于中华人民共和国宪法修改草案的报告》，载《中华人民共和国国务院公报》1982年第20期。

和国家责任的视角看待权利,会对权利的内容产生怎样的影响。

在德国的宪法理论中,基本权利被认为具有"主观权利"与"客观法"的双重性质。主观权利体现在个人基于自身意志而享有和实施权利,客观法属性体现的是权利背后的客观价值秩序。所以权利具有双重属性,在基本权利的双重性质理论之下,德国的宪法理论与实践构筑了一个精致严密而井然有序的基本权利保障体系,使国家权力乃至整个社会生活都在以人格尊严为核心的基本权利基础上得以整合。[1] 在这种权利观念之下,国家与基本权利之间的关系呈现出多重维度,既有排斥性,又有互动性。按照张翔教授的总结,权利的功能与国家之义务有如下对应关系:(1)基本权利的性质可以分为"主观权利"和"客观的法"两种;(2)作为"主观权利"的基本权利有两项功能,一为防御权功能,二为受益权功能;(3)防御权功能对应的是国家的消极义务,而受益权功能针对的是国家的给付义务;(4)作为"客观的法"的基本权利的功能可以概括为"客观价值秩序功能",对应的国家义务可称为国家的保护义务;(5)国家的保护义务和国家的给付义务共同构成了国家的积极义务;(6)国家义务由国家的消极义务和国家的积极义务构成。[2]

但从权利的发展变迁和权利的社会功能来看,上述基本权利与国家义务的关系仍然有很大的局限性。首先,这个模型无法解释很多新兴权利的特征,比如,适当生活水准权,这种权利并不具有客观价值功能,更多的是体现了个人实现福祉所应具有的客观物质条件如住房和食品等,尽管适当生活水准权是否应被视为基本权利还存在争议,但这个问题至少体现出权利范围在扩张中所体现的含义的多样性,这种多样性很难被框定在一个主

---

[1] 参见张翔:《基本权利的双重性质》,载《法学研究》2005 年第 3 期。

[2] 参见张翔:《基本权利的受益权功能与国家的给付义务——从基本权利分析框架的革新开始》,载《中国法学》2006 年第 1 期。

观和客观的结构之中。[1] 其次，权利与国家义务之间的关系呈现层级性，权利的受益功能并不必然对应着国家的给付义务，比如，住宅权是一项受益性的权利，但并不意味着国家应当承担给付的义务。[2]

按照上一章所倡导的能力进路和未完全理论化的协议，我们可以把基本权利和国家责任之间的关系总结为一种以人的能力为核心的促进型和助益型关系，国家应当围绕人的核心能力展开，通过制度设计、民主审议和立法建立个人能力发展的良好环境，至于国家应该如何具体承担其义务，则需要结合一个国家的具体政治经济发展水平，在未完全理论化协议的框架之下，确立具体的国家行动方案以及相应的责任体系。

三、国家责任的实践机制

国家责任是国家在运行过程中与国家主权范围之内的公民之间进行互动的动态过程，通过以宪法为主要规范的引导，实现国家设定之任务和国家追求之目标。宪法教义学在此发挥的一项重要功能，是以规范的形式对国家所追求的目标和国家责任的实践形式进行约束。宪法教义学所能做的，除确定主体、机构和基本权利的基础性问题，也包含着为国家责任的实践机理确定一些基本的标准，从而保证各个国家机构在各自的实践之中能够按照法治精神来行事。

国家责任体现为消极和积极两个意义。在消极意义上，法律责任的构成是指构成法律责任的必要条件，只有具备了全部的必要条件，才能追究行为人的法律责任。在学理上，很多学者探讨了法律责任的结构，包括社

〔1〕 参见姚建宗等：《新兴权利研究》，中国人民大学出版社 2011 年版，第九章，"适当生活水准权"。

〔2〕 参见杜强强：《自由权的受益权功能之省思——以住宅自由的功能为例》，载《北方法学》2013 年第 4 期。

会意义、逻辑意义等,但一般来说,没有违法行为的发生就不存在承担法律责任的问题。除有违法事实、违法行为的存在外,还有主观上是否有过错、损害结果或损害事实以及违法行为与损害结果之间的因果关系等另外几个构成要件。相较而言,国家的宪法责任的积极意义包含更丰富的关于国家与公民之关系、国家对于基本权利之保障的原理,因此更具有创造性和潜力。

在传统的法教义学体系中,国家的损害赔偿和损失补偿是国家责任的两个核心内容,但无论是损害还是损失,都是一种静态社会的状态和产物,在技术如此发达、人与人之间的社会关系空前复杂的当代,国家不仅要应对损害和损失,而且要以更为积极和体系的方式预防风险和促进福利。因此,当代中国所面对的一个重大的问题是,如何能够从"危险消除和损害赔偿模式"转向福利构造模式。宪法教义学可以提供一些基本的思路,并从对宪法条款的释义之中寻找到价值基础和分析框架。

(一)责任主体

显然,国家的宪法责任主体是国家本身,但国家是一个抽象物,要具体化为实在的、可以分辨的主体。在现代社会,从功能意义上,国家被具体化为立法者、政府和司法机关,这些往往被统称为国家机关或者公权力机关。在我国,国家的具体化还要处理党和国家、党的机构和国家机构之间的关系。国家机关作为责任主体,一是要为自身所承担的职责负责,二是要为自身职责范围下的事务承担责任。从现代行政管理的基本原理来看,国家机关承担责任的基本原则是责任分担和责任自负。责任分担指的是国家机关的功能不是全能的,而是依据法律和分工来实施公权力。责任自负指的是国家机关要为自身所负责的部分承担责任和相应的后果。

国家机关对于宪法责任的承担面临两个挑战,这也是现代国家治理的一个重大困境。一是分工使各个机关承担本部门的职能，而实践中出现的很多问题涉及的不只是一个方面，比如，食品安全，在食品安全事件中，涉及政府监管、技术检测、司法追责等各个方面，责任分工会使食品安全的追责缓慢而低效，反而会使食品安全问题发展成为更复杂的社会问题，因此不同的责任主体如何以一种联动的方式来承担责任便成为一项非常迫切的课题。[1]

第二个困境是，在风险社会，社会民众面临大量的损害风险，比如，食品和交通安全事故、传染病和环境污染等，如何对这些风险进行规制？此外，国家所要承担的责任是具有归因性的，也就是说，国家只能在它的公权力所实施的事项上承担责任，超出于此，则不需要承担责任。然而，在国家归因性这个构成要件上，是否只有国家的公权力行为才引起国家责任？依照吉登斯等的观点，风险社会的一个重要特点就在于“社会本身成为风险的策源地、而非国家”。无论是转基因食品，还是新药开发、新兴工业的技术试验以及越来越流行的人工智能的发展，可能给社会和他人带来的风险都是巨大而不确定的，由此造成的不利后果，当社会、企业和个人无力消除的时候，国家是否具有相应的责任？这意味着我们要重新审查“国家归因性”这个要件在风险社会的妥当性。

风险社会的特征，改变了传统宪法教义学的结构，也赋予其新的生命活力，权力与权利之间的关系被风险所重塑。[2] 宪法教义学自身应做出调整，以应对日益复杂的现代社会。我们应该改变传统意义上的相关概念和归责原理。比如，在国家机关的责任承担问题上，国家机关的赔偿责任建立

---

〔1〕 参见金江军、韦文英、姚卫浩：《食品安全领域的政府责任研究》，载《广西社会科学》2015 年第 10 期。

〔2〕 参见王清、刘子丹：《超越权力观和权利观：风险治理理论的转型》，载《学习论坛》2022 年第 3 期。

在违法行使职权的基础之上。这个构成要件是建立在职权确定的前提上,我们所面临的大量的风险,不是来自职权的违法行使,而是来自职权行为造成的不确定后果。正如卢曼在《风险:一个系统理论的分析》中所提出的,"风险"并非与"安全"相对,而是与"危险"相对,现代社会风险最大的特点在于它是制度造成的,制度试图稳定人的行为预期,但制度本身恰好由于设计的失灵或决策的失误,带来更大的风险。风险损害所具有的不确定性、无限性、不可计量性、不可预期性、不可控制性和社会公共性颠覆了传统概念,对风险损害从事后的追责转向了通过规制法予以事前防范。[1]

(二)归责

国家责任的实践机制的第二个重要内容是归责,也就是确定在何种情况下可以让国家机关承担责任,并且对其担责进行评估。归责是一项系统工程,是国家秩序的日常运行的发动机,也是创造和保护公民之福祉的管道。国家责任的实践机制,形式上包含法治结构和实践理性,内容上体现为权利要素和能力导向。法治结构指的是国家责任的实践必须与法治精神相吻合,责任的确立、实践和归结都要符合依法治国的基本精神。实践理性指的是,国家责任是一项实践,要符合实践理性的基本要求,既要解决实践中的问题,又要符合实践的一般理性,无论是治理还是追责,都要体现理性精神,根据公共实践事务的复杂性、多样性、动态性,建立一个市场自组织、社会自治理、分层级的政府治理以及它们之间彼此有效合作所形成的复杂性、动态性、多样性的公共事务治理体系。比如,在对中国社会的高风险应对上,实践理性的要求是认识到目前风险生成机理的复杂性以及风

---

〔1〕 参见刘水林:《风险社会大规模损害责任法的范式重构——从侵权赔偿到成本分担》,载《法学研究》2014 年第 3 期。

险疏导的不畅，因此，要化解风险，就不只是要建立社会保险制度，而是要改变风险体系，正如学者郑永年所指出的，“管理中国式高风险社会，最直接的方式当然是发展社会保险制度，将分散在社会底层的风险重新由国家承担起来。但这样做也许还远远不够。这是因为中国式的高风险社会其根源在于制度设计的许多地方不尽合理。在这种体制下，对抗风险最有力的权力和资本过度集中于中央和国家，而风险却分散到体系外成员，特别是底层社会和子孙后代。因此，管理这种高风险社会的核心是改革当前的风险分配体系”。[1]

权利要素和能力导向是对宪法责任的内容判断标准。如果一种行为或者法律、政策能够构成公民基本权利的保护或促进，或者导向公民能力的提升，那么就产生了国家承担相应责任的基础。一方面，国家有积极的责任促进权利保护或能力提升；另一方面，国家应当为权利和能力方面的相应损害承担责任。损害事实是指违法行为侵犯他人或者社会的权利和利益所造成的损害结果，侵害对象既可以是他人的个人利益，也可以是社会的公共利益，包括对人身的损害、财产的损害、精神的损害、社会公共利益和公共秩序的损害等。从能力的视角来看，损害是对人的发展能力和潜力所造成的阻碍和破坏。

传统教义学体系中的赔偿和补偿，都是对损害的弥补，中间存在一个比较规范的归责链条。但中国在转型法治进程中，概念呈现出复杂性和不确定性。损害的概念也充满了歧义，其相应的归责效果也显得很不确定。比如，中国存在上百万因为职业活动长期吸入生产性粉尘而致病的尘肺病人，他们在病痛中忍受极大的痛苦，但很少能够得到有效的医治和关注。这种损害是由个人选择所从事的职业活动导致的，但在一个健康权时代，

---

〔1〕 郑永年、黄彦杰：《风险时代的中国社会》，载《文化纵横》2012 年第 5 期。

我们无法让这些尘肺病人独自为他们的职业选择所导致的损害承担完全的责任。正如布伦南法官在“金伯格诉凯利案”中所撰写的司法意见中陈述的,“自其成立以来,国家的基本承诺一直是要推进在其范围内的所有人的尊严和幸福安康。我们已经逐步意识到,不受贫困者掌控但却很有影响力的因素导致了他们的贫穷……”[1]国家是否应该,以及如何救助?我们应该如何完善我们的社会救助体系?又如中国城镇化快速进程中所产生的留守儿童问题,已经成为严重的社会问题。显然,社会和政府在这些问题面前必须做出制度性的回应。它们所产生的社会救助、社会保障问题,能否纳入国家责任体系之中并进行制度建构,是宪法教义学需要直面的问题。

此外,国家没有实施特定的行为就不需要承担特定的责任吗?按照传统的归责原理,似乎是没有问题的。但基于能力理论,尽管我们无法就每一种能力如何得到健全发展而提出最终的方案,但每一个公民的基础能力都具有基础价值,应该作为政治议程的核心关注。即使损害的结果不是由国家行为直接导致的,然而,只要一些行为或结果对公民的能力发展和尊严造成了实质性的损害和危及,那么国家就应该做出具体而实质的承诺。

四、小结

综上所述,关于国家之宪法责任的宪法教义学体系可以初步建立,为国家的宪法实践和政治行动提供具有多重意义的总纲。一方面,我们可以给出一个关于宪法责任的纲领式界定,引导国家在每个具体社会领域中以

---

〔1〕 See Goldberg v. Kelly, 397 U. S. 254(1970), https://supreme. justia. com/cases/federal/us/397/254/case. html.

宪法为基础来构建导向于人民福祉的框架，陶凯元教授把国家责任总结为："在具有中国特色社会主义国家伦理的基础上（道义基础），为了纠错赔偿、合理补偿、生存托底、确保发展平等和实现社会公平正义的需要（制度目标），按照宪法法律、政策规定和执政党政治纲领（规范依据），以国家赔偿责任、国家补偿责任、国家救助责任和社会保障责任为主要内容（制度内容），由国家在侵犯公民权益或者公民因国家治理、他人侵权以及其他灾祸所致损害时，对公民承担的损害填补、困难救济和基本生存保障的法律义务与法律责任（责任性质）。"[1]另一方面，国家的宪法责任在具体社会领域中需要通过各种法律、政策和行动规划加以充实，寻找到国家在每个社会问题上的制度增长点和宪法适用的空间，从而实现真正意义上的宪治国家。我们需要承认，在我们国家的很多社会领域，法治化程度不高，仍然存在着很多的制度化困境。医疗卫生领域是一个典型领域。按照本书前面部分所分析的健康权之基础和国家责任的宪法教义学结构，医疗卫生领域迫切地需要纳入法治因素，其中最关键的是将《宪法》第 21 条的教义学内涵落实到国家发展医疗卫生事业的宏大制度进程中。从某种意义上来说，中国的医疗体制改革和医疗卫生制度的重建，其最终是否成功，关键在于《宪法》第 21 条的精神能否得到贯彻。

第三节　国家发展医疗卫生事业的宪法责任

在中国 40 年的转型发展进程中，政治、经济、社会和文化领域中都经历着天翻地覆的变化。转型具有深刻的宪法内涵，意味着我们国家从一个

[1] 陶凯元：《法治中国背景下国家责任论纲》，载《中国法学》2016 年第 6 期。

政治型政治体转向了法治型政治体。习近平法治思想的提出,将全面推进依法治国的事业推向了全新的高度。根据习近平法治思想,法治建设要坚持依宪执政、依宪治国。法治的贯彻实现,必然需要宪法精神的落实。[1]宪法要成为活法,必须在转型过程中担当其转型发动机和内动力的角色。社会的真正变革,通过宪法而发动,通过实际的国家行动和法律政策而运行,最终需要全社会的参与,方能展现宪法之全部活力。正如有学者所言,"中国改革开放后的社会转型是一转百转的制度转型,这一转型并不能仅仅通过宪法文本的修改即告实现,而必须实现与之相关的政治观念、配套制度、生活方式、社会价值等方面的转型才能宣告完成。对于中国的宪法变迁,需深入至国家和社会内部,考察在文本修改之外,国家推动的意志与社会转型(以市场为主导)的内在动力机制对宪法变迁的影响:从政治实践中透视国家的意志,从社会内部观察社会结构的变化趋势,考察传统在今天社会的影响以及不断更新的社会观念等。如此,才能较为准确地把握改革开放以来中国宪法变迁的方向与逻辑,形成一种有关宪法变迁的"宪法理论"建构,并最终回溯到文本中,剥离出宪法文本在当下的意义。这一理解活动,是个体与整体、文本与结构、自我与社会(时代)精神不断循环的过程"。[2]

但遗憾的是,宪法的转型动力并未很好地体现在法治转型的进程中,在各个社会领域,都或多或少存在法治化程度需要进一步提高的问题,而医疗卫生领域表现得尤为突出。到目前为止,虽然《基本医疗卫生与健康促进法》已经制定实施,但仅此一部法律并不足以支撑起医疗卫生事业发展的大任,仍然需要在立法上继续完善。医疗卫生领域涉及医院管理、医

〔1〕 参见周叶中:《坚持依宪治国的根本遵循》,载《中国司法》2021年第11期。

〔2〕 李忠夏:《宪法教义学反思:一个社会系统理论的视角》,载《法学研究》2015年第6期。

药生产和分配、医疗保险、卫生政策等，又因为医疗卫生与健康权紧密相关，因此医疗卫生制度在广义上又与公民健康权紧密相关的食品、环境等问题联系在一起。整体来看，医疗卫生制度是一个贯穿社会各个层面的制度，而医疗卫生立法也是牵扯到诸多社会领域之神经和利益的立法活动。

《基本医疗卫生与健康促进法》是一项关系每个公民之健康权的重大社会工程，因此医疗卫生法律实践不只是一项部门任务，或者一种规划，而是宪法精神和活力的教义学释放以及宪法规范的具体化。宪法规定了医疗卫生事务的基本价值立场，但单单一条宪法条文显然无法承担管理如此繁复的医疗卫生事务的重任，所以宪法规范必须通过部门法加以细化。细化的过程并不是宪法之精神和价值的直接具体化，而是必须经由立法机关按照宪法精神制定出具体的规范细则，因此立法是一个动态的价值转化过程，正如有学者指出的，“正是因为不可能以演绎的方式具体化，宪法才有必要借由授权立法机关从事立法活动来建构法秩序的具体细节，但是立法机关无论如何具有创造性，都必须在宪法授权所给定的框架和范围内活动，而不得越出这个范围。简言之，立法机关所从事的立法工作与其说是‘具体化’宪法，毋宁说是在宪法所设定的价值框架内‘建构’具体法规范”。〔1〕

根据以上主张，我们可以把医疗卫生法治视为《宪法》第 21 条的宪法教义学结构的动态实践，是基于健康权保护这一价值而进行的具体法规范“建构”。由此，医疗卫生法治就包含着几个相互关联的核心内容。第一个内容是医疗卫生法治的价值基础，即健康权的保护，无论是具体立法、医疗政策的制定，还是五年规划的提出，都应该以健康权的保护作为最终的精神来源。第二个内容是国家的宪法责任作为医疗卫生法治的动力机制，包

〔1〕 白斌：《宪法教义学》，北京大学出版社 2014 年版，第 203 页。

括责任主体、归责原理等，都需要在医疗卫生法治实践之中得到体现。第三个内容是医疗卫生法治的结构和样态，即“构建公共卫生法治体系，通过完善公共卫生法律体系、提效公共卫生执法体系、稳固公共卫生法治保障体系来进一步巩固公共卫生安全，供给基本公共卫生服务，并强化国家在公共卫生治理中的主导力量，发挥各公共卫生治理机构的职能，发展联防联控工作机制，形成治理合力，有效促进国家公共卫生治理能力的现代化”。[1]

上一章已经就健康权的结构和道德基础做出了详细的分析，按照健康权的能力进路，医疗卫生立法是培养和促进个人能力发展的制度化路径，也是国家实现其宪法责任的规范方式。现在的问题是，国家的宪法责任如何通过立法的形式体现出来？或者说，我们最终需要一部什么样的医疗卫生法？本节从以下四个方面对这个问题做一个结构性的总结。

一、医疗卫生立法作为健康权保护之宪法宣言

健康权体现了人的能力发展对于福祉的重要性，也体现了人的尊严，对健康权的保护，是宪法价值的重要体现。尽管在很多重大社会议题上，比如房地产调控是严紧还是宽松，是否应该放松金融监管，或者是否应该放开社会力量参与教育等，存在不同的社会意见和观念分歧，但在医疗卫生事业上，几乎不存在太多的社会争议。其背后的主要原因，在于健康权已经成为现代社会发展的核心共识之一，人民的健康是社会所追求的重大目标，也是衡量一个社会公正的基本准则。如果在一个社会中，有大量的

---

〔1〕 钟南山、曾益康、陈伟伟：《我国公共卫生治理现代化的法治保障》，载《法治社会》2022年第2期。

公民遭遇病痛之苦，却得不到及时有效的医治，或者有大量的民众无力承担医疗保险，因为昂贵的医疗费用而濒临破产，那么社会的公正根基就面临危机。以美国的医疗制度为例。尽管奥巴马医改面临着很大的争议，并且在特朗普总统上任之后不断受到挑战，但奥巴马至少是在社会公正的意义上努力解决美国3000万人口的医疗保障问题。在我国，在“十四五”规划的背景之下，健康中国理念已经逐渐成为全社会的共识，而社会公正的观念也开始深入人心。健康权的共识凝聚和社会公正的观念塑造结合起来成为一种宪法宣言，与全面推进依法治国的政治进程相呼应，成为医疗卫生事业的法治总纲。

不可否认，健康权的基础性共识并不能直接产生一种没有任何分歧的医疗卫生法治方案，正是因为医疗卫生治理充满着利益博弈、政策实施的不确定性和诸多社会因素的叠加，使医疗卫生事业的发展仍然面对很多挑战。在《基本医疗卫生与健康促进法》的孕育过程中，我国的医疗卫生立法采取的是各个击破、缓慢推进的策略。一方面，全国人大、国务院和其他部委根据具体的情况制定行政法规或者部门规章，这样做的好处是可以因地制宜，及时地解决迫切问题，比如，关于中医药的立法。中医药即传统医药，在我国历史悠久，传统深厚，中医药立法符合当前医改和发展中国特色医药卫生事业的需要，鉴于总体医疗卫生资源不足、农村缺医少药、医疗费用上涨较快，应当充分发挥中医药简便价廉的优势，特别要发挥中医药的医疗保健作用。从2003年起我国颁布《中医药条例》，2009年出台《关于扶持和促进中医药事业发展的若干意见》，2016年又颁布《中医药法》，旨在继承和发展中医药学，保障和促进中医药事业的发展，保护人体健康。另一方面，医疗卫生事务的公共管理更多的是通过国家规划和政府政策的方式加以引导和管理，比如《国务院关于印发“十三五”深化医药卫生体制改革规划的通知》虽然由政府出面制定规划可以保证医疗卫生事务发展的规划性和可执行性，但医疗卫生事务毕竟是涉及公民之健康权的基础性事务，政府规划更多地关注政府行动的效率和目标，很多时候会忽视权利的价值层面。因此，如果没有一部昭示宪法之精神和价值的基本医疗卫生法，健康权的保护就会屈从于政府的短期规划和行政效率。《基本医疗卫生与健康促进法》的出台，彰显出健康权的价值指导意义，也弥补了医疗卫生法律体系的缺陷。

二、医疗卫生事务的责任体系

在当前阶段，《基本医疗卫生与健康促进法》构成了国家在健康事务上的宪法责任的核心，但这并不是全部。医疗卫生立法是国家管理医疗卫生事务的法律依据，但法律毕竟只是对责任进行界定和划分的标准，具体包含哪些责任，以及如何进行归责，则超出了法律文本的范围。按照上一节所述，宪法责任具有体系性，这意味着宪法责任不是凭空而来的松散要求，而是相互之间形成一个关联体系。医疗卫生事务的责任体系包含责任主体、责任关系和归责原理三个方面。主要的责任主体是每个公民，更具体地说，是能够提出健康权主张的公民。公民健康权是医疗卫生事务的价值所在，也是最终的评判标准。其次是国家机关，包括立法机关、行政机关和司法机关。国家机关的责任来源是公民的健康权，其行动的法律依据是《宪法》及根据《宪法》而制定的医疗卫生法律体系。最后是社会主体，包括医院、药厂、企业和第三方机构等。

责任关系的抽象含义是如何在责任主体之间分配权利义务关系。责任关系存在程度的差异，主要体现在责任实现方式的程度和承担责任的力度上的差异。责任实现方式上的程度指的是，如何在复杂的社会关系中提炼出责任主体清晰的权利义务关系，从而确定相互之间的责任。比如，中国农村长期以来医疗卫生发展落后，医疗保障不健全，大量农民的疾病得不到及时的医治，在这种情况下，政府是否承担着缩小城乡差距，均衡医疗资源的责任？可能在很长一段时间之内，在城乡二元体制之下，政府有责任承担城市居民的公共医疗，而农村医疗事务则以农民个人自主承担为主。自2002年《中共中央、国务院关于进一步加强农村卫生工作的决定》出台以来，新农合制度在政策支持下得以建立。然而，新农合制度毕竟是政策驱动型的，存在权宜性，也反映了政府在面对复杂的农村医疗状况下的财政担忧，因此政府责任的实现程度就与城市医疗制度的程度存在差异。承担责任的力度就相应地体现在政府在承担责任的过程中在财政、组织上的投入力度，以及政府在未尽到责任或者违规的情况下如何追责。同样在农村医疗卫生事务上，政府承担责任的力度就反映在政府是否积极地推动新型农村合作医疗制度的改进，以及相应的立法。《基本医疗卫生与健康促进法》第83条第1款规定，国家建立以基本医疗保险为主体，商业健康保险、医疗救助、职工互助医疗和医疗慈善服务等为补充的、多层次的医疗保障体系。这条规定对于农村医疗保险仍然没有明确提及，是一种缺憾。

归责原理指的是国家承担特定责任背后的一般原理，可以分为抽象归责和具体归责。抽象归责指的是将特定主体纳入一种责任承担关系中所需要的责任归结理由，比如，由国家基本权利保护和国防、军事、外交等事务的理由，这些理由往往具有抽象性和基础性。在医疗卫生事务上，国家承担责任的抽象原理是公民的健康权的重要性和社会公正以及人的尊严的要求。在具体事务上，国家承担责任的原理与具体事务之中健康权的重要程度相关。一般来说，特定事务与健康权的相关性越高，那么国家所要承担的责任就越重。比如，医药的生产和分配直接关系到疾病的治愈和健康的保护，因此国家要努力建立公平的医药制度和完善的药品供应保障体系，一方面保障药品安全，另一方面维护公平，避免社会公众因为药价贵而耽误疾病的治疗。国家对医疗科技发展所承担的责任则区别于国家在医药制度上的角色，这是因为国家虽然有推动科技发展的必要性和财力，但科学研究和技术进步毕竟是由科研人员和技术人员具体实施和推动的，国家既不能直接承担这样的角色，也无法加以垄断。在医疗卫生事务上，归责原理要求我们区分政府所承担的抽象责任和具体责任背后的实际理由，并根据国家承担责任的程度来进行符合法治精神的归责，包括积极地赋予国家责任和要求国家承担消极的责任。在医疗卫生立法的过程中，识别归责原理中的理由，是立法的难点，也是引发学理和社会激烈争议的主要触点。

三、国家发展医疗卫生事业的责任内容

医疗卫生事业是一项综合工程，国家要承担的责任也是复杂的。按照现代国家治理的基本逻辑，国家一方面要发挥好治理者的角色，将人格化的国家背后的道德力量释放出来，使国家可以成为公民基本权利和利益的核心保障；另一方面要将治理背后的权利因素、实效追求和社会力量进行体系性地整合，在健康权的话语引导之下，使医疗卫生事业得到健康发展。医疗卫生事业包含医疗事业和卫生事业两个部分，这两个部分有所重叠，但所指存在差异，医疗事业包括医院、医药和医疗保险三个相互关联的方面，卫生事业包含疾病预防、卫生检验、传染病防治、精神卫生、职业病防治、采血等方面，主要是由政府所主导。从医疗卫生立法的视角来看，国家的责任内容包含两块：一是国家在医疗和卫生事务上承担什么样的责任，二是如何以法律的形式加以规定。换句话说，医疗卫生立法的主要难题也体现在这两块内容上。

就一个方面而言，国家在医疗和卫生事务上所承担的责任有抽象和具

体之分。具体而言，体现在如下几点：

第一，在医院改革和发展方面，国家承担抽象责任，引导现代医院管理制度的发展，而由医院主动地进行现代医院治理方式的改革。国家的引导责任包含确定医院的基本定性，并对医院进行监管，按照2017年7月国务院发布的《关于建立现代医院管理制度的指导意见》，国家的引导和监管责任体现为“坚持政事分开、管办分开。加快转变政府职能，深化‘放管服’改革，合理界定政府作为公立医院出资人的举办监督职责和公立医院作为事业单位的自主运营管理权限，实行所有权与经营权分离。各级行政主管部门要创新管理方式，从直接管理公立医院转为行业管理，强化政策法规、行业规划、标准规范的制定和对医院的监督指导职责”。[1]

医院则处在现代医院管理制度改革的主阵地，在我国目前公立医院、私立医院之间力量不对等，城乡医疗资源配置不均衡的背景下，医院（主要针对公立医院）的现代化管理能力既具有内部效应，也具有外部效应。内部效应体现在公立医院在决策机制、民主管理制度和医疗质量安全管理制等方面实现突破，从而改变医院的管理水准。其外部效应体现在现代医院管理制度本身包含健康权的人权维度和文化维度，同时也会改变医院与患者之间的互动关系，促进社会民众的健康权观念的更新，也会为私立医院的发展树立典范。

第二，在医药制度改革方面，国家承担的责任由抽象趋向具体，主要的原因在于医药市场和流通既不同于承担治病救人职责的医院，也不同于普通的市场流通体制。在一定意义上，医药是对健康的补救，是依托于医药技术的一种具有博弈性的救济手段。医药的生产、流通和使用在每个环节

〔1〕《国务院办公厅关于建立现代医院管理制度的指导意见》，载中华人民共和国中央人民政府：http://www.gov.cn/zhengce/content/2017-07/25/content_5213256.htm，最后访问日期：2024年1月20日。

都会产生不同的社会效应。人类对医药的生产经历了几千年的历程,在科学、生物医学的机激励和促进之下发展到当前阶段,战胜了很多困扰人类健康的疾病,然而,人类仍然为许多重大疾病所困扰,医药技术的发展和贡献也受制于医药体制和社会结构。一方面国家要加大科研支持力度,鼓励生物医学和基因科学的发展,同时也要通过监管和评估控制新兴医药的风险。因此,建立以健康权为旨归的现代医药制度,是迫在眉睫的一项工程。中共中央、国务院于 2020 年 2 月 25 日印发实施《关于深化医疗保障制度改革的意见》,着力解决医疗保障发展不平衡不充分的问题。在"协同推进医药服务供给侧改革"的指导意见中提出:"医药服务供给关系人民健康和医疗保障功能的实现。要充分发挥药品、医用耗材集中带量采购在深化医药服务供给侧改革中的引领作用,推进医保、医疗、医药联动改革系统集成,加强政策和管理协同,保障群众获得优质实惠的医药服务。"这一指导意见意味着医保作为"战略购买者",将对整个医药服务市场提出质量提升要求。

第三,在医疗保险方面,国家的责任同样是具体的,甚至可以说国家承担着核心性责任。医疗保险是保险的一种,但因为涉及人的生命健康,而具有特殊性,从而被归属于社会保障的一部分。我国《宪法》第 45 条第 1 款规定:"中华人民共和国公民在年老、疾病或者丧失劳动能力的情况下,有从国家和社会获得物质帮助的权利。国家发展为公民享受这些权利所需要的社会保险、社会救济和医疗卫生事业。"由此可见,国家提供社会保险具有宪法依据。医疗保险在医疗体制之中起着缓冲剂的作用,正是因为医疗保险的存在,才会降低人们的医疗成本,保证疾病得到及时治疗。我国的医疗保险制度从城镇职工医疗保险制度开始起步,逐渐扩展至农村地区,发展出新型农村合作医疗制度。目前的医疗保险现状:基本医疗保险制度体系由职工基本医疗保险、城镇居民基本医疗保险、新型农村合作医疗三个部分构成，基本建立了覆盖城乡全体居民的基本医疗保障制度，以基本医疗保险为主体的多层次保障框架初步建立，在一定程度上实现了“全民医保”。

然而，这种医疗保险制度仍然有着深层次的问题。首先，医疗保险制度虽然有着相对稳定的结构，然而在医疗保险的实际实施过程中，城乡户籍差异和行政管理的低效，导致部门政策与地方政策条块分割，对构成城乡医保制度的“参保、筹资、待遇支付、基金经办、管理监督等核心要素环节区分设计，形成了纵横交错的‘碎片化’医保制度体系”。[1] 2009年，中共中央、国务院发布的《关于深化医药卫生体制改革的意见》提出：“有效整合基本医疗保险经办资源，逐步实现城乡基本医疗保险行政管理的统一。”然而，由于我国行政管理体制的低效和碎片化，致使医疗保险制度目前仍然有许多掣肘之处，具体体现：(1)医保管理体制纵横割据，规则制定四分五裂；(2)医保经办体制政事不分，运行机制淡化模糊；(3)户籍与居住证交叉选择，参保和筹资制度定型困难；(4)城乡医保利益多元差别，基本医保待遇制度定位不准。[2] 体制上的藩篱还需要从体制上入手进行破解，因此国家在医疗保险制度上必须寻求突破，一方面寻求参考国际成功经验，解决政府和市场之间的关系问题；另一方面在制度改革中体现健康权的核心价值和社会公正的基本和要求。

第四，在公共卫生方面，国家承担的责任是具体的，因为公共卫生是一种公共事务，具有服务性和公益性的双重属性，政府是承担公共事务的最佳角色。新冠疫情的暴发改变了传统的公共卫生观念。公共卫生所涵盖

---

〔1〕 孙淑云：《中国基本医疗保险立法困局、症结及其出路》，载《山西大学学报（哲学社会科学版）》2017年第3期。

〔2〕 参见孙淑云：《中国基本医疗保险立法困局、症结及其出路》，载《山西大学学报（哲学社会科学版）》2017年第3期。

的范围非常广，主要针对公共环境卫生和公众疾病预防，其目的是促进公众健康和预防疾病风险。传统的公共卫生事务包括疫病预防控制、免疫、健康教育、妇幼保健、精神卫生、应急救治、采供血、卫生监督和计划生育等，然而在现代风险社会，人们的健康所面对的危险因素已经不仅局限于生命机理性的疾病，更多的是来自外在的社会环境。而外在环境是复杂的，任何一个环节的失灵都可能危及公共健康。因此，公共健康的内涵也在不断变化和扩展，由传统的疾病预防和健康防范扩展至交通安全、空气污染和食品安全等。因此，传统意义上的公共卫生观念已经无法适用当代社会发展对健康的要求。在新冠疫情的冲击下，公共卫生覆盖的范围也在拓展，已经从国内公共卫生拓展至全球公共卫生，在其中世界卫生组织发挥着核心作用。

第六章

医疗卫生法律制度的基本结构和域外考察

在对健康权的保护上，基本医疗卫生制度是实践国家的宪法责任的主要制度领域。在推动基本医疗卫生法治这个问题上，借鉴国外的成功经验和制度是不可或缺的一个环节。主要的原因有以下两个方面：

第一，尽管很多国家的医疗卫生立法在“二战”之前即已展开并成型，但在《世界人权宣言》所提出的健康权理念的指引之下，医疗卫生制度被赋予了更新的含义，因与健康权的联系，不仅被视为解决卫生或健康等社会问题的一种机制或政策，更被视为保护健康权的人权实践，对于当下中国以健康权为价值引导的医疗卫生法治来说，具有直接的启发意义。不可否认，从比较法的意义上说，不同国家的法律制度在立法模式、司法理念上都会存在很大差异，因此简单的法律移植并不可取，然而只要不同国家所面对的困境是相似的，那么解决这些困境的法律制度就具有内在的关联性。

第二，新冠疫情表明，现代世界已经进入了全球健康时代，全球卫生法律制度的建立越来越显示出其重要性。虽然在全球卫生法专家戈斯廷看来，“国际组织与国家与非国家行为者有了越来越多的互动，并将其纳入全球健康论坛，但是国际法并没有充分体现他们的创造力和资源，也没有充分协调他们的活动或培养他们的责任”,[1]但在全球健康时代,中国为世界贡献了抗疫的中国方案,一方面体现我国政府“人民至上”的政治理念,另一方面可以通过借鉴与比较建立与其他国家的共同行动框架,以体现中国在全球健康共同体中的大国地位。

第一节　医疗卫生立法域外考察的方法限定

本章所采取的方法是以国别为线索,通过梳理特定国家医疗卫生立法的典型特征,提炼出关于健康权保护与医疗卫生法治方面值得关注和分析的内容。鉴于主题的限制,本章在方法上有一些限定。首先,在分析国外基本医疗卫生制度的框架时,不局限于从模式上提炼不同国家保护健康权的宪法路径,而是着重探讨不同的医疗卫生制度如何体现健康权的宪法意义。必须承认,很多国家在对健康权的宪法规定上存在不同的表达和规定方式,但这种表象可能掩饰不同国家之间在医疗卫生制度上的共性。反过来,即使不同国家之间的宪法规定在形式上一致,其制度运行和产生的权利保护成效可能会差异巨大。其次,在对其他国家的比较和借鉴中,本部分更多地关注健康权的基本价值如何在医疗卫生制度的构建中得到具体地体现,并从中获得中国医疗卫生法治能够受到启发的地方。最后,借鉴对象的选取应体现代表性和典型性,但由于不同国家的健康权宪法保护多少都具有一些特殊性,而细致分析每个国家也存在资料收集上的难度,因此在选取上就会存在一些困难。本章的策略是选取一些既具有典型意义,

[1] [美]劳伦斯·O. 戈斯廷:《全球卫生法》,翟宏丽、张立新主译,中国政法大学出版社2016年版,第54页。

同时又在国内宪法学界和医疗卫生法领域引发较多关注的国家,既可以在既有研究基础上继续推进,又能够避免文献不足而对相关国家的法律制度造成的误解。下面具体分析这些方法限定的意义。

一、把医疗卫生制度视为一种宪法学塑造

医疗卫生制度在很大程度上是健康权的宪法宣言,但健康权如何在宪法实践中得到保护,在不同国家存在很大的制度差异。因此,仅从宪法文本规定上对不同国家进行比较,就存在很大的局限性。任梦华博士在其博士学位论文《健康权宪法保障研究》中对健康权的宪法保障模式进行了总结,提炼为两种模式:健康权立宪保障模式和健康权司宪保障模式,前者又具体区分为健康权目标型立宪模式、健康权权利义务型立法模式、健康权方针型立宪模式、健康权转换型立宪模式;后者具体区分为直接司法保障模式、间接司法保障模式和适用国家法的司法保障模式。这个概括对于我们认识不同国家规定健康权的方式有很大帮助,然后对于健康权在不同国家中究竟如何得到系统性的保护,这种模式上的区分意义就显得非常有限。首先,无论是立宪保障模式的国家,还是司宪保障模式的国家,最终都通过司法裁判对公民的基本健康权进行保护,并在判决中体现出健康权的含义。

其次,即使是相同保障模式的国家,在具体实践中对健康权的保护可能也会存在差异,因此这种模式化的界定意义有限。比如,同样是义务型立宪模式,西班牙和哥伦比亚在司法裁判中所体现的健康权的含义就存在差异。《西班牙宪法》第 43 条规定:“承认健康受保护的权利。公共权力有责任通过预防性措施和提供必要的资助和服务组织和监护公共卫生事业。法律规定所有人在这方面的权利和义务。公共权力发展卫生教育、体育和

运动,同时也为适当休息提供方便。”《哥伦比亚宪法》第 49 条规定:“国家以公共服务的形式对居民的生命健康负责,每个人都有权利获得全面的健康照顾;国家有按照高效、普遍和社会稳定性原则,组织、调节和管理为居民提供健康服务的义务;应制定法律条款保障居民免费获得基本卫生保健。”[1]尽管从宪法规定的意义上,两个国家对健康权的保护很类似,但司法实践所体现的精神大为不同。在西班牙,在 Lopez-Ostra v. Spain 一案中,上诉人 Ostra 认为西班牙某镇上的垃圾处理厂对上诉人女儿的健康造成了严重影响。欧洲人权法院认为,上诉人依据欧洲人权公约第 8 条享有尊重其家庭及私人生活的权利,“严重的环境污染会影响个人健康状况并且妨害其享受家庭生活”,判定地方当局未能采取有效措施保护。[2] 该案体现出欧洲人权法院对健康权保护的严格立场,然而在该案中作出判决的是欧洲人权法院,主要原因是西班牙国内的法院并未对 Ostra 的诉求加以支持,无奈之下 Ostra 上诉于欧洲人权法院。[3] 欧洲人权法院的判决主要依据是欧洲人权公约的规定,而非《西班牙宪法》第 49 条,由此可见作为欧盟国家之一的西班牙司法保护健康权的局限性。

而在哥伦比亚,法院的司法判决对健康权却呈现出不确定态度,按照曲相霏教授的总结,哥伦比亚宪法法院在一个判例中,针对原告患有艾滋病且付不起医疗费用,医院因此拒绝为其提供医疗服务的情况,判决认为,由于资源有限医院并不能为所有的人提供免费的医疗,但是根据《哥伦比亚宪法》第 13 条的规定,州政府应该在公民因经济资源匮乏“而不能减少晚期疾病、传染病和不治之症所带来的痛苦、歧视以及社会风险”时提供特

[1] 任梦华:《健康权宪法保护研究》,东南大学 2015 年博士学位论文。

[2] 参见曲相霏:《外国宪法事例中的健康权保障》,载《求是学刊》2009 年第 4 期。

[3] See Lopez-Ostra v. Spain, http://www.globalhealthrights.org/health-topics/environmental-health/lopez-ostra-v-spain/.

别保护。法院判决医院必须为该名艾滋病患者提供必要的医疗。而在另一个判决中,宪法法院认为,有限的可用医疗资源必须公平分配,因此在该案中医院有权拒绝医治这个患不治之症且病情不稳定的孩子。[1] 由此可见,哥伦比亚宪法法院的判决平衡了《哥伦比亚宪法》第13条和健康权的规定,体现出谨慎态度。在这一点上,哥伦比亚的司法案例和西班牙的案例存在很大差异,因此只是寻找二者在宪法文本上的类似点,并不能全面地反映出不同国家健康权保护的制度特性。

为了避免这种概括式的困境,更好的策略是从医疗卫生制度上对健康权的宪法形象进行对比,从而发现其制度结构对应于健康权的方式,或者说,通过对医疗卫生制度的细节之处的宪法意义进行挖掘,才能将抽象的宪法文本激活,将一般性的宪法权利充实。医疗卫生制度毕竟是宪法规定的细化,能够在细节之处体现出健康权在立法之中的清晰形象和结构。

二、突出医疗卫生制度中的国家责任

对不同国家医疗卫生制度的比较,在很大程度上是观察在这些国家中,国家责任如何在法律制度之中呈现。首先,按照上一章所探讨,医疗卫生制度是国家的宪法责任在具体立法之中的实现。因此,通过对国家的宪法责任具体化的方式加以总结,就可以提炼出医疗卫生立法背后的更为复杂的社会、经济和文化要素。在通常情况下,这些国家的社会、经济和文化因素等会大大区别于中国,但恰恰是这些差异能够让我们认识到,在我们国家的医疗卫生立法中,我们可以避免哪些困境和失败。此外,通过对不同国家医疗卫生立法的考察和对比,可以再次确认健康权含义的不确定

〔1〕 参见曲相霏:《外国宪法事例中的健康权保障》,载《求是学刊》2009年第4期。

性，以及基于未完全理论化协议框架的健康权保护的理论说服力。以国家责任为切入点对不同国家的医疗卫生制度进行剖析，可以将不同国家的实践形态与理论研究进行对照，为我们当下将理论研究运用到立法的过程提供参考。

其次，正如第一章所提到的，在关于国家责任的研究中，一个重要的方面是分析国家责任如何将权利、分配正义等价值要素体现在国家实践的整体进程之中。国家责任的承担与立法能够形成有效互动，一方面通过立法确定国家责任的实践形式，并在国家责任的实践过程之中对国家实践责任的能力进行评估和衡量；另一方面通过国家责任的启动机制，以立法的形式把国家责任以法律的形式加以确认，可以确保国家实践其责任的稳定性。此外，国家责任的实践过程并非国家的独角戏，其中国家与社会团体、不同利益主张者乃至个人都进行着大量的互动，对这个互动过程的关注有助于我们看到宪法所保护之基本价值在现实的法律实践之中被保护的程度和改进的空间。

以德国2007年《加强法定医疗保险竞争法》的制定为例。德国医疗保障体制的指导原则是建立国家医疗卫生保障制度，完善的医疗保险体系覆盖全民，医疗保险资金实行社会统筹、互助共济原则，通过社会筹资、国家财政拨款及个人自费三种融资模式支撑医疗保障体系的运转。[1] 德国的医疗保险范围宽广，基本做到应保尽保、全程覆盖。从参保机制来看，德国法定医疗保险制度通过法制强制全民参保，以保障基本健康权人人平等，通过规定退休人员缴费参保来维护代际的团结和公平，通过实行家庭联保

〔1〕 参见郭小沙：《德国医疗卫生体制改革及欧美医疗保障体制比较——对中国建立全面医疗保障体制的借鉴意义》，载《德国研究》2007年第3期。

有效管理疾病风险并促进家庭共同体意识。[1]

德国的医院大部分为非营利性的,医疗社会保险是德国医疗筹资的主要途径。在医疗服务体制上,德国不实行医疗定点制度,人们可以选择到任何医院、任何药店看病买药。德国严格实行医药分开,避免医生滥用处方权与药商串通牟利;同时门诊和住院严格分开,保证了转诊渠道的畅通,杜绝医院滞留病人获取利益的情况发生。然而,随着经济形势的变化,医疗保险制度出现困境,主要体现在德国能承担社会保险义务的就业者人数大大减少,人口结构发生变化,医疗保险收入减少。新疾病和新的治疗方法的产生,也增加了患者的医疗成本。[2] 因此,医疗保险立法势在必行。

德国的立法体制与我国有很大不同,德国是联邦体制,中央享有特定事项的立法权,但在立法过程中要征求和尊重联邦州的意见。同时德国在行政上是联合政府,一般情况下由两党联合执政,因此在立法之中必须处理不同党派的意见。德国《加强法定医疗保险竞争法》的出台,是为了应对医疗卫生政策相对于养老政策和劳动力市场的滞后,因此在融资体系改革和医疗保险机构的组织改革方面进行新的立法。但由于医疗卫生政策是牵一发而动全身的政策,因此新的立法必然会面对重重困难和各方阻力。《加强法定医疗保险竞争法》从 2005 年开始筹备,由联邦卫生部牵头,至 2007 年 2 月由联邦议会投票通过,历时 1 年多最终尘埃落定。该法的核心要点是设立一个健康基金为医疗保险融资,并确定面向全体参保人和雇主的一个统一的保险费率;全民医疗保险保护,即全体国民都有义务参加保

---

〔1〕 参见陈晨、黄万丁:《德国法定医疗保险的成功经验及启示——基于参保机制视角》,载《社会保障研究》2022 年第 2 期。

〔2〕 参见[德]彼得 · 弗里德里希、郭小沙:《社会保险改革中的立法与利益平衡:2007 年德国医疗卫生改革》,载《社会保障研究》2007 年第 1 期。

险,或全体国民均可回归法定医疗保险或私人医疗保险。[1] 其中健康基金是这部立法的核心内容,也是体现这部联合立法之成就的方面,通过该健康基金,法定医疗保险的融资得以重新规划,参保人和雇主的保险费都缴入该基金,以及联邦政府所提供的补贴。通过这部立法,联邦政府在医疗卫生事务上的宪法责任得以进一步体现。

然而,按照德国学者的总结,《加强法定医疗保险竞争法》在改革上获得的评价是褒少贬多。[2] 该立法被认为是削弱了比较强势的医疗保险机构,而增加了政府在保险事务上的影响力。反对的声音与此相关,反对党和医疗机构的利益方对此提出很多批评。他们提出在新法案之后,医疗机构之间的竞争将不再是靠质量,而是会围绕附加保险费的价格竞争。除此之外,批评者认为固定保险费率和建立基金,增强了保险制度的国家调控性,打破了之前由医疗保险协会建立的互助性结构。[3] 本部分无法对德国医疗保险体制的改革做更为深入的评论,但从前述立法过程可以大致看到国家的宪法责任在具体立法过程中所面对的各种利益冲突和不确定性,也使健康权的保护充满了制度上的艰难。德国《加强法定医保竞争法》制定没有几年,到现在成效如何也不得而知。德国的立法体制与我国也差别较大,我们无须经历执政党之间的角力、政府内部的妥协和联盟等过程,但我国医疗卫生立法同样也要处理很多的利益冲突问题,也要克服重重阻力。因此,立法是对国家责任的考验,也是实现宪法价值的必然环节。通过对其他国家如何通过立法实现其宪法责任进行考察,对于我们当下通过医疗

〔1〕 参见[德]罗伯特·帕奎特、沃尔夫冈·施罗德、俞宙明:《德国医疗卫生改革:行为体、利益与立法过程分析——以〈加强法定医保竞争法〉(2007)为例》,载《德国研究》2009年第4期。

〔2〕 参见[德]罗伯特·帕奎特、沃尔夫冈·施罗德、俞宙明:《德国医疗卫生改革:行为体、利益与立法过程分析——以〈加强法定医保竞争法〉(2007)为例》,载《德国研究》2009年第4期。

〔3〕 参见[德]罗伯特·帕奎特、沃尔夫冈·施罗德、俞宙明:《德国医疗卫生改革:行为体、利益与立法过程分析——以〈加强法定医保竞争法〉(2007)为例》,载《德国研究》2009年第4期。

卫生立法来践行宪法精神来说，具有很强的参照意义。

三、对不同国家之制度的比较保持克制

无论是西方国家，还是中国的近邻韩国、日本和新加坡等，虽然这些国家的实践都有可圈可点之处，但它们相互之间存在很大差异。因此，在对不同国别进行比较的时候，就会遭遇比较法的一个普遍困境。一方面，每一个国家的制度实践都有其历史、文化和社会背景，其成功之处也与这些背景相关。如果我们借鉴其成功经验，就必须了解背后的影响因素。然而，一个国家的法律实践和制度设计往往是复杂的，我们往往只能了解其表面，而无法深入其内部，这是当下比较法研究的一个困境，即"我国的比较法研究一直偏重对宏大的国家法律制度层面、历史层面的问题作出比较，青睐外国法制史的研究，但缺少对外国法的深入、系统关注，涉及外国法的成果多为译文或译著，数量也较为有限，外国法在比较法研究中并未发挥其应起到的作用"。[1] 另一方面，由于相对成功的国家很多，我们也无法对每一个国家进行详细的考察，所以本章在方法上采取克制的态度，既不追求百科全书式的罗列，把每个国家的成功经验都总结一番，也无法把每种制度设计背后的背景因素都提炼出来。而是以医疗卫生制度和立法中的几个核心项为线索进行梳理，在特定问题上呈现相关国家的制度方案并进行适当比较，并重点关注每一项因素背后的宪法价值。

[1] 章彦英：《全球化背景下的中国比较法：历史、困境与前路》，载《比较法研究》2014年第5期。

第二节　域外现代化医院治理体系的建立

医疗制度涉及很多内容，但总体上说无外乎医院、医药和保险三个方面。按照中国的医疗改革实践，这三个领域各有各的困难和挑战，但三者之间又密不可分，并且医院是整体的医疗体制改革和医疗卫生立法的核心领域。首先，医院管理制度、药品制度和医疗保险都是塑造健康权的主要制度，我们可以通过健康权这一条主线将这三个领域勾连起来。其次，在医院管理、药品分配等领域，主要依靠的是作为治疗主体的医院和供给主体的药品生产者和流通者来维持良好的医疗环境，但国家在其中扮演着不可忽视的治理者角色。

尽管在不同国家之中，政府在医疗卫生事务上的治理角色存在差异，但每种体制都能反映出国家责任的影子和印记。比如，发达国家中少数没有全民医保的国家——美国，在医疗事务上更多的是扮演着守夜人的角色，将医院和医疗保险都交给市场来运行，所以在奥巴马医改（《患者保护与平价医疗法案》）之前，美国的医疗体制引发非常多的诟病。而在极具争议性的奥巴马医改之后，美国的医疗体制发生重大变化。主要体现为保险公司的经营利润下降甚至亏损，而政府的医疗开支增加，也加重了中产阶级纳税人的负担。乍看起来，医改方案在短暂的几年间对美国医疗体制的影响并未到刻骨铭心的地步，但特朗普总统在任期间，着力对奥巴马的医改方案进行修正，以“减轻奥巴马医保的负担”和扩大覆盖人群。[1] 奥巴

〔1〕 参见《急不可耐　特朗普为何叫停奥巴马医保计划》，载新浪财经 2017 年 1 月 24 日，http://finance.sina.com.cn/stock/usstock/c/2017-01-24/doc-ifxzuswq3309188.shtml?cre=tagspc&mod=g&r=user&pos=4_1。

马医改本身就涉及复杂的宪法争议,在新旧总统交替的政治环境中朝令夕改的医改方案虽然没有对美国的医院制度和保险制度带来重创,毕竟美国的医疗体制和顽疾已经持续了几十年,重大变动并非一蹴而就,但我们可以看到国家和政府的角色在塑造医疗体制上的重大作用。

医院是医疗体制的核心结构要素,也是关系到健康权之保护的关键环节。作为一种组织机构形态,医院的管理应该符合组织管理的一些基本要求,比如追求效率、人力结构合理和承担社会责任等,但医院是治病救人的地方,因此医院的定位和组织管理就不同于一般性的社会组织。我国医院管理力存在一些矛盾和问题,虽然在科技进步的带动之下,医疗技术有了大幅度提高,但医疗资源分布不均,医患关系常常出现紧张冲突,医院与政府之间的关系责任不清等。相较之下,域外的很多国家和地区在建立现代医院治理体系的路程上却有很多值得我们学习的地方。尽管存在文化上的差异,我们当下所面对的一些改革的困难也具有地域性,其背后体现出的价值追求却是具有普遍性的。

一、以健康权为医院治理的核心

医疗卫生服务是一项改变人身体状态和生命体征的服务形态,医疗不只是治病救人,也是改变人们对于生命的理解。因此,医疗就具有技术、经济、伦理和文化的多种含义。而在这多重含义中,医疗服务的健康权维度正在成为该服务的核心价值,贯穿技术、伦理和文化等含义。正如有学者所言,"基本医疗卫生服务的运行越来越有赖于生物医学、社会医学和人文医学的紧密结合,有赖于它们的融合、对接和一体化地运行,自然地,对基本医疗卫生服务的评价,必须摒弃单一的技术标准而转向多维标准:技术标准反映生物医学上的要求,经济标准反映社会医学上的要求,而伦理标准和文化标准则代表人文医学上的要求”。[1] 在实践中,鉴于健康权保护起步较早,以英国和法国为代表的西方国家在医院治理体系上相对完善,体现了对健康权的重视。

法国政府自20世纪90年代以来致力于建立现代医院治理,提出一系列围绕健康权而展开的方案,包括但不限于:(1)理顺公营和私营医护服务的权利;(2)引入临床路径(Clinical Approach)等医疗逻辑,即医疗服务运行的逻辑,一种基于临床风险管理、患者安全和医疗品治提升需要的医疗规程;(3)增强医院的自主权;(4)强化病人和公众对医院系统决策的参与。[2] 法国医疗卫生制度有一些底线要求,鲜明地体现出对患者健康权的保护,分别是:(1)疾病面前团结互助,不搞恶意竞争;(2)风险保障全面化,越严重的病,越贫困的人,医保支付比例越高,大病、穷人的医保100%支付;(3)医疗服务多元化,大量私人诊所、私立医院和公立医院各司其职;(4)患者享有自由择医权,以患者为中心。[3] 法国的《病人权利法案》对患者权利作出了全面的保护,患者有权利查看自己的病历,这就使医生在书写病历时就需要很谨慎,这进一步保障了患者的权利,增强了医患信任。

英国自1948年以来实行国民医疗保健体制(National Health Service,NHS),致力于为全民提供普及性的、根据需求而非支付能力的福利型医疗保障。NHS组织主要通过医院来实施,医院建立临床治理架构,以提高服务质量和维护高标准的医护服务为目标。临床治理重视在一个卫生体系内以一种系统的方法来维护和改善患者医护质量,提升医疗卫生服务的可

---

[1] 黄清华:《论基本医疗卫生法治的人权标准——温岭杀医案的启示》,载《法治研究》2016年第3期。

[2] 参见黄清华:《论基本医疗卫生法治的人权标准——温岭杀医案的启示》,载《法治研究》2016年第3期。

[3] 参见王丹:《平均住院日仅5天! 解密法国医疗卫生体系》,载健康界:http://www.sohu.com/a/82999488_139908,最后访问日期:2016年6月14日。

接受性。临床治理有三个关键属性：可感知的高标准医护服务、透明的责任和问责制以实现这些标准，获得不断改进的动力，其关键要素是公开、尊重（人权和权利）、公众参与、职业精神和法治。[1] NHS 虽然加剧了医院的财政负担，导致很多医院未能按照 NHS 的最初设想提供出高标准的医护服务，而效率低下，候诊时间过长，[2]但英国的 NHS 体制充满活力，能够通过灵活的调整克服这些困难。NHS 历经内部市场化、政府向地方和社会放权、医疗服务购买和提供机制的调整、公立医院自主性的增强和私人医院的参与等变革，但始终坚持公平普惠的理念，税收仍是首要筹资来源，完备的全科医疗服务及守门人制度仍是 NHS 之基石。[3] 比如，2009 年成立的独立的医疗质量委员会对公立医院和非公立医院的医疗质量进行监管，由于委员会具有独立地位，所以可以保证质量监管的公平性，是对英国医院服务质量的有效保证。[4]

二、现代化的医院治理方案

医院作为一个医疗组织，为了保障组织正常运行，实现治病救人的目标，必须提高管理水平和运行效率。在现代社会，医院必须提高治理水平，运用现代化的治理观念和管理方式来保障，具体体现为运用现代化技术以提高管理水平，采纳以权利和尊重为价值追求的组织领导模式。美国的医

---

〔1〕 参见黄清华：《论基本医疗卫生法治的人权标准——温岭杀医案的启示》，载《法治研究》2016 年第 3 期。

〔2〕 参见郑晓曼、王小丽：《英国国民医疗保健体制（NHS）探析》，载《中国卫生事业管理》2011 年第 12 期。

〔3〕 参见华颖：《英国全民医疗服务（NHS）的组织管理体制探析——兼论对中国的启示》，载《中国医疗保险》2014 年第 3 期。

〔4〕 参见郑晓曼、王小丽：《英国国民医疗保健体制（NHS）探析》，载《中国卫生事业管理》2011 年第 12 期。

院体系采取的是市场化路线,更为鲜明地体现出现代化的基本标准。比如,日本的医疗质量控制和医院管理体系非常健全,涉及医疗服务和医务人员的法律就有14种,在医疗质量的基础质量、环节质量、终末质量等各个环节,各医院均有明确的质量要求和把关机制,并且将医务人员的责任落实到具体细节。日本所独有的医疗信息技师制度,是通过现代信息技术提高医院治理水平的一大举措。医疗信息技师通过医疗卫生信息进行技术处理,开发、管理和维护包含病人信息的一个网络系统,从而提高医院服务水平。[1]

三、突出现代医院的公益性

我国在医疗体制改革的过程中,曾经在一段时间之内陷入医院的公益性和营利性之争,虽然我国大多数医院是公立医院,但在很长一段时间医院采取了以药养医的策略,以增加医院的创收。在这一点上,我们需要首先澄清公立医院和公益性医院两个概念。公立医院通常是由政府出资或者补贴的医院,具有公共性,虽然有营收,但不以营利性为目的。公益性医院主要是以公共福利为导向的医院,其重点不在于公立还是私立,而是在于是否以营利为目的。在我国,一般认为公立医院是非营利性的,而私立医院是营利性的。但在过去的一二十年中,公立医院普遍地采取以药养医策略,营利性的特征表现明显。这背后的原因很复杂,既有公立医院在市场化大潮的利益诱惑之下很难保持自身在利润上的淡然,也有公立医院在人事、财务等方面的原因,因此采取以药养医策略也是无奈之举,却引发了社会广为诟病的看病贵问题。而私立医院基本没有来自政府的财政支持,

〔1〕 参见张杰等:《日本医疗信息技师体制对我国的启示》,载《医学信息学杂志》2007年第3期。

因此,必然依赖经营利润来维持医院运转,所以在我国私立医院普遍存在医疗费用过高的问题。2016 年年初的魏则西事件,将以莆田系医院为代表的私立医院推向了风口浪尖,也反映出了部分私立医院在运营上极力钻制度之漏洞的现状和中国医院体制内部管理的一些问题。另外,私立医院并非不能提供高质量的医疗服务。在市场化需求下,反而私立医院趋向于走高端路线,近几年私立医院逐渐转向高端医疗领域,面向高端消费群体,比如,整形和妇产,通过引进最新设备和聘用高水平医疗专家来吸引客户,但这在一定程度上也加剧了医疗资源的不平等。

相较之下,域外一些国家的医院机制有所不同,可供我国参考。例如,美国医院也区分为公立医院和私立医院。公立医院是定向的,主要有联邦政府设立的军人医院、精神病看护医院和普通的公立综合医院和专科医院,军人医院和精神病医院面向特定群体,普通的公立综合医院则面向普通公众,主要针对低收入群体。[1] 公立医院所承担的角色,是提供最低限度的医疗保障,由于美国医疗救助制度(Medicaid)的存在,受到医疗救助的低收入群体无须承担医疗费用,因此也不存在看病贵的问题,所以公益性目标体现明显。而私立医院既有营利性医院,也有非营利性医院。非营利性医院不会给患者造成太重的医疗负担,营利性医院在医疗保险的辅助下,也能在一定程度上降低医疗成本。虽然美国的医疗体制从整体上来看弊病重重,但在建立现代化的医院体系和提供高质量的医疗服务上,走在了世界的前列。又如,印度的私立医院发展路线也能为我们提供参考。印度连锁医院运营商 Narayana Health 集团是私立医院,能够提供世界级的医疗服务,却是以最低的价格提供给患者,并且 50% 的患者属于社会的经济

〔1〕 参见顾昕、潘捷:《公立医院中的政府投入政策:美国经验对中国医改的启示》,载《学习与探索》2012 年第 2 期。

弱势群体。[1] 虽然其背后的实践经验,对于我们来说可能并不能直接适用,比如,印度医院背后的宗教力量支撑,采取差别化收费方式等,但至少可以表明私立医院即使没有政府资助,也无须走向彻底功利化的路线。在中国的医疗体制改革中,公立医院和私立医院之间关系的整合将是一项非常迫切、同样也会难度重重的事业。但厘清医院的定位,并在财政上将医院导向以公民基本健康权为关键价值追求的路线上,是医疗卫生立法的一项重大主题。

第三节　医药制度的结构

医疗卫生事业的第二项内容是医药制度。医药制度是一种宽泛的说法,在我国也被称为药品管理制度,或者药品。医院制度和医药制度密不可分,但医药制度侧重于药品的生产、监管和分配,是健康保障的基石。作为一项公共制度,在现代风险社会,医药制度体现出强烈的国家责任性,国家在医药制度上承担着综合角色,既有保障性,也有监管性。国家的保障性体现为必须大力支持药品研发和生产,以保障公民及时得到有效治疗。如果没有先进、有效的药品辅助,在非手术条件下,医疗只能诊断,而无法进行治愈,因此,药品对于实现健康来说至关重要,特别是在现代社会,很多重大疾病必须通过专业的药物才能治愈。

国家的监管角色主要体现为对于药品上市的审批和药品市场流通的质量监管。古语有言,"药者,毒也"。医药不同于食品,其产生的本身需要药学理论和试验的支持,但科学本身充满了不确定性,特别是现代生物医

〔1〕 参见劳曦路:《为什么印度私立医院值得中国借鉴?》,载《中国卫生》2014 年第 2 期。

药的迅速发展,已经进入到分子治疗和基因编辑技术的阶段。然而分子治疗本身也充满了风险,其临床效果也有待确定。因此,国家在药品试验和生产的过程中必须发挥充分地引导性作用,既鼓励科研创新,又要尽最大可能地控制风险。国家的监管责任还体现在药品定价制度上。药品的开发需要大量的成本,投入市场之后也受到利润驱动,因此药品价格容易被抬高,这种情况下需要国家进行监管,既行药品流通的顺畅,又要防止药价虚高给患者带来巨大负担,引发看病贵问题。

总结近一二十年我国医药制度的建立和变迁,可以发现问题重重。作为医改的一项核心内容,医药制度存在不少问题,从而影响医改的整体成效。首先是国家责任实践存在不足,主要体现为监管的内涵和外延不明,监管法制不健全,监管模式单一,监管和处罚力弱等。[1] 这导致医药行业出现了非常多的恶性事件,对公众健康造成严重威胁,比较典型的是虚假医药广告在电视和网络上的泛滥,山东非法疫苗事件,以及有毒劣质药品肆虐(毒胶囊事件)。每一次重大事件的发生都会引发社会公众对于药品监管的担忧,从而破坏公众的体制性信任,反过来又影响有效的药品监管制度的实施。其次是存在医院以药养医难题。以药养医的难题出在医院的药品采购上,医院的利润与处方中的药品挂钩,导致有些医院或医生没有把开立药品视为治病的必需,而是增加营收的手段。以药养医阶段时医药尚未分开,医药定价会在基本药价的基础上上浮 15% 作为医院的运营费用和利润。自 2017 年以来,政府稳步推行的医疗体制改革使得医药分开,取消了 15% 的提成,以药养医政策正式退出历史舞台,但同时医院的诊疗价格也相对提高,从而缓解医院的经营费用压力的加大。所以看病贵仍是

---

〔1〕 参见乐虹等:《健康中国背景下构建医药卫生综合监管制度的思考》,载《中国医院管理》2016 年第 11 期。

一大难题。最后,中医药的管理问题也是一项难题。我国《宪法》第 21 条中规定国家发展现代医药和我国传统医药,可见中医药具有宪法上的价值和地位。然而,究竟如何发展中医药,在医学和法律上都存在困境,在医学上,中药和西药之间的关系在学术界一直争论不休,无法给出结论;在法律上,我国目前没有一部《中医药法》,中医相关的知识产权保护、质量监管等存在着很多空白。

2020 年,国家医疗保障局印发《关于建立医药价格和招采信用评价制度的指导意见》。国家医疗保障局建立医药价格和招采失信事项目录清单,实行动态调整,列入目录清单的失信事项主要包括在医药购销中给予回扣或其他不正当利益涉税违法、实施垄断行为、不正当价格行为、扰乱集中采购秩序、恶意违反合同约定等有悖诚实信用的行为。这一系列重拳对于存在不端行为的企业能够形成一定的威慑作用。

域外很多国家的医药制度在制度结构和成效上有许多值得我们借鉴的地方,归结起来,域外的先进医药制度主要体现为三个方面:一是医药制度的价值取向,即以健康权为根本的价值追求和最高位阶的判断标准。二是以健康权为核心,构建出与医疗制度相适应的医药体制,共同促进健康权的保护和实现。三是建立严格有效的监管机制,以法治精神为总纲,将医药风险控制在最低限度之内,达成医药创新和药品安全的相对平衡。

一、以健康权为价值导向

一般来说,在医药制度的构建中,若突出健康权的价值引导作用,则医药制度就会呈现出比较强的生命至上倾向和尊重规则的法治精神,这主要是因为健康权的人权地位,对医药制度的每一个环节都会施加价值引导,使医药制度在整体上和内部结构上都体现出健康权的基础性价值地位,能够把医药制度打上了明显的宪法印记。比如,以医药广告为例。医药生产者要想推广新药,通过广告宣传来增加知名度是最为快捷和有效的方式,然而为了能够尽可能地让普通公众熟知,医药生产者在宣传中极有可能夸大药效和隐瞒副作用。不少国家的医药广告监管充分体现了对公民健康权重视,因此其成效较为显著。在法国,新药上市后,宣传和使用广告方面政府也有严格的管控措施。根据规定,药品广告的作用是向使用者提供药品使用信息。药品广告的内容必须与上市许可中的申请材料一致,真实、合法、经得起检查,不得对公众健康造成任何危害。[1] 美国通过《联邦贸易委员会法》对虚假广告的含义、法律责任和虚假广告的管理机关进行了规定。《纯净食品和药品法案》对药品广告作出详细规定,禁止伪造、冒牌和不实之词,《联邦食品、药物和化妆品法案》则对欺骗性广告制定了更加严厉的处罚措施,《印刷物广告法案》《广告业务准则》《广告行为准则》均对广告活动作出了明确规定,把不真实、欺骗性的药品广告列为制裁之列。[2] 2016年,英国广告标准管理局(ASA)宣布,布洛芬(Nurofen)类止痛药在广告中声称"该药品能够缓解特定部位疼痛",这一说法具有误导消费者之嫌,将被禁止使用。[3] 起因是布洛芬类的止痛药因其成本只具有一般性的止痛效果,并不会特别地针对某一部位发挥作用,因此构成"误导",由此可见英国医药广告制度之严厉。

需要指出的是,以健康权为导向的医药制度并非意味着医药生产者不能追求利润,以及在医药制度的建立之中不存在利益冲突。医药公司通过生产保护人们健康的药物而盈利,在通常情况下是可以实现好的平衡的,

---

〔1〕 参见胡博峰:《法国:药品监管突出政府职能》,载《经济日报》2012年6月18日,第15版。

〔2〕 参见何汉洲、毕开顺:《欧美药品广告管理的启示和思考》,载《中国药事》2012年第4期。

〔3〕 参见《环球网:英国指责布洛芬止痛药广告误导消费者》,载环球网:http://health.huanqiu.com/health_news/2016-06/9105605.html,最后访问日期:2016年6月30日。

也能够在权利框架之内保障医药自主研发、生产和流通的顺畅。然而，医药公司毕竟是谋求利润的经营者，其直接追求是开发新药和获得回报。在药品审批中，新药的药效需要经过相关领域的权威专家进行认定，而在现实之中，医药专家与医药公司之间不可能做到老死不相往来。因此，如何理清医药公司和医药专家之间的关系，是医药制度建构中的一个难题。在法国，医学界曾经出过丑闻，一家医药公司在推出治疗糖尿病的新药时，未能公布其可能引发心血管疾病，而该药物曾经受到医药专家支持，因此引发激烈社会批评。法国对此的应对方案是，承认医药公司与医药专家之间可能存在的利益关系，医药公司可以向医药专家提供科研资助或福利，但必须公开其资助的用途和数额，以便让公众知悉药物研发、生产和推广过程中所有与药效相关的信息。这种“透明即合法”的策略在一定程度上可以保证医药制度的稳定性，既不打击医药公司的创新性，又能够充分地保证公众的知情权。[1]

二、健康权为导向的协调性医疗体制

医药制度是医疗体制的一部分，与医院制度和医疗保险制度共同构成了保护健康权的宏观架构和国家责任的实验场。医药制度是医院制度的辅助领地，因此要对健康权进行有效的保护，二者之间必须实现协调。最主要的协调点是医药是否分开，另一个与之相关的制度设置，是分级诊疗。医药分开问题之所以值得特别关注和强调，主要在于该制度关系到医疗公正。首先，医院既负责诊疗，又负责开药，在公立医院财政不足的情况下，很容易让医生形成与医药公司的利益链条，将诊断当做销售药品的手段，

〔1〕 参见[法]Jean-LucHarousseau 等：《法国医药监管：透明即合法》，载《商学院》2013 年第 12 期。

即以药补医，这与医院治病救人的宗旨不符，也背离了医生的职业伦理。其次，医药不分会导致医生用药缺乏监管，如果让医生根据患者病情决定用哪种品牌的药品，而非由专业的药师判断何种药品最为合适，会诱导医生滥用处方权，而无法受到监管。在我国一个典型的例子是抗生素的使用。据统计，中国的住院患者中，抗生素的使用率常高达70%，而外科患者的使用率高达97%。[1] 有学者研究认为，我国抗生素被大量滥用的困境背后的一个原因是医生的经济动机。[2]

中国的医药不分体制既有深厚的历史传统，也与近一二十年医改的坎坷进程紧密相关。公立医院在转型过程中，为了解决财政难题，不得已地采取了表面上坚持公益性而实质上通过以药养医以营利的畸形路线，进而产生医院体制与医药体制之间的扭曲关系。相较之下，西方很多国家的医疗体制变迁的历史背景与我国差别较大，[3]其沿革并不见得能够直接被我们所复制，但其在复杂的制度调试过程中所形成的协调性医院制度和医药制度，却是公民健康权的一道坚实的保障，值得我们借鉴。

在国外，采取医药不分策略的国家并不太多，大部分国家坚持严格的医药分开。在英国，药剂师是一个独立的职业，要经过严格的专业考试并获取执照。英国的诊所和医院都不卖药，无论看社区医生、急诊、还是专科医生，费用全由政府负担，即 NHS 体系。但病人用药并不是全免费，医生开了处方，患者要到独立于医院的药店买药。在美国每家医院均设有药剂部，下设住院药房，多数大医院和部分中、小医院不设门诊药房。主要通过明确医师和药师专业的范围和业务分工实现医药权利的分离，医师有处方

[1] 参见李福长、刘梨平：《我国抗生素滥用现状及其对策》，载《临床合理用药杂志》2014 年第26 期。

[2] 参见林莞娟：《中国医生诱导需求研究：一个减少抗生素滥用方法的田野实验》，载《经济科学》2013 年第 3 期。

[3] 比如，英国医药行业的兴盛得益于药品贸易近一千年的发展和专业药剂师阶层的兴起。参见张叶：《英国：医药分开的另类路径》，载《中国药店》2014 年第 8 期。

权但无调配处方权，在保险公司所列举的药品目录中给患者开药，医师与药品之间不存在直接的利益联系，药师无诊断处方权但有调配处方权。在实施过程中，商业医疗保险公司、健康维护组织及独立出来的药品利益管理机构对医师的处方起到了有效的约束和监督作用，与医师和药师的相互监督一起构成了完善的监控体系。[1] 瑞典在20世纪60年代中期成立药房公司，全国医院药房都归药房公司统一管理，统一供药，统一经营，统一与药品厂商谈判和签订供药协议，医院不设立药剂部门。药房公司的统一管理将医院与药品的利益链条切段，实现了医药的完全分开。[2]

在医院的用药监管问题上，英美两国的医疗透明监管制度是相对比较成熟的经验。如何有效地控制药物的不合理使用，以及医生过度用药的倾向，是一个普遍难题。英国采取的制度是在国家卫生体系的制度范围之内对医院实施绩效评估框架和医院评星排名系统。这种框架和系统一方面将医院的主要信息如医院的绩效和死亡率进行公布，其次是对医院进行评估，包括医院的服务安全性、患者的满意度和信息的可理解性等，英国政府可以根据评估结果对医院进行奖惩。[3] 美国从20世纪中后期开始实行医疗质量报告卡制度，让医院定期公布死亡率，并通过多渠道的信息公开机制让医院的医疗质量更为透明，其中包括比较权威的《美国新闻和世界报道》的卫生质量信息披露报告。[4] 鉴于疾病的复杂性，医院的医疗活动和临床用药必然处于风险之中，但通过透明监管，可以促进临床药事管理的规范化，规范医生的处方行为，建立医疗行为和医药管理之间的有机平衡，

---

〔1〕 参见刘卉、顾勇伟：《国内外医药分开管理进展和政策建议》，载《中国药业》2014年第10期。

〔2〕 参见刘卉、顾勇伟：《国内外医药分开管理进展和政策建议》，载《中国药业》2014年第10期。

〔3〕 参见殷希等：《美英两国医疗领域透明监管制度对我国合理用药监管的启示》，载《医学与社会》2014年第9期。

〔4〕 参见殷希等：《美英两国医疗领域透明监管制度对我国合理用药监管的启示》，载《医学与社会》2014年第9期。

最大限度地保障医疗质量。

三、严格有效的监管机制：国家责任之实践

综观国外很多国家的医药管理制度，可以看出国家责任的实践发挥着举足轻重的作用。国家作为制度的构建者，虽然在医院制度和医药制度上发挥着不同的作用，但国家有责任在医院制度和医药制度之间建立一个围绕健康权而展开的协调机制，既能够充分地保障公民健康权的实现，又能在医疗体制之中体现社会公正这一价值。因此，我们可以把医药制度视为国家发展医疗卫生事业宏图中的一部分，政府所承担的责任也就具有了宪法意义。这种意义一方面通过国家推动医药分开等制度而体现，另一方面突出地表现在政府所承担的监管义务上。政府监管包含两个方面：一是监管体系的建立；二是监管实践的实效。在我国药品制度中，监管体系并不完整，监管实效也存在大量失灵，导致医疗实践中药价虚高、假药盛行等社会问题，严重影响了国家责任之实践机制。在德国，在药价控制上，政府通过为医疗保险用药范围内的药品制定参考价格进行价格管理和技术监管，这种建立于 1989 年的参考价格制度有助于控制第三方付费者（政府或保险公司）的药费支出为目的，刺激药品供方主动降价，同时引导药品需方的消费行为。[1] 该制度能够充分地尊重医疗机构的自主权，但同时为政府的有效监管留出了充分的空间。按照健康权的授权理论，患者有权主张获得健康，而健康的获得和塑造是在社会关系之中所进行的。政府不是健康的直接提供者，自治的个人和社会医疗组织才是。参考药价制度赋予了医疗

〔1〕 参见沈秋欢、彭翔：《德国药品参考价格制度及其对我国药价管理改革的启示》，载《现代经济信息》2016 年第 6 期。

机构以自治,同时使政府的监管权力与社会机构的自治达成协作性的平衡。[1] 这种平衡体现了健康权所包含的个人自主的重要性,同时在一个未完全理论化协议的框架之下促进个人自主、医疗机构的自治性经营和政府的有效监管之间的动态平衡。一个典型的例子是加拿大各省政府通过以廉价药替代高价药,来减轻患者的药费负担,具体策略是根据成本有效性分析或者药物经济学分析确定新药是否应该列入各省的处方集。[2]

除德国对药品价格进行控制的成功经验,很多其他国家在药品监管上也下足了功夫,充分地实践了健康权上的国家责任。芬兰在药品研制的监管上建立了一套综合的法律制度,对药品的生产、销售和宣传作出了全方位的规定。芬兰社会卫生部下属的国家医药管理局负责医药监管。在芬兰,医药产品的生产、进口、批发和零售都需要获得该机构的许可。医药管理局的另一项任务是监督、指导新药的临床试验,必要时也可勒令中止临床试验。[3] 美国的食品药品监督管理局(FDA)是对药品进行审批、监管和立法的唯一独立机构。FDA 的独立集中监管模式在信息审核、立法和责任追究方面大大地提高了效率和力度,因此成为药品监管的典范。按照刘鹏的总结,自 1988 年以来,FDA 进入了全过程监管阶段,FDA 进行了密集的立法,并加强药品上市后的安全规管问题,全过程监管意味着“政府对于药品风险规管的重点已经不再是单纯的事后执法,也不囿于审评通过、一批了之的事前控制,而是跨越药品的研究、试验、生产、销售、使用以及召回等整个产业链条,运用信息技术等对药品流动的整个过程进行一体化管

〔1〕 参见周毅:《德国医疗保障体制改革经验及启示》,载《学习与探索》2012 年第 2 期。

〔2〕 参见苏苗罕、宋华琳:《各国药品监管体制比较研究(续二)》,载《上海食品药品监管情报研究》2010 年第 2 期。

〔3〕 参见赵长春:《芬兰医药监管“严”字当头》,载《质量探索》2009 年第 8 期。

理,即对各个环节之间可能出现的风险关节点进行无缝隙规管”。[1]

第四节　医疗保险制度的立法实践

在医疗体制改革中,医疗保险制度(或者医疗保障制度)是医改成功与否的关键,也是医院制度和医药制度健康发展的催化剂,因此对于健康权的保护来说至关重要。医疗保险是保险的一种形式,既有保险制度的一般性特征,也有涉及医疗实践特殊性的独特方面。疾病的预防和治疗需要费用,由于人的身体状况的多样性和复杂性,医疗可能会消耗巨大的费用而加重医院和患者的成本,因此通过保险制度可以分担风险、降低成本。但保险基金的总量毕竟有限,保险参与者的经济购买力也存在巨大差异。因此如何设置一种既能够让多数社会公众承受得起,又能够激发医院和医药生产者的创造力,同时不会给政府增加过重的财政负担的医疗保险制度,是每个国家都面对的一个基本社会难题。

放眼全世界,在医保制度的设置上,成功的经验有很多,失败的例子也大量存在。成功经验背后会有很多成功的理由,而失败者也会存在诸多主客观原因。医疗保险制度深嵌在社会结构之中,统合着经济、社会、人力资源和科技等多种社会要素,因此难以在一个维度上进行对比和衡量。本节内容不主要关注医疗保险制度的基本结构,即筹资方式等,而是关注在医疗卫生制度建构过程中的宪法要素,也就是说前面几章所探讨的健康权和国家责任的二元结构是如何体现在一些成功的医疗保险制度的建构中的。

---

〔1〕 刘鹏:《风险社会视野下的美国药品规管体制变迁:教训与启示》,载《公共行政评论》2008 年第 4 期。

在城乡二元体制之下，我国医疗保险的覆盖速度非常快，但仍然存在大量的体制性问题，制约着医疗卫生体制的健康发展。而德国自 1883 年建立医疗保险制度的雏形以来，经过 100 多年的发展，已经形成非常健康权的医保制度，也是世界上最为成功的医保制度之一。美国医保制度大致初建于 1935 年的《社会保障法》的通过，但其中并没有包含太多医疗保险的内容，直到 1965 年医疗照顾和医疗援助政策的出台，医疗保险制度才算成型，但距今也有 50 多年，虽然美国的医疗保险制度内部争论非常大，以奥巴马医改诉诸美国最高法院的法庭为争论的极端，但整体来说美国走了一条不同于欧洲国家的特殊道路，其成功与否尚存在争议，但可以确定的是，美国的医疗保险制度是能够鲜明地体现宪法意义的一种制度设置。1935 年的《社会保障法》强化了联邦政府在医疗卫生事业上的责任，而 2010 年的奥巴马医改则是美国半个多世纪中最大力度的一次医疗体制改革，因其深刻的争议性而诉诸宪法诉讼，成为一大宪法事件。

相较之下，我们国家医保制度起步晚，但在短时间内基本实现了全覆盖，既体现了我国制度建设的效率，同时因发展较快而不可避免地存在一些疏漏和不足，如在制度自发生成和社会调试中所形成的自我修复活力，尚未形成宪法逻辑展开的制度语境。同医院制度和医药制度的制度逻辑一样，中国的医疗体制实践无法照搬照抄其他国家，无论是西方的德国或美国，还是东亚的韩国或日本，但这些国家体制实践背后的宪法逻辑，是我们当下可以参考的。基于健康权的价值诉求对医疗体制进行评估和衡量，是将医疗体制纳入宪法体系以获得“新生”的必经之路。

一、医疗保险制度与健康权

医疗保险制度就内容上来说包含很多项目，但主体部分是确保医疗活动的顺利进行和分配医疗费用负担。医疗保险是一个涉及患者、医院、保险机构和政府的多元体系,既有横向之间的机构间互动,又有纵向之间的政府与社会机构、普通公民之间的干预与监管关系。在这多重关系中,每一种制度设置方式都会带来不同的实践效果,而每一种制度安排背后都有不同的政治、经济和文化诱导因素,这引发了一个非常关键的问题:医疗保险制度如何体现出健康权的意义和价值?或者说,在什么意义上我们可以把医疗保险制度视为健康权保护体系的一部分?

德国或美国等国家在设计医疗保险制度的雏形时,主要的动机在于分担医疗风险和保障工业化进程中经济的高速发展。但在德国,随着福利国家观念的兴起,社会保障制度越来越多地体现为对弱者的救助和公正医疗的实现,德国 1883 年的法定医疗保险制度就已经体现出了“团结互助、社会共济和高度自治”的精神,其主要是行会内劳工之间的互助活动,通过会员缴纳会费形成互助基金,当会员发生工伤、疾病、死亡等重大变故时,由基金给予物质上的援助。随着渐进立法,以公正为价值引导的医疗保障体系逐渐建立起来,即使经历了纳粹时期,法定医疗保险制度也被传承下来。

自 1945 年《基本法》颁布以来,德国的社会保障制度的完善具有了深刻的宪法意涵。这主要体现在《基本法》为社会保障制度提供了宪法依据。虽然《基本法》没有对公民享有社会保障权作出直接的规定,但从《基本法》中的一些条款中,可以推导出公民享有获得健康保障的权利和国家的社会福利性质。《基本法》第 1 条第 1 款所规定的“人之尊严不可侵犯,尊重及保护此项尊严为所有国家机关之义务”,以及第 3 条第 1 款规定的“法律之前人人平等”,都可以视为公民主张健康权的道德基础。《基本法》第 74 条第 1 款中第 7 项的规定,则赋予了联邦政府进行社会保险立法的权力。《基本法》第 20 条第 1 款规定德国是个民主和社会的联邦制国家,有德国学者主张,该条规定实际上可以推导出社会福利国家原则,即国家的保障是一个公正的、机会平等和社会平衡的社会制度和有人类尊严的生活的最低条件义务。[1] 德国的《基本法》可以被视为公民基本健康权的宪法宣言,因为健康权的保护是实现个人尊严的必要路径,同时国家承担着创造公正的、机会平等的医疗制度以保障健康权的义务,而一种包含着医疗费用控制、药品议价、政府监管、医疗保障覆盖面、疾病基金自由选择以及风险结构补偿机制的健全医疗保险制度是体现公正和机会平等的最佳途径。由此可以总结,德国的医疗保险制度是保护健康权的典范。

而在美国,情形则大为不同。美国不是社会福利型国家,其医疗保险制度也不是由政府主导的。自约翰逊总统于 1965 年签署医疗照顾和医疗救助法案以来,关于医疗保健改革呼声已经有四五十年之久。与其他工业化国家不同,美国并没有独立的、统一的政府支持的医疗保健制度。美国将医疗保健制度的构建建立在个人、私营企业、非营利组织等之上,从而导致少数群体并不能获得急需的医疗救助,医改不能覆盖的人数大概有 4000 万人。种族不平等、大量的未受保障人群和高昂的人均医疗花销都是美国医疗保障改革中持久的难题。虽然美国存在基于个人医疗保险或政府支持保险的健康权,但是这些权利是碎片化的,并未形成全面细致的内容。大部分美国人通过与第三方保险公司签订保险合同的形式享受医疗保险。而第三方保险公司因为成本的上升导致可获得的个人保险逐渐减少而非增加。此外,保险公司主要关注年龄、性别、职业等,并不希望与存在高风险的人员签署保险合同。未享受个人保险的人们可以通过享受公立医院或诊所提供的保险服务,但是效果因为碎片化和不可持续化而难以令人满

〔1〕 参见[德]英沃·埃布森、殷晓鸣:《德国的基本法与社会保障》,载《社会保障研究(北京)》2005 年第 2 期。

意。除此之外,还可以享受慈善救助保险,但是对于免税动机而设立的慈善救助并不能提供全面持续有效的健康保健服务。1986 年《紧急医疗护理和劳动法》所提供的有限法律权利,使穷苦大众能够享受最低限度的医疗救助服务,但是该法案同时存在救助服务滥用的倾向和未能覆盖慢性病等情形。

在奥巴马医改之前,覆盖范围拓展的最为成功的案例是 2006 年通过的《提供可负担、高质量和可负责的医疗服务法案》,该法案将低收入者、其他未被覆盖的人群统一纳入拓展的法案保护中,成为唯一一个医保全面覆盖的州。奥巴马医改打造了一部旨在扩大医保覆盖范围、降低医疗费用、提高医疗质量的医保法案,通过强制的方式逐步将医疗保险覆盖至所有人群,加强对保险公司的监管,并采取措施降低医疗费用。奥巴马医改是美国医疗体制改革的里程碑式成就,但仍然在美国社会中引发截然相反的对立意见,其命运也充满着坎坷。该法案遭到一半以上的州(26 个州)的反对,他们认为强制个人购买医疗保险违反了宪法规定,并联合起来把联邦政府告上最高法院。在法庭上争议的焦点是联邦政府是否有权强制个人购买医疗保险。经过长达 3 个月的辩论,最后,最高法院于 2012 年 6 月 28 日以 5∶4 裁定奥巴马医保法案的核心内容不违宪。[1]

美国的医疗保险制度的艰难历程从另外一个角度呈现出其宪法意义。是否强制推行全民医保,是一个涉及国家行动是否违宪的艰难之问。全面医保制度因为强化了政府的干预、冒犯了传统的自由价值和加重了中产阶级的财政负担而受到指责,然而传统的市场主导的医疗保险体制明显地对健康权的实现带来很多障碍。在保险公司中,CEO 们往往是利益所得者。

---

〔1〕 参见文太林:《从罗斯福到奥巴马:美国医疗保险的百年变革》,载《天津社会保险》2014 年第 3 期。

市场化的运营模式使医疗保险按照商业模式来运行，而不是公共服务模式。联邦保险覆盖65岁以上老人的成本仅为营利性健康管理组织所花费成本的1/4。在此背景下，要保持营利性，保险公司往往对病人进行择优选择，20%的重症患者占据了80%的医疗资源，因此保险公司会选择那些最为健康的人给他们担保，而拒斥那些20%的重症患者。[1] 所有的发达国家均通过建立全国医疗保障制度来促进健康，但是花费的费用远没有美国花销的多。无论是在诸如政府、公共机构等公共性开支上，还是针对税收优惠等私人化开支上，美国所花费的费用均远远高于其他发达国家，然而，如此高昂的支出并未换来高质量的医疗保健服务，公民的寿命并未因此而得到延长。

美国的医疗保险制度并非成功的典范，相反充满了分歧、争议和失败的教训，但毫无疑问，美国的医保改革是一项宪法事业。一方面，美国宪法之中并未对健康权作出规定，尽管宪法修正案规定的一些基本权利，比如言论自由和平等保护的权利，但区别于德国的《基本法》，我们很难直接从宪法文本中得出每个公民享有获得健康的基本人权，因此要确立健康的人权地位，就必须对宪法文本进行解释，而在美国的宪法学研究中，宪法解释存在大量的分歧和冲突，即使在最高法院之中也是如此。[2] 即使从道德上来讲，健康应当具有基本人权的地位，但在美国的立法和司法实践中，这一观念并未达成共识，这也是医疗体制改革始终未能触及体制之根本神经和奥巴马医改会引发宪法争讼的原因。另一方面，在对健康权的理解之中，美国社会中存在激烈的观念冲突，各种力量从不同的价值立场、政治立场

---

〔1〕 Stephanie Woolhandler and David Himmelstein, "The Body and the State: How the State Controls and Protects the Body", Part II (FALL 2011), Social Research, Vol. 78, No. 3, pp. 723 – 724.

〔2〕 参见美国最高法院对奥巴马医改所涉及的个人权利、联邦和州之关系的司法意见。左权：《美国〈医改法案〉中的宪法决断》，载《河北法学》2013年第2期；张庆熠：《美国最高法院与〈医改法〉的命运》，载《南京大学学报(哲学 · 人文科学 · 社会科学)》2012年第2期。

和利益诉求出发对医保法案提出支持或反对的主张。无论是从自由主义、社群主义还是宗教的视角出发所做出的评判,都需要提供一个清晰的健康权的观念。如第三章所讨论的,健康权是一个未完全理论化协议的概念,不同于德国的实践,美国社会中关于这个概念的争论恰恰体现了这种未完全理论化协议,而医保体制改革,恰恰是实践这种协议的一种尝试,尽管这种尝试最后以失败告终,但其深层宪法意义在立法和司法实践中被挖掘出来。

另一种值得我们借鉴和参考的医疗保障制度的版本是日本,日本与我国同属东亚国家,但在文化和制度上存在一定的差异,在医疗保健制度上也呈现出不同于德国或美国的实践形式。虽然日本批准参加了诸如《公民权利和政治权利国际公约》等众多国际性文件,并且宪法规定了条约与国内法应一并得到遵守,但是法院在适用时往往结合条约内容及日本国内的法律体系进行选择性适用,而不是全部适用。日本的司法机关也并未将《宪法》第25条视为健康权的来源。据此,日本国内相关法律并未明确规定健康权,所以关于健康权的原则和目标并未得到确立。在日本国内,通过统一健康保险制度确保所有公民的健康权益。该制度是在1958年得到确立,并随着日本国内经济的逐步发展不断得到完善。

2009年,日本国内GDP达到5万亿美元,跃居世界第二。但是与其他世界经济合作组织成员国平均水平相比,人均健康成本费用、健康费用占GDP比重及健康费用增长率均低于平均水平。当前日本平均寿命:男性为80岁,女性为86岁,并且在逐年增加。日本人均寿命在世界经济合作组织成员国中最高,死亡率在成员国中仅次于冰岛。通过疾病死亡率来判断,日本国内公民的健康状态良好。

如果我们运用成本效益模型对日本的医疗保障制度进行研究,就会发现日本运用较低的财务成本和人力成本达到最大限度地促进和维持公民健康的状态。日本较早地设立了全面性医疗保险制度,在 20 世纪 40 年代的第 1 次国民全民保险的基础上,1961 年日本完成了国民全民保险制度的建立,其包括被雇佣者保险和地域保险两大部分。被雇佣者保险被区分为大企业、中小企业和公务员等具体的类型。地域保险则包括以其他居民为对象的国民健康保险和以 75 岁老年人为对象的后期高龄者医疗制度。国民健康保险的预算来自各自保险人的保险费收入、国库负担资金以及补助金。所以日本选择了一种全民医保的政府主导型医保方案,区别于美国以市场为主导的竞争性医保方案。

尽管日本的医保方案成为一种相对成功的模式,但日本国内并没有健康权概念,因此从表面上看,似乎不需要依赖于健康权的观念也可以促进人们的健康。然而,保护人权有两种方式,一种是司法方式,另一种是政策方式。在日本国内,因为正在对统一保险制度进行重构,因此将人权作为政策制定者的指导性原则变得非常重要。健康权所包含的可获得性、可接近性、可接受性和质量,以及可归责性和参与性都可以用来评估日本医疗体制的设计。

在日本,健康保健的可接近性是非常重要的。首先,日本保险制度要求公民先付款然后再进行报销,导致很多没有经济实力的公民无法享受充分的健康保健服务。其次,日渐增多的慢性病等使得健康保健压力逐渐增大。最后,调查显示日本国内的医生数量存在重大缺口,并且不同的县郡之间的需求量存在明显差异。2011 年 3 月发生的核泄漏事件,使人们开始重视诸如核能问题与健康权之间的关系。事件发生后,联合国调查委员会要求日本增加透明性,确保事件的可归责性和环境政策制定过程中人们可以参与其中。结合日本近几年的医疗卫生实践,在日本实现健康权存在以下三种障碍:一是如何在宪法和国内法中将健康权确定下来;二是确立监督机制以促进和保护人权;三是考虑到健康权作为政策的指导性原则,如何考察人权指数的发展和适用。[1]

二、医疗保险与国家责任

在医疗保险制度的建构中,健康权的另外一面是国家责任,医疗保险制度实际上是以国家行动为线索的权利保护机制,所以其本质上是一种国家给付,包含基于平等和尊严的价值逻辑,国家进行制度统合和完善立法的行为逻辑,以及通过资金筹措和财政担保而保障医疗保险体系正常运转的保障逻辑。[2] 三重逻辑综合起来形成了国家责任在健康权保护上的整体形象,而通过医疗保险体制的具体实施,产生了不同的政治、经济和文化意义,以及国家在社会发展中的公正形象。综上所述,德国是一种福利型国家,其国家责任的担当具有浓厚的给付型形象,而美国是一个深受自由主义思想影响的国家,因此医疗保险体制的沿革充满了浓重的尊重个人选择和社会自发创造力的观念。尽管如此,从对奥巴马医改的透视中可以看出,美国联邦政府在医疗卫生事务上的有所作为是有宪法依据的责任要求。或者说,美国联邦政府在医疗保险体制上的改革,正是其宪法上的总统保障义务(take care)的体现。[3]

美国宪法规定了总统确保法律被忠实执行的义务,其体现为以下三个方面,一是政府是否运行良好;二是政府是否严格执行了立法机关、行政机关和司法机关制定的相关政策;三是当前国家管理机构是否有能力实现特

[1] Tokuko Munesue, *The Right to Health in Japan: Its Implications and Challenges*, in Brigit Toebes ed., The Right to Health: A Multi-Country Study of Law, Policy and Practice, 2014, pp. 125 – 127.

[2] 三种逻辑的概念参考的是刘耀辉:《论生活政治视阈下国家给付义务的生成逻辑》,载《湖南警察学院学报》2012 年第 4 期。

[3] See Phillip J. Cooper, *The Duty to Take Care: President Obama, Public Administration, and the Capacity to Govern*, Public Administration Review, 2011, Vol. 71, No. 1, pp. 7 – 18.

定的政策需求。[1] 奥巴马政府在执政早期主要关注了国内外的政策斗争和政治挑战，并未认识到政府严格执行法律所面临的危机与挑战。本书考察了总统在公共管理领域的义务基础和当前的能力危机，并对奥巴马政府执政初期所面临的挑战进行了考察。总统在公共管理领域的义务基础在于宪法规定的保障义务。费城制宪会议通过的宪法中规定了总统严格执行法律的义务，如果不严格执行将会承担相应的法律责任。宪法中规定的执行法律的义务意味着总统应当承担公共管理职能。[2]

无论是民主党还是共和党，都存在公共管理职能的缺失。奥巴马政府就是在美国国内存在的关于反对恐怖主义和维护国内安全的争论背景下建立的，从而使关于公共管理的需求变得更为迫切。政府公共管理能力涉及三个核心要素：人、组织和政府间关系。政府想要确保法律得到严格的执行需要确保有足够的专业化、经验丰富的人力资源保障。然而美国政府在公共管理方面，政府雇员的数量正在急剧缩减，导致行使公共管理职能受到极大限制。政府机构在面临压力之下，提出了越来越多的要求，但是缩减了对于政府公共职能的支撑。文本支出政府面临的压力主要来自财政预算的缩减和联邦政府对于州政府行为的干预，并通过近期历届总统的行政行为进行佐证。奥巴马政府在上台之初，就面临着严重的人员匮乏、资源缩减等问题。奥巴马政府关于公共管理与能力危机涉及四个方面：一是重点在于制定包含医疗保健的多层面政策；二是通过多种措施为政策的落地实施提供保障；三是高科技在解决面临的危机方面扮演着重要的角

〔1〕 See Phillip J. Cooper, *The Duty to Take Care: President Obama, Public Administration, and the Capacity to Govern*, Public Administration Review, 2011, Vol. 71, No. 1, p. 8.

〔2〕 See Phillip J. Cooper, *The Duty to Take Care: President Obama, Public Administration, and the Capacity to Govern*, Public Administration Review, 2011, Vol. 71, No. 1, pp. 8 - 9.

色；四是运用其他的措施来解决互联网环境下政府管理面临的危机。[1]

积极作为的政府和高科技在解决能力危机和确保忠诚执行法律方面能发挥作用。政府的积极作为会促进政策的积极实施，使政府能够在实施公共管理职能方面扮演重要的角色，但是因为网络等工具的引入，积极作为的政府所颁布的政策使得人们需要花费大量的时间来贯彻实施，尤其是如果政府并不是针对公民和机构能力时更是如此。高科技在推动政府公共职能的发挥方面是非常重要的，但是如果政府关注的方向和自身的能力并不具备充分掌控高科技的能力，那么高科技的引入反而成为一种巨大的挑战。尽管特朗普总统在上台之后试图废除奥巴马医改，但医疗保险体系上所担负的国家责任要求不会发生性质上的改变，美国的医疗体制已经具备了越来越深刻的宪法气质，需要新的政府综合运用政策制定、互联网高科技等技术的运用、政府机构人员素质的提升、不同政府部门的协调等措施，履行好政府所承担的宪法义务。

印度的医疗卫生立法也从一个侧面反映了国家责任在医疗卫生事业上的价值处境和宪法形象。印度自 2009 年起就开始着手制定国家健康法案（National Health Bill）。在该法案中，健康被视为基本的权利，序言中也明确要保护和促进与健康相关的权利。该法案体现出政府应当确保获得健康服务的普遍性，确保经济能力不同的人们都能够享受到卫生健康服务。20 世纪 70 年代开始的新自由主义浪潮影响了很多致力于建立国家主导福利体系的发展中国家，南非和巴西就是很好的例证。而印度则相反，其致力于医疗保健服务的大规模私有化，成为私有化程度最高的国家之一。当前已经有充分的证据证明私有化不仅没能帮助被边缘化的人群，反

---

〔1〕 See Phillip J. Cooper, *The Duty to Take Care: President Obama, Public Administration, and the Capacity to Govern*, Public Administration Review, 2011, Vol. 71, No. 1, p. 11.

而使边缘化人群的数量增加。2009 年开始推动的法案虽然扩展了医疗保健的范围,但是并没有明确政府承担的义务和国家面临的挑战。

首先,该法案中的定义首先缺乏明确性,其次,关键的概念并未给出界定,最后,一些关键的概念被忽略,这使个人并不能将该法案作为诉讼或主张的依据。尽管对健康权做出定义,但是对于诸如"有尊严的生活"并未给出进一步说明。同时法案仅规定获得健康设施的权利,但是获得的途径并未给出说明。健康决定因素中并未包括收入、平等获得健康服务中的"必要服务"并未明确等。法案致力于区分公共体系和私有体系,忽略了国家承担的提供全面医疗保健和基础设施的义务。将私人义务与公共义务整合意味着要达到共同的目标,这导致该法案忽略了公共和私人的矛盾,造成公私合作规则的缺乏。[1] 法案中也提到"普遍获得的免费健康保健",通常人们认为国家承担了普遍免费保健的费用,但实际情况是印度政府并未给出明确的计划来保证边缘化的群体享受普遍且免费的医疗保健服务。

虽然法案中有大量的地方规定了国家责任,但上述定义的缺失对于理解法案中的国家责任非常不利。法案将"国家责任"限定为五个方面:一般义务、关于健康决定因素的核心义务、提供高质量医疗保健服务的义务、特定公共健康的义务、尊重保护和实现的义务。核心义务具体分为三种,提供高质量医疗保健服务属于核心义务的一种,特定的公共健康义务,比如,食物、水和生物卫生等,虽然与健康直接相关,但其实现则需要不同的政府机构共同完成,仅依靠医疗部门并不足以实现,也可能会越权。该法案同时也涉及了集体和个人权利,虽然法案对普遍的健康权给出了界定,但是

[1] See Imrana Qadeer and Indira Chakravarthi, *The Neo-liberal Interpretation of Health*, Social Scientist, 2010, Vol. 38, No. 5/6, p. 51.

既没有制定实现该权利的时间进度,也没有对具体权利类型给出实质性界定。诸如食品权等只是对以往存在人权的重述,应该将其归类为生存权、完整权等。知情权、起诉权等均应当包含在健康权的范畴中。法案并未将私有化主体囊括在服务提供者及享受者之中,是一个重大的缺憾。该法案的制定预示着健康服务的重点已经从提供服务到确保有能力接受医疗保健服务。虽然该法案健康保健的范围和层次都进行阐述,但是公共机构和私人机构之间的义务差别尚未作出明确界定。并且,医疗保健的社会经济决定因素尚未给出明确界定。最后,印度中央政府承担的义务对于各州产生重大不利影响,侵犯了各州的自治权。[1]

印度之所以在医疗保健私有化效果方面与美国存在重大差距,原因在于两国不同的历史发展轨迹和社会经济结构。美国因为私人医疗机构成本高昂而需要国家的介入,并且美国中产阶级数量巨大也有利于促进健康法案的通过;而印度则致力于提供免费的医疗保健,相关法案也会因为中产阶级数量甚少(利益集团分散而复杂)而变得难产。总言之,尽管自由主义观念的确影响了很多国家的医疗体制建设,但完全放弃中央政府的管理是不合适的,因为确保健康保健方面措施得到实施需要中央政府的干预。中国的医疗保险体制选择的是一条区别于西方市场模式、强化国家在体制构建中的协调和统筹责任,在一定意义上可以避免美国或印度实践中所体现出的国家责任缺失或者模糊的困境,尽管我国医疗保险制度目前仍然有许多体制性问题没有解决,但在健康权的价值引导下,通过一种能力进路的考察和宪法教义学的框定,医疗卫生立法能够为医疗卫生事业的发展提供法治支撑。

---

〔1〕 See Imrana Qadeer and Indira Chakravarthi, *The Neo-liberal Interpretation of Health*, Social Scientist, 2010, Vol. 38, No. 5/6, pp. 54 – 55.

韩国的经验也有许多成功之处,值得我们在制度设计中进行参考。1960年至1980年期间属于韩国医疗保障制度的开创期。韩国政府在前期探讨的基础上设立了“社会保障制度审议委员会”,并制定了《医疗保险法》,此法为韩国的医疗保障制度奠定了法律基础。后来,政府又对《医疗保险法》进行了多次修改,如扩大适用对象,划分强制参保和自愿参保对象等。1976年的全面修改更是起到了极大的推动作用。同时,韩国除《医疗保险法》以外还制定了《有关医疗保护之规则》《医疗法》等,有力地发展了医疗保障制度。

韩国医疗保障制度在1980年进入了扩大期。随着经济的稳定增长,韩国医疗保障事业也在这一阶段达成了全民医疗保险。韩国政府再次扩大了医保的适用对象,并在多地进行示范推广,同时实现了医疗保险向药局的扩展,向公职者的扩大,最终在1989年实现了全民医疗保险时代。

20世纪90年代属于韩国医疗保障制度的整合期。韩国政府先后实现了地区医疗保险的整合和企业医疗保险的整合,并将其合并,出台了统一的健康保险。此次整合增进了保险费负担的公平性,也减轻了因分散管理引发的管理效率低下的情况。另外,这一时期也极大地发展了针对生活保护对象为中心的医疗保护。第一,韩国政府扩大了他们的保护期。第二,扩大了医疗给付机构,提高便利度。第三,扩大了医疗给付的范围,从而减少了与健康保险的差距。

2000年以后,韩国医疗保障制度又进入了提高期,这一时期韩国实施了很多改善医保的措施。一是制定了《国民健康保险财政健全化特别法》,实现了保险财务的合并一元化,增加了结算的便利度。二是缩小了承担保险费方面的职工的差距。三是排除部分具有参保能力的被扶养者,使保险费的征收更加合理。与此同时,低收入阶层等特殊人群的医疗保障也得到了提高,发展到了医疗给付。后来,为了弥补给付上的局限性,制定了《医疗给付创新综合对策》。[1]

第五节　公共卫生制度的基本结构

一、公共卫生与健康权

人类的公共卫生实践自古就有，古罗马时代已经形成了比较健全的公共卫生法律体系。[2] 然而，人类能够有效地控制传染病的传播并以科学的方式预防疾病的发生，却是近代才有的事情。英国走在了公共卫生立法的前列。查德威克推动了英国公共卫生立法体系的建立和改革，在清洁用水、环境保护和传染病预防上制定出了严密的法律体系，成为其他国家的典范。[3] 然而，那个时代的公共卫生发展主要面对的是来自环境上的挑战和威胁，除此之外就是传染病，所以公共卫生立法的内容相对来说还是单一。随着现代科技的发展，环境污染的形式已经远远不同于19世纪工业社会对环境的破坏，人类面对的是前所未有的健康威胁，比如，核威胁、化学和放射污染、农药、艾滋病和新型病毒等。另一个挑战是卫生安全的全球化难题，国际交往的密切使公共卫生超出了国别范围，而成为全球性问题，迫切需要国际合作。2000年通过的《联合国千年宣言》及据此制定的千年发展目标，将健康置于发展议程的核心位置。最初制定的千年发展目标的八大目标中有3大项、18项具体目标中有8项、48个指标中有18项都与健康有关，这三大目标分别是降低儿童死亡率；改善孕产妇健康；遏制艾

[1] 参见金钟范：《韩国医疗保障制度演进》，载《中国医院院长》2014年第11期。
[2] 参见徐国栋：《罗马公共卫生法初探》，载《清华法学》2014年第1期。
[3] 参见蒋浙安：《查德威克与近代英国公共卫生立法及改革》，载《安徽大学学报》2005年第3期。

滋病病毒感染/艾滋病、疟疾和其他疾病。[1]

公共卫生学者戈温斯洛于1920年提出,公共卫生的本质是“通过有组织的社会努力来预防疾病、延长寿命、促进健康的科学和艺术;社会的努力包括改善环境卫生,控制传染病,提供个人健康教育,组织医护人员提供疾病的早期诊断和治疗服务,建立社会体制,保证社区中每个人都能维持健康的生活标准,实现其生来就有的健康和长寿的权利”。[2] 温斯洛的这个定义最为经典,也被世界卫生组织所采纳。但毕竟从温斯洛提出这个定义到现在已经100年,公共卫生事业在当代也呈现出非常不同的面貌,这点可以从世界卫生组织对健康权的定义之中体现出来。世界卫生组织在讨论健康与人权的时候,特别提到“卫生政策和规划根据其制定或实施的方式,能促进也能侵害人权,包括健康权。采取步骤尊重和保护人权有助于卫生部门履行其职责,维护所有人的健康”。[3] 世界卫生组织对公共卫生的期待已经从促进健康转变为通过公共卫生政策的制定和实施促进健康权的实现,因此健康权成为衡量公共卫生政策之效果和质量的重要价值标准。然而,如何将传统悠久的公共卫生发展和健康权相结合,却是一个大多数国家普遍面对的问题。

以精神疾病预防和管理服务为例。当前世界精神疾病患者的数量巨大并逐年增加,但是40%的国家并没有精神健康政策,30%的国家并没有精神健康计划。当前对于精神疾病的保护主要存在的问题可以概括为精神健康在健康权的范畴内被严重忽视。[4] 当前,妇女权益、少数民族、知识

---

〔1〕 参见胡玉坤:《公共卫生全球化的挑战与机遇》,载光谱网:www. sinospectroscopy. org. ch/readnews. php? nid = 12357,最后访问日期:2012年7月31日。

〔2〕 C. E. Winslow, *The Untilled Fields of Public Health*, Science, 1920, 51(1306), p. 30.

〔3〕 《人权》,载世界卫生组织网站:http://www. who. int/mediacentre/factsheets/fs323/zh/,最后访问日期:2023年12月1日。

〔4〕 See Paul Hunt and Judith Mesquita, *Mental Disabilities and the Human Right to the Highest Attainable Standard of Health*, Human Rights Quarterly, 2006, Vol. 28, No. 2, p. 333.

障碍等均得到制度化的保障，但是精神疾病并未得到有效的保护，一个重要的原因是在实践中很多政策和结构并不确定源于健康权的分析框架是否能应用于精神疾病领域。当谈论精神健康与精神疾病时，普遍缺乏关于精神健康术语的统一认识。通用的精神疾病术语指的是源于重大精神病态和心理失衡的疾病状态。精神疾病通常伴随着一系列重大不同的环境，其中最为明显的是心理疾病和知识认知障碍。[1] 绝大多数国家将精神疾病预防和管理纳入公共卫生事业管理的基本范畴，然而很少有国家将其直接作为健康权保护的基本内容。[2]

在国际性文件方面，1991 年的联合国大会通过了《保护精神疾病患者，提高精神健康护理水平的原则》，规定了 25 项详细的精神疾病保护标准。1993 年的联合国大会通过了《精神疾病患者的机会平等标准规则》，确定了精神疾病患者获得平等机会的原则，同时也有其他一些重要的国际性精神疾病保护文件。虽然存在很多国际性文件，但是对于国家在保障精神疾病时所承担的国家义务并未给予充分关注。区域化的惯例对于阐述和保护精神疾病方面人权具有重大辅助意义。欧洲人权法院在涉及心理疾病及医疗保健方面作出若干重要判决，美洲人权事务委员会同样通过一些案例关注精神疾病和医疗保健。[3]

---

〔1〕 精神疾病的界定存在病理学、心理学和社会学上的争议，因此也使精神疾病问题区别于单纯的生理性病痛或身体残缺。主要的对立体现在将精神疾病视为一种客观的病理事实，在疾病症状和神经生理机制上所出现的紊乱，还是包含着意识、主观认识和文化特性的病态表现形式。关于二者的对立，参见肖水源：《精神疾病的文化相通性与文化相对性》，载《国外医学·精神病学分册》1992 年第 1 期；代表性的现象学精神病学专家的理论，参见徐献军：《从现象学到精神病学——论闵可夫斯基的现象学精神病学》，载《浙江大学学报（人文社会科学版）》2017 年第 5 版；徐献军、庞学铨：《现象学哲学视野中的精神疾病——对现象学精神病理学的解读》，载《浙江社会科学》2016 年第 12 期。

〔2〕 参见冯燕、沈春明：《论我国精神卫生立法之衡平正义》，载《医学与哲学（人文社会医学版）》2011 年第 11 期。

〔3〕 See Paul Hunt, Judith Mesquita, *Mental Disabilities and the Human Right to the Highest Attainable Standard of Health*, Human Rights Quarterly, 2006, Vol. 28, No. 2.

以《经济、社会和文化权利国际公约》为例，许多国际性文件为身体与精神方面的保障作出规定。1990 年之后，健康权逐渐获得国际人权机构的关注，并且健康与人权之间的关系逐渐得到更多的关注。联合国经社委员会第 14 号评论对于健康权做出作为权威解释：健康权指的是对于最大限度实现身心健康标准的设施、产品、服务和环境的权利，而不仅是保证健康的权利。健康权包括健康赋权和自由（免予歧视的自由）。精神疾病患者往往在没有得到事前通知的情形下接受强制性措施。虽然许多国际性文件中规定，在特殊情形下，可以对精神疾病患者实施强制性措施，但是必须遵守严格的程序性规定。然而，现实情况是，这些程序性规定没有得到每一个国家的良好遵守。

健康权包括享有为每个人提供平等机会以获得最高标准健康的保护制度，健康保健和支撑服务在确保精神疾病患者的健康和尊严方面是十分重要的。根据《联合国经社委员会第 5 号评论》，国家应该采取措施确保一揽子的身心健康保健和支撑服务（提供足够多的专业医护人员），以促进精神疾病患者的健康、尊严和被接受。健康权的分析框架，即联合国经社委员会在其评论中指出的“健康服务、产品和设施应当是可获得的、可享受的、可接受的、质量良好的”，包含九个层面的内容：（1）健康医疗服务设施、产品和服务应当在全国范围内以充分的数量被人们所获得。（2）可享受的医疗服务包含四个层面内容：一是健康医疗服务设施、产品和服务应当是在身体上和地理上可以由精神疾病患者享受；二是健康医疗服务对于精神疾病患者而言在经济上是可以承受的；三是身心医疗保健服务应当是在没有任何歧视的基础上由精神疾病患者享受；四是精神疾病患者应当享有及时的医疗保健信息。（3）医疗保健服务应当在尊重当地的文化，适应当地的医疗伦理要求。（4）医疗保健服务应当在科技和医疗层面，具有良好的质量。（5）国家应当承担尊重、保护和实现健康权的义务。尊重义务要求，国家应当保证每个公民能够享有同等的机会获得医疗保健服务，且并不会歧视精神疾病患者；保护义务要求，国家应当采取措施确保其他人不会损害精神疾病患者的健康权；实现义务要求，国家应当在国内政治和法律体系中承认健康权，并采取有效措施去实现健康权。(6)国家应当采取措施（如加大宣传、制定保护制度等），确保精神疾病患者没有受到歧视性待遇和不公平待遇。(7)精神疾病患者应当有权参与到医疗政策的制定、实施和监督中，以体现精神疾病患者的参与重要性。(8)健康权在世界范围内的实现要求国际性的协助和合作，一国应当与其他国家相互合作，最大限度地实现医疗保健服务。(9)可归责性。一国公民享有医疗保健权，意味着其他人需要承担保证该公民免受损害的义务。医疗保健可归责性的程序和救济对于确保包括精神疾病患者在内的公民享受全面有效医疗保健服务扮演着非常重要的角色。[1]

然而从历史来看，精神疾病患者无论是在国内层面还是国际层面都未能受到足够的重视。在联合国成立后，对于精神疾病患者的关注和保障（政策、设施和法律等不同层面）得到长足的进步。为确保精神疾病患者享受充分完善的医疗保健服务，每个国家都有责任进一步完善针对精神疾病患者的政策，提供充分的财政支持，并按照上述九个层面的分析框架不断改进。我国的精神卫生立法已经取得了很大的进步，《精神卫生法》于2012年通过，该法经历了一个漫长的立法过程，提出了发展卫生事业、规范精神卫生服务和维护精神病患者的合法权益等基本立法目标，但该法同时也存在一些局限和困难，主要体现在保护精神病患者的合法权益与保护正常人的合法权益之间的冲突，经济落后医疗资源有限与精神病患者权益保

〔1〕 See Paul Hunt and Judith Mesquita, *Mental Disabilities and the Human Right to the Highest Attainable Standard of Health*, Human Rights Quarterly, 2006, Vol. 28, No. 2, pp. 346 – 353.

护之间的矛盾，以及现有医疗水平的局限性与精神卫生保障高要求之间的矛盾。[1] 我国《精神卫生法》所反映出的这些矛盾，其背后隐含的是精神病患者的健康权的分析框架在具体实践中所面对的权利冲突和保障不力，其原因一方面在于宪法中所规定的健康权没有形成一种强有力的立法价值引导，另一方面在于国家的宪法责任的结构和意义未能充分地渗透到精神卫生立法所塑造的责任体系中。在日益复杂的公共卫生形势下，公共卫生立法已经不能满足于建立一个完整的体系，而是要在立法之中激活出法律规定的宪法教义学内涵，将健康权的价值驱动力和国家责任的制度塑造力结合到抽象的法律规定中，从而打造出能够体现出活力和危机应对能力，并能够与医疗立法形成有机整体的公共卫生法律规范。

二、公共卫生与国家责任

相较医院、药品和保险等医疗事务，公共卫生事务更能体现出国家责任。如前所述，如果在公共卫生立法中，国家责任未能得到清晰地展现和充满活力地建构，那么立法的社会意义和保障力度就会大大减弱。按照本书第三章的分析，国家责任包含着社会公正的道义要求，也内含着国家以规则来引导公共生活的法治化图景。因此，判断一个国家或地区在公共卫生事务上是否充分地实践其国家责任，包含两个标准，一是是否能够体现出社会公正，包括平等对待受服务者、以公平原则进行资源分配、尊重公共生活中大多数成员的基本需求和每个个人的基本权利；二是是否能够按照法律来办事，使公共卫生治理体系有充分的法律保障。公共卫生事务在内容上具有广泛性和开放性，且随着社会发展形势而更新，且会不断出现新

〔1〕 刘鑫：《精神卫生法的理想与现实》，载《中国卫生法制》2013 年第 5 期。

的挑战，因此政府的国家责任并非大包大揽式的全能型要求，而是在法治的要求下将健康权的价值因素注入国家的立法和执法中，在责任实践中建立保护健康权的公共服务体系。

加拿大和澳大利亚等国家在公共卫生服务的均等化方面很好地体现了社会公正和对每个社会成员的尊重。2004 年，加拿大成立了公共卫生署，作为加拿大卫生部的一个部门，发挥一系列公共卫生职能，包括监测、应急预案、传染病控制、国家免疫和疫苗计划以及外伤预防项目、慢病和旅行卫生。由于保健职责的广泛性，省级卫生部门一般都设有公共卫生部门，涵盖了几乎所有的公共卫生问题。公共卫生部门的专职化能够有效地保障政府在公共卫生服务的专业和尽责，而不会在公共卫生治理中陷入失灵的困境。在服务模式方面，加拿大采取权力下放、公共与私人部门混合提供卫生服务的模式。这种模式可以提高卫生服务的效率，并释放出社会组织的活力。健康促进、疾病预防等初级卫生保健工作不仅仅由医生提供，而是提倡所有的健康服务提供者参与，使资源能够最大化地有效利用。[1]

澳大利亚在公共卫生服务的法治化方面也建立了非常完善的规范体系。除联邦制定全国性的法律外，各州都有相关的实施办法和标准。每一项标准的规定都非常详细，便于理解与操作。例如，在食品卫生与安全的管理中政府非常重视温度的控制，为此，在政府的相关网站就温度计的种类、使用范围、获取渠道以及如何正确使用、如何进行清洁和消毒处理、如何保养温度计等进行了详细的说明。[2] 德国的《疾病预防法》在儿童、青

〔1〕 参见王芳等：《加拿大与澳大利亚公共卫生服务均等化经验与启示》，载《中国卫生政策研究》2010 年第 5 期。

〔2〕 参见王芳等：《加拿大与澳大利亚公共卫生服务均等化经验与启示》，载《中国卫生政策研究》2010 年第 5 期。

少年、职业群体和老年人三种重点人群中开展多项疾病预防措施,《母亲保护法》《儿童保护法》等将妇女儿童健康服务纳入社会保障体系,各级政府负责具体实施妇女儿童的健康保健,按照一些研究,“德国已实现妇女儿童全程、全方位保健”。[1] 相较之下,尽管我国在妇女儿童保护方面已经制定了多项法律,但儿童权益保护仍然不乐观,大量留守儿童的教育、身心健康发展得不到有效保障。

公共卫生服务的法治化也会面对权利冲突的问题,一方面公共卫生服务是为了保障公民的基本健康权,预防疾病和风险;另一方面鉴于公共卫生服务的服务性和应急性,在执法或应急管理中会对公民的基本权利造成限制,如何协调公共卫生服务中基本权利的冲突,是公共卫生立法需要面对的一个难题。美国的《州公共卫生法律示范文本》是联邦层面制定用来指导每个州的公共卫生立法的一个范本,其中包含的很多内容为解决公共卫生立法的法治路径提供了很好的指引,比如,在个人健康信息的获取、记录、使用和公开事项上,该法律文本要求卫生机构在获取受保护的健康信息的时候,应该得到法律的授权,禁止以秘密的方式获取,获取信息之前应该得到同意。[2] 同样地,在应急管理中,行政权力必然会对公民的基本权利带来限制,但这种限制也应该符合法治的基本精神,必须遵循法治行政原则、基本人权保障原则、比例原则、政府主导原则。行政应急责任体系的模式选择应当采取以政府主导为主,市场调节为辅。同时,应当通过法律层面的程序规范与符合地方性需求的地方性规范的有机统一来实现行政应急责任的体系化,进而符合法治的要求。[3]

---

〔1〕 谢辉等:《德国卫生体系发展概况与启示》,载《首都公共卫生》2015年第4期。

〔2〕 参见徐缓:《美国州公共卫生法律示范项目对我国立法启示》,载《中国公共卫生》2007年第5期。

〔3〕 参见霍增辉:《行政应急责任体系化研究——以突发公共卫生事件应急为例》,载《求是学刊》2009年第3期。

三、公共卫生与其他权利的实现

公共卫生服务立法在法治化道路上还需要解决的一个问题是如何在公共卫生立法中区分健康权和其他权利，比如，食品权、用水权和环境权等。在国际法文件中，健康权和食品权等都属于新兴的基本人权，因此在人权发展史中大致处于相同的处境。但这些权利类型之间如何进行区分，并不清晰。食品、用水和环境都与人的健康紧密相关，但属于健康的实现条件，并不是健康所包含的直接身体和生理形态。因此，在立法上健康权和其他权以不同的形式加以区分，但这些权利在价值上的相似性使实践中并不容易区分，在权利保护上也会存在很多重叠的领域。

这个问题存在一些理论上的争议，本书采取的策略是将健康权与食品权、环境权相区分，这个区分有两个益处。一是可以减轻立法上的负担，目前我国食品安全立法已经相对成熟，虽然在执法上仍然存在很多障碍，但在立法上已经非常严密，责任分配也比较合理，因此在医疗卫生立法上集中关注医疗和公共卫生保健领域，可以让立法者的关注更有焦点。二是虽然公共卫生与食品、环境等与人的健康关系密切，但二者以不同的方式作用于健康，通过以不同的法律规范来应对，能够反映出国家责任背后的具体价值理念。比如，在公共卫生领域，除突发性应急事件对于国家责任的迫切要求，在一般实践中，国家责任的实现和强化是渐进的，“这种义务并非苛刻地要求国家在短时间内建立起有效的卫生制度，达到人人享有健康的目的，但可以期望的是国家在下一年所做的一定要比现在好”。[1] 然

〔1〕 高秦伟：《论作为社会权的健康照护权》，载《江汉论坛》2015年第8期。

而,在食品安全领域,安全是第一价值追求。[1] 国家责任背后的价值理念是零容忍,通过严格立法和执法杜绝对食品安全造成威胁的一切因素。在这一点上,通过将二者区分,可以更好地在各自领域中分配国家责任,保障执法的效率。

但这并不意味着在医疗卫生实践中将健康权与食品安全或环境安全等问题截然分开。国家在健康权上的宪法责任与在食品和环境等事务上的责任存在相通性,甚至说公共卫生事务的范围越来越多地扩展至食品、环境和生态等领域,而且食品权保护领域的很多新兴问题的挑战和解决方案可以为公共卫生实践提供参照。比如,Anastasia Telesetsky 在对食品权和健康环境权的关系的研究中指出,工业化条件下的食品生产对环境产生了巨大的消极影响。在工业化条件下,农业生产效率在过去的几十年得到明显的提高,但是对土地、水资源等自然环境造成重大不良影响,进而从长远意义上导致生产效率的逐渐下降。耕地数量的逐年减少、选择性育种导致的营养丢失等案例,说明当前食品质量和环境安全均受到不同程度的损害。虽然除草剂、杀虫剂等有毒化学药品的使用在短时间内使食品的产量得到大幅度提升,但是因为对土地、水资源的污染而使土壤中的养分丢失、水资源遭到难以扭转的破坏。[2]

Telesetsky 认为,食品权和健康环境权在《世界人权宣言》或者《经济、社会和文化权利国际公约》中都能找到相应的依据,但食品权在效力等级上要高于健康环境权,因为健康环境权是由其他人权派生出来的衍生权利,要么源于国内的法律,要么源于程序性的环境信息知情权。然而,这两

〔1〕 参见孙娟娟:《食品安全的立法发展:基本需求、安全优先与“同一健康”》,载《人权》2016 年第 5 期。

〔2〕 See Anastasia Telesetsky, *Fulfilling the Human Right to Food and a Healthy Environment: Is it Time for an Agroecological and Aquaecological Revolution?*, Vermont Law Review, Vol. 40, pp. 1 – 5.

种权利越来越呈现出相互依赖、相互包含的关系。Telesetsky 提出了一种绿色经济的观念,将食品权和健康环境权融合在一起,通过三种途径更好地促进健康权的实现和国家责任的积极承担。第一种途径为改变当前损害环境的产品生产方式。当前食品生产方式是在具有重大环境外部性的前提下进行大量投资,这就要求我们在进行生产投资时应当考虑对于环境的重大不利影响,改变生产方式。[1] 第二种途径为设计新的补助方式来实现食品生产方式改变。该种方式需要全体公众的共同参与方能完成。当国家在考虑有利于环境的产品生产方式时,应当将农业生态学或水产生态学原则纳入生产进程中。农业生态学或水产生态学是利用生物链之间互补性的特点进行生产,能够在食品生产过程中最大限度地减少对环境的损害。第三种途径为在以上两种途径基础上提出的基于食品生产的未来人权模型。传统的食品生产方式充满化学有毒物质,对农业、畜牧业、水产业等具有重大不良影响。参照法国农业生态学、西班牙水产生态学实践,说明运用生态学原则进行生产是具有重要借鉴意义的。[2] 因此,国家必须改变破坏环境的食品生产方式,运用农业生态学和水产生态学原理进行投资,保证在不损害环境的前提下促进食品的可持续性生产。

食品权和健康环境权之间的相互依赖关系可以扩展至健康权与其他权利之间的相互依赖关系。实际上,这种依赖关系已经发展到一个深层次,而给立法带来严峻的挑战。比如,食品安全和环境对健康的塑造和实现产生直接的作用,“我国食品安全问题在很大程度上是由环境污染、生态破坏所造成的;食品安全问题涉及污染防治、生态系统保护和可持续发展

〔1〕 See Anastasia Telesetsky, *Fulfilling the Human Right to Food and a Healthy Environment: Is it Time for an Agroecological and Aquaecological Revolution?*, Vermont Law Review, Vol. 40, pp. 13–15.

〔2〕 See Anastasia Telesetsky, *Fulfilling the Human Right to Food and a Healthy Environment: Is it Time for an Agroecological and Aquaecological Revolution?*, Vermont Law Review, Vol. 40, pp. 18–21.

战略的实施。从另一个层面来看，公众健康和生命安全之保障需加强食品安全和环境治理两大领域的合作，将通过预防和填补‘健康损害’保障公民健康权益作为突破点和着力点”。[1] 因此无论是食品安全立法还是环境立法，都应该体现出健康权优位的观念，而在我国目前的《食品安全法》之中，对食品安全的界定仍然是传统的“卫生”意义上的一种有序状态，而没有突出食品对于健康的作用力。在环境保护领域也是如此，正是因为健康权的重要性和健康公正的要求，在环境法律、法规的制定中应当突出环境公正的基本价值。[2]

同样地，与人的健康权紧密相关的气候或天气因素也涉及权利保护和社会公正的问题。如曲相霏教授所指出的，“气候变化对健康的不利影响包括两个方面：一是气候变化本身对健康的不利影响；二是人们应对气候变化的措施对健康的不利影响。气候变化对健康的上述两方面影响都与气候正义有关联，由此形成气候变化背景下的健康正义问题。在气候变化的背景下，保障健康权要求国家和国际社会在适用已有的人权法时，充分考虑气候变化对健康的影响；同时加强健康权保障方面的国际合作，包括新药品/新医疗技术的知识产权转让和资金支持等等方面，以实现健康正义”。[3]

---

〔1〕 陈真亮、连燕华：《“健康权优位”的环境法律规制——基于食品安全问题的反思与检讨》，载《江苏大学学报（社会科学版）》2015 年第 4 期。

〔2〕 参见曹明德：《环境公平和环境权》，载《湖南社会科学》2017 年第 1 期。

〔3〕 曲相霏：《气候变化背景下的健康权保障》，载《人权》2016 年第 6 期。

第七章

医疗卫生法治的宪法学分析

本书前五章从《宪法》第 21 条的宪法教义学解读开始，通过对健康权的基础、国家责任的本质和健康权保护的域外借鉴三个方面进行研究，为我国当下正在推进的医疗卫生法治提供了一个基本的理论背景。在全球疫情背景下，医疗卫生法治是国家全面推进依法治国伟大征程的重要内容，也是对健康权进行保护的主要管道。健康权的道德基础为法律完善提供了精神和价值指引，也是对法典化的法律规范进行教义学解读的价值保障；国家责任贯穿于宪法和部门法之中，通过法律清晰地确认了国家作为一个抽象主体，如何通过具体的职责和责任将抽象的道义形象转化为公民基本权利的防护和盾牌。健康权保护的域外实践，为我国医疗卫生法治提供了一面镜子，尽管很多国家在健康权保障上离对权利的真正尊重还有很大的距离，但通过对成功经验和失败教训的参照，可以让我国的医疗卫生体制的改革少走弯路，也为立法提供很多借鉴性的素材和分析工具。

因此，健康权的保障必然落实到医疗卫生法治之上，而成功的医疗卫生法治则需要在价值、立法技术和科学性上都能够经得起考验。本章将从两个方面来探讨医疗卫生法治的一些基本议题。首先是基本医疗卫生法治的理论构建,主要牵涉其背后的价值追求和立法,也是对前面几章理论分析的一个最终总结。

其次是对医疗卫生法治的基本构想,虽然医疗卫生立法过程充满了各种复杂性,随着利益冲突、部门责任协调和合作、社会适应性等问题,然而一种理想的立法理念可以帮助立法者在面对立法上的艰难抉择时提供引导和参照,在技术上和理念上促成良法善治的实现。鉴于《基本医疗卫生与健康促进法》只是国家发展医疗卫生事业的整体工程的一个环节,因此仅通过立法无法解决我国健康权保护中的其他一些重要的或者具体的问题,比如,健康权的司法路径的建构。法治实践包含立法、执法、司法和守法的全过程。《基本医疗卫生与健康促进法》在立法上的进步为执法、司法和守法提供了基础,但医疗卫生法治的实现有赖于法治理念在全面推进依法治国的全过程中得以贯彻。

目前的《基本医疗卫生与健康促进法》只能就医疗和卫生的具体事务提供一个法治框架,但在当前我国司法体制和宪法教义学发展程度下,立法难以从体制上对制度化的司法救济途径作出规定,只能留待以后理论上更为成熟,而司法制度的改革更为彻底的语境下,才能以一种更为根本的方式对健康权的司法救济做出立法。从这一点可以看出,我们首先需要对医疗卫生立法的基本价值追求做出清晰的研判,确定其当为和不能为,也与健康权的未完全理论化协议形成暗合。

第一节 医疗卫生立法的理论问题

一、医疗卫生法的名称和定位

医疗卫生立法包含两层含义。“基本医疗卫生立法”的概念最早是在中发〔2009〕6号的《中共中央、国务院关于深化医药卫生体制改革的意见》中提出的,其意义到目前鲜有研究,但是随着医改的纵向深入,利益格局改革的矛盾加大,这一制度法规建设的任务更加紧迫。狭义的解释仅指第十一届全国人大立法规划中的“基本医疗卫生保健法”。其中对该法的理解也有初级卫生保健法和调节与卫生事业相关的卫生基本法的两种理解。按照黄清华教授的界定,广义的“基本医疗卫生立法”应该不仅是中国卫生法律制度的基石,还是中国卫生体系的法律基础。其根本任务是通过立法设计,使“基本医疗卫生制度”体系化、法律化和具体化。[1]

《基本医疗卫生与健康促进法》的定位在理论上也有一些争议,一方面,受限于传统部门法的划分标准,医疗卫生立法兼具经济法、社会法和行政法多种性质,因此不易以单一形态进行界定。另一方面,作为一部医疗卫生领域的基本法,该法应该在何种程度上体现出其基本性,也存在一定的分歧。《基本医疗卫生与健康促进法》如何体现其重要性?在刘长秋教授看来,“它必须明确作为其自身血液的制度与规则应当供给的细胞的范围,也就是说,制度所涉及的调整范围,否则就极有可能造成作为其体系组

〔1〕 参见黄清华:《“基本医疗卫生立法”法理学研究——以中国卫生体系基本立法为目标》,载《法治研究》2014年第11期。

成部分的个别细胞无血可供,最终衰竭而亡”。[1] 本书主张,《基本医疗卫生与健康促进法》的基础性体现为两点,第一是在宪法之下,作为健康权保护的最基本的法律,其他相关法律都应该以该部法律为效力基础;第二是确定基本卫生制度的基本原则和精神,从而成为相关政策和具体部门规章的参照。

立法是一种特殊的公共权力实践,其目的不仅是为执法和司法提供法律依据,立法本身也具有内在价值,通过纳入民主立法和科学立法的价值要素,立法实现其自身的正当性和制度的完整性。[2]

因此,《基本医疗卫生与健康促进法》立法过程的民主性和科学性,应当转化为医疗卫生法治的正当性和内在价值性,在此基础上突出基本制度建设,规定出能够具有相对稳定性和持久性的制度架构,为相应的医疗卫生政策提供法律指引,并对不同政府部门的执法和决策提供法治依据。因此,从部门法的意义上来说,医疗卫生立法应该是跨部门的,既有社会法的性质,又有行政法的因子,如有学者所言,“卫生体系基本(立)法应当具有私法、公法和社会(立)法的三重属性,即应当从私法、公法和社会(立)法三个维度设计法律条文,构建基本医疗卫生有关的法律制度”。比如,医疗救助、基本医疗保险中的财政给付及公立医院的财政补偿等都属于行政法中的典型的行政给付问题。[3] 其次,医疗卫生法应该是在宪法之下建立医疗卫生体系最权威的依据,也是社会上各种医疗卫生活动和政府的责任实践的总体法治框架。医疗卫生体系是综合性的,《基本医疗卫生与健康促进法》是主干,在《社会保险法》《中医药法》和其他相关法律和实施细则的配套之下,建立一个系统和渐进地保护健康权并且面向中国医疗卫生实践

〔1〕 刘长秋:《论〈基本医疗卫生法〉的名称、定位与基本制度》,载《法学杂志》2017 年第 4 期。

〔2〕 参见叶会成:《超越工具论:民主立法的内在价值》,载《法学家》2022 年第 2 期。

〔3〕 参见邓海娟:《社会管理创新背景下医疗行政给付的发展》,载《贵州社会科学》2014 年第 2 期。

的完整体系。

二、医疗卫生法的价值追求

基本医疗卫生法治在价值追求上应该具有确定性和稳定性，即以法治的方式对基本宪法价值进行保护，而非以政策的形式对医疗卫生重大基础性问题进行临时性决策。基本医疗卫生法治的核心价值体现为三点，一是通过健康权的制度设置实现对个人尊严的尊重，二是健康权的保障，三是医疗公正的实现。健康是由每个个人所享有的身体完整和身心愉快的良好状态，因此健康是属人的，由人所体验，也由人来彰显出来。在这个意义上，基本医疗卫生法治首先应该体现的是对人的尊严的尊重，以及人基于尊严而在自身健康上的个人责任。所以《基本医疗卫生与健康促进法》是关于个人责任与国家责任进行互动的一部法律。

根据第三章的分析，基于授权的健康权对政府的立法和执法提出了保障性要求，同时基于能力的健康观念尊重健康背后所隐含的个人自主性和实现的阶段性，因此医疗卫生立法应该符合未完全理论化协议的框架，我们无法通过一部法律就解决医疗和卫生事务的所有难题，但通过立法可以将健康权的保护向前推进，随着实践中的难题不断出现和解决，健康权的内涵被逐渐释放出来，借助于未完全理论化的协议框架，在医疗和卫生制度的构建中不断调适，促进健康权的保护机制不断完善，将宪法的精神和价值落实到具体的法律实践中，形成全社会的宪法认同和忠诚。

基本医疗卫生法治的第三种价值追求是医疗和卫生公正。立法应当在不同的利益协调中实现最大限度的社会公正，使医疗卫生服务实现公平性、可及性、可选择性，并提高医疗卫生服务的质量，控制相应的成本。制度设计需要智慧和平衡，但公正应该成为医疗卫生制度设计的核心追求，因此在立法时应当将公正理念贯彻到每一种制度设计中,不留下可能导向不公正的制度死角。在医疗卫生领域利益复杂的格局下,这确实需要高超的立法智慧。公正原则成为一种控制原则,通过具体的法律规范对医疗资源的分配进行原则性的制衡,并对国家责任的实践施加道义要求。

三、《基本医疗卫生与健康促进法》的立法特色和模式

《基本医疗卫生与健康促进法》的出台和实施处于中国社会转型期,且经历了新冠疫情的考验。一方面,在互联网高度发达的今天,社会对于公平正义的呼求通过多种渠道以压力、期待和舆论的形式给医疗卫生体制改革施加了合法性要求。[1] 另一方面,我国这几年进入了立法的密集期,无论是《刑法修正案(十一)》,还是《民法典》《个人信息保护法》等,体现了我国通过科学立法来治理和规范社会领域的政治动向。作为全面推进依法治国战略的重要一环,《基本医疗卫生与健康促进法》也是将医疗卫生领域纳入全面依法治国之基本格局的重要动作。医疗卫生领域有着特殊的难题,因此医疗卫生立法也应体现出特色。医疗卫生立法应当在立法技术、社会适应能力和与社会发展的契合度等方面体现出其特色,因为医疗卫生领域是直接关乎人的生命和身体日常的地带,将社会中普遍的情绪、情感和生命观念凝结在一部对医疗资源进行分配和对生命之走向进行塑造的法律规范之中。

鉴于我国当前医疗卫生事业在宪法领域中的特殊地位,《基本医疗卫生与健康促进法》在机构整合和调整、资源的公平分配和医疗正义的实现

〔1〕 参见马长山:《公共政策合法性供给机制与走向——以医改进程为中心的考察》,载《法学研究》2012 年第 2 期。

方式上实现了突破，使之成为一部体现宪法精神和保护基本人权的社会法。同时，我国医疗卫生体制改革的整体过程是以国务院发布的各项规划和意见为主要规范依据，该法的出台将医疗卫生体制的建设从政策驱动型转向法治驱动型，以法治精神打造出一部良法。

最后，医疗卫生立法统合社会领域中的多种组织形式，但医疗卫生立法只是对权利保护和实践中的相关责任进行界定，并不能成为一部制度建设的参考书，正如麦克斯韦尔·布洛赫所提出的，“对于医疗卫生立法而言，需要从更加宏观的角度调控医疗关系的所有参与方的行为，包括患者、以医务工作人员为主体的医疗服务提供方，以及保险公司、制药机构等第三方机构。如若以救治为核心进行立法活动，将无法囊括以上所有方面，如在调控患者与保险公司之间关系这一点上陷入困境”。〔1〕 因此，医疗卫生立法必然触及社会保障制度、医药制度等背后的价值取向，但医疗卫生立法难以成为一部各个领域制度建设的参考书。

关于医疗卫生法的立法模式，在理论上存在几种备选方案，主要有全面—集中模式、中心—扩散模式和授权—分权模式三种。〔2〕 全面—集中模式指的是通过一部法典制定出涵括医院、医药、保险和公共卫生等所有事项的面面俱到的法律规范体系，能够为医疗卫生领域的绝大多数事项提供直接的法律依据。全面—集中模式的优势是规定详尽、面面俱到，可以解决医疗卫生法律法规庞杂、碎片化的问题。然而该模式的缺点是过于超前，可能无法解决医疗卫生事业地区发展不均衡的问题。中心—扩散模式是仅对医疗卫生事业作出原则性规定，由具体部门通过更为具体的法规或者规章作出专项规定。该模式的优点是通过原则性规定保证医疗卫生立

---

〔1〕 刘子钰：《医疗卫生立法模式研究——美国卫生法发展的启示》，载《医学与哲学（A）》2017 年第 8 期。

〔2〕 参见曹跃斌、晏萌蕾：《基本医疗卫生法立法模式研究》，载《医学与法学》2016 年第 1 期。

法的稳定性，扩散至具体法律规定可以保持立法的灵活性。缺点在于将立法任务扩散到具体部门，仍然可能出现不同部门之间不统一或者立法水平参差不齐的困境。授权—分权模式指的是在国家层面对医疗卫生事务的基本原则作出规定，授权国务院或者地方政府遵照基本原则对具体事务进行规定。该模式的优势是将立法负担下放，地方政府拥有更大程度的自主权，可以因地制宜，根据地方特殊性、差异性进行有针对性的立法。但该模式的缺点是国家层面的基本原则会被稀释到地方形色各异的立法中，最终可能再次形成地域发展不均衡、地方政府各自为政的局面。

从立法过程来看，我国《基本医疗卫生与健康促进法》采取的是“全面—集中”模式和“中心—扩散”模式的折中。其基本思路是，从整体上规范基本医疗卫生制度，统领卫生法律体系，确定基本医疗卫生制度的基本原则，明确基本医疗卫生的调整对象和范围。《基本医疗卫生与健康促进法》作为一部统筹性法律，本身就是为了解决医疗卫生法规地域差异大、碎片化的问题。在宪法教义学的视野下，《基本医疗卫生与健康促进法》旨在将健康权这一基本宪法价值的具体化。该法确定了健康权的纲要性引导意义，以及相应的一些法律原则，比如，医院运营的自主权、医药分开和全民医疗保障等。这些原则虽然可以通过具体的部门立法加以细化，但部门立法的细化或者授予地方立法权限并不等于地方可以因地制宜，因为医疗卫生立法在性质上就是一部实现全国统一步调的立法，通过立法将健康权的基本人权地位落实到一个统一的行动框架下。如果各个部门或者地方政府可以就其中的一些基本原则进行改动，这种统一的行动框架就会被打破，反而会影响健康权的保护效果。正如有学者所指出的，尽管专门立法和相应的政策趋于完备，但是由于存在价值选择和方向性问题，专门立法的效益差之毫厘失之千里，甚至南辕北辙。如果价值问题和方向性问题得不到解决，那么专门立法也难以独善其身。

四、医疗卫生立法的科学性评估

一部法律的成功不只是体现在立法技术的完美无瑕，同样也体现为立法的后续社会效应和评价。法律在实践中的运用需要经历一个过程，立法者在制定法律时对法律的预期效果并不能完全掌握，但可以采取一些控制机制，确保医疗卫生立法的科学性。一是坚持公共性原则，即将立法过程纳入公共空间中，从意见征集、草案公布到公开征集意见，让立法经历公共审议、舆论和压力的考验，广泛听取群众呼声，并尽量征求相关领域专家的意见。尽管社会舆论对于医改或者医疗卫生立法所发出的声音可能是分裂的和不理性的，但公共空间的审议本身就是发挥立法之民主性和公共性的重要过程，正如有学者所言，“在中心与边缘双向动议中，不仅可以达成更多的民主协商和理性共识，也可以增生更加多样、更加务实的制度设计，使公共政策合法性的供给更为多元开放、对流包容和富有民主聚合性，从而形成更为有效的互动供给路径”。[1]

科学性的第二个原则是立法后评估。立法过程需要时间和成本，因此我们无法期待着制定一部完美的法律然后付诸实施，而是在有限时间之内制定出一部成文法的法律，通过实施来应对相关领域中的复杂问题。促进立法之科学性的一项重要举措是进行立法后评估。立法评估是运用一定的评价指标、量化指标和评价标准对法律付诸实施后的相应社会效应进行评价，做出相应的结论，以判断立法是否实现了相应的预期目的和宗旨。[2]就医疗卫生立法而言，立法后评估可以在三个方面提高立法的科学性。首

---

〔1〕 马长山：《公共政策合法性供给机制与走向——以医改进程为中心的考察》，载《法学研究》2012年第2期。

〔2〕 参见许安标：《立法后评估初探》，载《中国人大》2007年第8期。

先,通过评估可以对医疗卫生立法的实践效果和其他先前法律的调试情况进行评估,在医疗卫生领域,我国目前存在大量的松散的法律和条例,比如,《社会保险法》中关于医疗保险的规定、《医疗机构管理条例》等,《基本医疗卫生与健康促进法》在制定通过之后需要与这些法律进行协调,依据新法优于旧法的原理,基本医疗卫生法在效力上高于先前的立法,因此立法后评估可以帮助解决这些法律、条例之间的冲突。

其次,立法评估典型地体现了未完全理论化协议在立法过程中的框架性作用。对于健康权的保护,立法发挥了机制性作用,但这种作用毕竟具有有限性,抽象的法律规范不能涵盖健康权保护的所有情形,也无法应对医疗卫生中出现的所有难题,比如,人工辅助生殖中存在的有偿代孕的问题,在当前的立法中,有偿代孕合法还是非法,目前只能进行原则性禁止,而无法作出非常具体细致的规定。[1] 但在立法之后通过渐进的理论化协议的拓展,可以在宪法教义学的理论框架之下对《基本医疗卫生与健康促进法》进行解释和修订,以从容地应对实际生活中出现的一些难题。

最后,由立法机关进行立法评估可能会产生评估动力不足的难题,影响法律实施的效果,因此引入第三方评估是一个可行的制度选择。通过委托第三方评估,可以客观公正地对法律实施效果进行评估和建议。[2]

第二节 医疗服务

基本医疗立法的第一部分内容是基本医疗卫生服务制度。该法第15

〔1〕 关于有偿代孕的合法与非法的问题,目前的状态是学理上存在争议,实践中进退两难。刘长秋:《有限开放代孕之法理批判与我国代孕规制的法律选择》,载《法治研究》2016年第3期。

〔2〕 参见张琼:《第三方立法评估制度化的科学性和路径建构》,载《西南政法大学学报》2021年第1期。

条规定："基本医疗卫生服务，是指维护人体健康所必需、与经济社会发展水平相适应、公民可公平获得的，采用适宜药物、适宜技术、适宜设备提供的疾病预防、诊断、治疗、护理和康复等服务。基本医疗卫生服务包括基本公共卫生服务和基本医疗服务。基本公共卫生服务由国家免费提供。"这一规定对基本医疗卫生服务的服务领域、具体类型、服务方式作出了明确规定。

医疗服务是健康权保护最受社会关注的场域，也是体现医疗公正的关键环节，同时也是医疗卫生立法最困难的一部分内容。

医疗服务制度的完善首先应该解决的问题是公立医院的定位。我国的公立医院在医疗体制改革过程中的角色定位不断发生变化，使公立医院处于一个非常尴尬的境地。首先，公立医院既有公立性和公益性的性质，也按照市场逻辑运行，因而在实践中出现了大量冲突，主要表现有公立医院的逐利性和以药养医政策的形成。然而，由于医院的公立性质，医院接受财政资助，既接受政府的支持，也接受政府的监管，支持和监管的双重角色使得政府定位也不清晰，"这种管办合一的体制很难使监管落实到位，尤其在市场经济转型过程之中，监管权被日益弱化"。[1]

《基本医疗卫生与健康促进法》第 18 条规定："县级以上人民政府通过举办专业公共卫生机构、基层医疗卫生机构和医院，或者从其他医疗卫生机构购买服务的方式提供基本公共卫生服务。"这条规定体现出医院发展过程中的政府主导性，但如何在政府主导与公益性之间取得平衡，是医院制度发展的一个难题。《国务院办公厅关于建立现代医院管理制度的指导意见》体现出了管办分开的指导思想，都体现出政府放松直接管控而加强监管的总趋势。

---

〔1〕 胡国梁：《公立医院的运行逻辑与法理定位》，载《天府新论》2017 年第 2 期。

《国务院办公厅关于建立现代医院管理制度的指导意见》对医院治理体系的整体定位包括明确政府对公立医院的举办职能、明确政府对医院的监管职能、落实公立医院经营管理自主权、加强社会监督和行业自律等,为医院体制改革指明了方向。但这些毕竟都是一些基本原则,具体如何实施落实,可能存在不同的方案。岳经纶和王春晓在对广东省县级公立医院的药品零差率政策所作的调查和研究中发现,旨在降低医疗成本的患者负担的药品零差价政策并没有给患者的医疗负担带来实质性减轻,患者医疗费用并没有因为取消药品加价而下降,由此可见单纯的药品价格规制政策对控费作用有限。因此采取"堵"的方式来控制公立医院的逐利机制,反而会引发反弹,比如药价虽然得到控制,但医院会采取各种规避手段,比如,重复检查和过度检查来增加收入。

"堵"的方式虽然能够以一种高效率的方式在各个层级的医院之中贯彻,并且也便于管理,但如果在支付、薪酬和分配上仍然按照传统的计划经济或者管办不分的思维模式之下设计,那么这种方式最后必然适得其反,导致利益链条更为隐蔽,医院的财政状态反而更加不透明。而如果采取加大政府财政投入、废除不合理人事分配制度等"疏"的措施,可以使公立医院不用再负债过日子,医生有合理的、有尊严的收入,促成医院和医生群体从"医改阻力"向"医改动力"的转变。[1] 因此他们给出的建议是"在政府宏观调控作用下,放弃单纯"堵"的思维,采用以'疏''堵'配合的方式破除逐利机制。通过公共财政改革、第三方控费、财务政策、信息公开等手段规范和约束公立医院的行为,以实现控制医疗费用目标"。[2] 主要的方式有

〔1〕 参见岳经纶、王春晓:《堵还是疏:公立医院逐利机制之破除——基于广东省县级公立医院实施药品零差率效果分析》,载《武汉大学学报(哲学社会科学版)》2016 年第 2 期。

〔2〕 岳经纶、王春晓:《堵还是疏:公立医院逐利机制之破除——基于广东省县级公立医院实施药品零差率效果分析》,载《武汉大学学报(哲学社会科学版)》2016 年第 2 期。

推进公共财政改革、充分发挥第三方控费作用、实行收支结余规制政策和重视信息披露等。

由此可见,医院体制的改革在更深层次也涉及医疗体制的整体改革,特别是政府在医疗事务上的国家责任问题。无论是公共财政改革,还是信息披露机制,都反映了政府在职能定位上的转换和提高现代化治理能力的需求。在公立医院的逐利性和公益性之间寻找一个符合健康权保护之宪法精神的切合点,的确需要政府充足的智慧和敢于创新的驱动力。逐利机制背后隐藏着政府财政支持力度薄弱的问题,因此同样需要政府进行财政改革。然而,医疗事务在财政上是无底洞,过重的医疗财政支持会加重财政负担。因此,公立医院的市场化机制是不可避免的一个选择。其解决的密钥在于公立医院的定位之确定。有学者建议,将公立医院定位为社会企业,这种定位有很大的说服力,也有利于盘活现有的复杂医院体制,澄清政府和医院之间的监管关系。公立医院的双重属性与社会企业的定义相吻合,"公立医院具有双重属性的逻辑起点,即公法属性的健康权和私法属性的健康权,并由此衍生出了公法属性的法律关系和私法属性的法律关系作为公立医院运行的逻辑链条,因此,公立医院也是同时具有公益性和经济性的双重特征,并且公立医院的逐利机制同公益性之间存在内在一致性。公立医院同社会企业在双构性上的高度契合,使我们将公立医院定位为社会企业在理论上成为可能"。[1]

解决了公立医院的定位难题,对《基本医疗卫生与健康促进法》关于医院制度的相关规定就变得清晰。医疗卫生立法应该充分尊重医疗机构的自主性,并加强医疗监管机构的事后监管。上述《国务院办公厅关于建立现代医院管理制度的指导意见》作为一项推动医疗服务质量提升和改变现

〔1〕 胡国梁:《公立医院的运行逻辑与法理定位》,载《天府新论》2017 年第 2 期。

代医院治理结构的重要政策性举措,为《基本医疗卫生与健康促进法》的适用提供了重要参考。鉴于我国医疗资源分配不均,区域医疗服务质量严重失衡,因此应当以一种渐进的方式推动现代医院治理制度的建立和医疗资源的公正分配,并强化政府在保障医疗服务和保护健康权上的明确责任。

《基本医疗卫生与健康促进法》第39条规定,国家对医疗卫生机构实行分类管理。医疗卫生服务体系坚持以非营利性医疗卫生机构为主体、营利性医疗卫生机构为补充。政府举办非营利性医疗卫生机构,在基本医疗卫生事业中发挥主导作用,保障基本医疗卫生服务公平可及。以政府资金、捐赠资产举办或者参与举办的医疗卫生机构不得设立为营利性医疗卫生机构。医疗卫生机构不得对外出租、承包医疗科室。非营利性医疗卫生机构不得向出资人、举办者分配或者变相分配收益。第40条规定,政府举办的医疗卫生机构应当坚持公益性质,所有收支均纳入预算管理,按照医疗卫生服务体系规划合理设置并控制规模。国家鼓励政府举办的医疗卫生机构与社会力量合作举办非营利性医疗卫生机构。政府举办的医疗卫生机构不得与其他组织投资设立非独立法人资格的医疗卫生机构,不得与社会资本合作举办营利性医疗卫生机构。

根据这两条规定,应该对政府与医院的关系做出如下界定。

第一,该法确认了现代医院的公益性角色和提供医疗卫生服务的自主权。第45条规定:"国家建立权责清晰、管理科学、治理完善、运行高效、监督有力的现代医院管理制度。医院应当制定章程,建立和完善法人治理结构,提高医疗卫生服务能力和运行效率。"借鉴《国务院办公厅关于建立现代医院管理制度的指导意见》,应当将现代医院管理制度的内涵解释为:各级各类医院应制定章程,以提高医院效率;明确医院决策机制;发挥专家治院作用;以健康权为价值引导,加强医院文化建设;对于资产多元化、实行托管的医院以及医疗联合体等可在医院层面成立理事会;厘清政府对公立医院的举办和监管职能清单,梳理医院经营管理自主权清单。[1]

第二,厘清医院和政府的关系,确立政府的监管责任,而非管理者责任,因此需要淡化医院的公立色彩而强化医院的公益色彩。第7条规定:"国务院和地方各级人民政府领导医疗卫生与健康促进工作。国务院卫生健康主管部门负责统筹协调全国医疗卫生与健康促进工作。国务院其他有关部门在各自职责范围内负责有关的医疗卫生与健康促进工作。县级以上地方人民政府卫生健康主管部门负责统筹协调本行政区域医疗卫生与健康促进工作。县级以上地方人民政府其他有关部门在各自职责范围内负责有关的医疗卫生与健康促进工作。"这条规定可视为对政府监管角色的强调,而非管理角色。在实践中明确政事分开、管办分开的基本原则。在以前经常会有公立医院的所有权与经营权不清的现象,这导致医院本身的自主权未能完全实现,也导致政府的管理不到位。在基本医疗卫生法中确立该原则,很大程度上有利于政府把主要精力放在管方向、管政策、管引导、管规划、管评价上,让医院依法依规享有自主经营管理权,从而更好地运营医院,提供更高质高效的医疗服务。

2017年原卫计委推动"放管服"改革向纵深发展,通过一系列政策性规定厘清政府角色和责任,推动医院治理体系的现代化。具体政策如下:(1)原卫计委组织制定了《医疗机构设置规划指导原则(2016—2020年)》,旨在加快促进社会办医成规模,取消了对社会办医数量和地点的限制。(2)落实鼓励扶持政策,为社会力量创造公平发展环境。政府在临床重点专科建设和省级、市级层面都大力支持社会办医。(3)激发创业活力,为行业发展培育新型业态。通过修订了《医疗机构管理条例实施细则》的部分

[1] 参见《国务院医改办有关负责人解读〈关于建立现代医院管理制度的指导意见〉》,载新华社2017年7月26日,http://www.gov.cn/xinwen/2017-07/26/content_5213541.htm。

条款,大力激发医务人员的工作积极性。同时增加了五类独立设置的医疗机构类别,丰富了办医层次,加快多元办医格局的形成。(4)建立区域注册制度,让社会力量共享优质资源。《医师执业注册管理办法》中,医师"一次注册、区域有效"的变革,极大地促进了社会办医的人才流向。(5)运用信息化手段,全面提升行业准入管理水平。原卫计委通过电子化注册管理改革,有利于配置合理,运行规范,监督有力的准入管理模式的形成,为社会办医的审批环节打通渠道。[1] 尽管这些政策具有一定的权宜性,但在医疗机构改革方面为立法提供了重要参考,可以通过一定的转化方式,转变成医疗卫生立法的法律条文。

第三,贯彻执行医药分开,通过政府功能精简和尊重医疗行业的发展规律,完善医疗服务者薪酬体系,让医务人员劳有所得,在健康的服务关系中通过劳务性服务获得符合社会公正原理的经济利益;赋予医疗卫生机构剩余索取的控制和使用权,撬动内部运行机制良性转换;赋予卫生服务体系合理配置医疗卫生资源的内在动力,在助推各级各类医疗卫生服务的协调化的同时,确立分级诊疗的基本原则,引导群众基层就医。[2]

第四,在弥合医疗资源分配不均的问题上,应该强化政府的国家责任,以法律驱动机制,形成持续和稳定的资源分配机制,保障人人可获得基本医疗服务的基本健康权的实现。具体而言,应该进一步完善中小城市和乡镇公立医院的设施并提高其医疗服务水平。政府可以通过加大对基层的投入,实行共享资源,合理倾斜医保报销比例等方式。其次要优化医疗资源配置,建立考核评价机制,并通过增加投入和补偿,激励公立医院自觉追

---

〔1〕《卫计委:医疗领域"放管服"改革顺利 取得积极成效》,载新浪网:http://news.sina.com.cn/o/2017-08-12/doc-ifyixipt1213106.shtml,最后访问日期:2018年8月10日。

〔2〕参见汪习根、宋大平:《基于分配正义的医疗卫生基本法立法构想》,载《新疆师范大学学报(哲学社会科学版)》2017年第3期。

求公益性目标，提高应对突发公共卫生事件的能力。[1]

公共卫生危机会对医疗资源的分配构成挑战。根据健康正义的三个维度，在公共卫生危机之下，医疗资源分配可以坚持三个具体的分配原则，即医疗资源的优先原则、生活资料的需要原则、生产供给的差异原则。医疗资源的优先原则有两个方面内涵：一方面，在公共卫生危机情境下，医疗资源相较于其他物质资料的分配具有优先地位；另一方面，重点人群和特殊人群在医疗资源分配中具有优先权。生活资料的需要原则也具有两方面内涵：一方面，在公共卫生危机情境下，分配的对象是满足基本生活需要的社会必需品；另一方面，分配的主体不是所有成员，而是正面临健康威胁的群众。生产供给的差异原则意味着，在公共卫生危机情况下，应分级分类调整生产结构，按照社会的需要程度进行差异性的生产劳动。[2]

第三节　医药制度

《基本医疗卫生与健康促进法》第 58 条规定，国家完善药品供应保障制度，建立工作协调机制，保障药品的安全、有效、可及。医药制度既是医疗服务制度的辅助，也是直接决定健康权保护之效力和质量的关键一环。医疗卫生立法针对医药制度的顽疾，提出能够持续地保障药品质量、药品的公平分配和促进药品产业创新的相应法律规范。目前我国已经全面推行新医改，其成效目前还无法判断，但通过政策实施，已经强力推行医药分

〔1〕参见史墨、于振英：《公立医院公益性的内涵及实现路径——基于公共卫生应急管理视角》，载《卫生经济研究》2021 年第 3 期。

〔2〕参见余根雄：《马克思政治哲学视域下的生命权利与健康正义》，载《南通大学学报（社会科学版）》2023 年第 1 期。

开。医药制度的建立也是一项综合工程,需要纳入医疗卫生体系的整体框架中进行协调和建构。医药制度的设计,既要处理药品生产和流通与医院的关系,又要促进药品企业的发展和创新,同时也需要强化政府在药品生产和市场流通中的监管角色。在《基本医疗卫生与健康促进法》的宏观原则下,医药制度的建立应当重点在四个方面用力,形成稳定的规范体制,一方面成为医药制度改革的法治推动力,另一方面促使药品制度成为健康权保障的坚固防线。

第一,继续完善立法,确立健全完整的药品审批、生产和监管的法律法规体系。我国已经形成以《药品管理法》为药品基本法,以《药品管理法实施条例》等行政法规为骨干的药品法律体系,然而这个机制仍然存在很多不足。主要在于审批不力、监管不严。根据《关于进一步改革完善药品生产流通使用政策的若干意见》的建议,在药品生产这个环节,应当着力于保障药品安全和疗效。要严格药品上市审评审批,优化审评审批程序,推进信息公开;加快推进已上市仿制药质量和疗效一致性评价,对通过一致性评价的药品给予政策支持;有序推进上市许可持有人制度试点,鼓励新药研发;加强药品生产质量安全监管,严厉打击制售假冒伪劣药品的违法犯罪行为;加大医药产业结构调整力度,推动落后企业退出;健全短缺药品、低价药品检测预警和分级应对机制,保障药品有效供应。这些政策在法治框架下的体现是确定相关责任主体的权利、义务关系,通过法律规范明确相关制度设置的实施方式。

第二,在药品流通和使用环节,要充分发挥市场的调节作用,也要强化政府的监管和医疗机构的公益责任。药品流通秩序和流通体制内部存在一个张力,如果对医疗机构的药品采购施加太多政策性限制,那么会影响医疗机构的医疗积极性和医疗质量。但如果完全放开医疗机构的自主选择权,那么医疗机构的逐利倾向会使它们刻意采购利润高的药品。因此,医药制度的立法要处理好这个紧张关系。在医疗机构这一方,要突出医院特别是公立医院的公益责任,以健康权和医疗公正为价值指引,公立医院要优先使用国家基本药物,强化药物使用监管,促进合理用药。在政府一方,要通过立法促使国家责任的落实,包括整治药品流通领域突出问题,依法严惩违法违规企业、医疗机构及相关责任人员,并记入不良信用记录;建立药品价格信息可追溯机制,促进价格信息透明。

第三,关于医药分开,我国新医改正在大力推进,医药分开是大势所趋,也应该纳入基本医疗卫生立法的框架中。但医药分开毕竟是对策性要求,如何写入立法之中,需要在责任主体、实施方式和追责机制上加以规范化。

第四,关于中医药立法,根据医疗卫生立法的基本宗旨和精神,中医药立法是作为一个单独的领域进行规范的。《基本医疗卫生与健康促进法》第 9 条规定,"国家大力发展中医药事业,坚持中西医并重、传承与创新相结合,发挥中医药在医疗卫生与健康事业中的独特作用"。《中医药法》作为医疗卫生事业的专门法律规范,与《基本医疗卫生与健康促进法》并列,形成专门的中医药医疗卫生法治体系。从《宪法》依据上来说,《宪法》第 21 条将国家发展医疗卫生事业与传统中医药并列,因此传统中医药必然有其特殊之处。中医药是医疗卫生事业的重要组成部分,中医药的药品生产和使用与现代医药存在很大差别,医疗方式也存在不同,而且中医药承载着浓厚的传统文化意蕴和历史使命感,因此需要日益完善中医药立法。尽管宪法在健康权保护的价值体系是多元的,既尊重个人自主选择,也鼓励多元化的实现健康的途径,但基本医疗卫生法治将国家责任以一种形式理性和逻辑圆满的方式纳入国家责任的宪法教义学体系中,通过将中医药领域单列,进行专门的规范,建构出一种医疗卫生体制与中医药体制双轨并行的合作性体制。

第四节 医疗保障制度

医保在医疗体制改革和医疗卫生法治中是一个阿喀琉斯之踵，是很多国家医疗体制建设中的痛处。我国医疗保障制度在短时间内实现了基本全覆盖，为纵深的医疗体制改革打下了基础，然而医疗保障仍然面对很多困难和挑战，使医疗卫生立法难度加大。首先是城乡医保整合问题，我国早在2003年和2007年就区分了农村和城镇人口，分别建立了新农合和城镇居民医保两个分割的医保制度，然而重复参保、重复投入、待遇不够公平等问题也日益突出，不仅增加政府的管理成本和负担，而且不利于社会公平和人员流动。两项医保制度由不同部门管理也增加了成本，加大了协调难度。

根据上一章的分析，医保成功的经验有很多，我国不宜照搬照抄。医疗保障制度改革的核心点在于通过风险分散而降低医疗成本，有效地保障健康权。医疗保障制度的最大难点在于资金筹措。2017年原卫计委在年度工作任务中明确将完成城乡居民基本医保制度整合，实行覆盖范围、筹资政策、保障待遇、医保目录、定点管理、基金管理“六统一”政策。国务院办公厅也就这一点印发了《关于进一步深化基本医疗保险支付方式改革的指导意见》，该意见中说明了医保支付方式改革的目标是全面推行以按病种付费为主的多元复合支付方式，这对于医保体制改革来说是重大突破。2019年，《中共中央、国务院关于建立健全城乡融合发展体制机制和政策体系的意见》提出，“完善城乡统一的社会保险制度。完善统一的城乡居民基本医疗保险、大病保险和基本养老保险制度。巩固医保全国异地就医联网直接结算。建立完善城乡居民基本养老保险待遇确定和基础养老金正常调整机制”。在相关政策推动下,城乡统一的社会保险制度得以建立,社会公众对基本医疗保险制度的获得感也稳步提升。

《国务院关于进一步深化基本医疗保险支付方式改革的指导意见》中说明了医保支付方式改革的目标是全面推行以按病种付费为主的多元复合支付方式,而内容则主要有以下五点:一是针对不同医疗服务的特点推进医保支付方式分类改革。二是重点推行按病种付费。三是开展按疾病诊断相关分组(DRGs)付费试点。四是完善按人头、按床日等付费方式。五是强化医保对医疗行为的监管。

医保支付方式改革也能对分级诊疗、家庭医生、医联体建设等各项医改重点工作产生积极作用。它们主要是通过以下三点发挥作用:第一是主要依托基层医疗卫生机构开展门诊统筹按人头付费,并促进有条件的地区探索将签约居民门诊基金转移到基层医疗卫生机构或家庭医生团队。第二是向基层和儿童医疗机构适当倾斜总额控制指标。第三是引导参保人员优先到基层首诊、合理引导双向转诊,并将符合规定的家庭医生签约服务费纳入医保支付范围。

《国务院关于进一步深化基本医疗保险支付方式改革的指导意见》中也有很多措施来弥补以往支付方式中的一些问题,提出了一系列完善措施,一是进一步提高总额控制、支付标准等支付方式指标制定的科学性、合理性,从而加强医疗机构与医保经办机构之间的协商机制,更好地达成共识。二是完善与总额控制相适应的考核评价体系和动态调整机制。三是加强医保医疗服务监管。通过建立完善的考核机制并向社会公布,从而强化医务人员的管理。

《国务院关于进一步深化基本医疗保险支付方式改革的指导意见》中也有一系列的配套措施加以推进医保支付方式改革。一是加强基金预算管理,科学编制并严格执行医保基金收支预算。二是严格规范基本医保责任边界。重点保障“临床必需、安全有效、价格合理”原则的药品、医疗服务和基本服务设施相关费用,科学合理确定医保目录内的药品和服务项目。三是协同推进医药卫生体制相关改革。宏观调控区域内的医疗卫生总资源,控制费用过快增长,并加强诊疗透明度,接受社会监督,完善医务人员考核标准。

从《基本医疗卫生与健康促进法》的实施来说,还有几个核心问题需要解决。一是如何在原则上确立城乡居民基本医保制度的均等化和去差异化,目前医疗卫生法治已经扎实地迈出了这一步。二是如何以法律的形式规定我国医疗保险制度的最终选择。

就第一个方面而言,关于我国提供医疗服务的方式,学者专家们的观点可以大致分为三种。一是国家主导型,由福利国家免费向社会成员提供医疗服务。二是市场主导型,多见于保险型国家,由市场向社会成员提供有偿的医疗服务。三是政府—市场主导型,它将市场和政府结合起来,两者分工合作,基本医疗由国家免费提供,而大病医疗则由市场提供。结合我国的医疗保障体制来看,医疗救助由政府提供,商业健康医疗保险由市场运作是无疑的。所以须将关注的重点放在社会医疗保险的改革上。总的来说就是对医疗保障体制的改革究竟该选择公益化路径还是市场化路径的一个讨论。在强化国家宪法责任的背景下,医疗保障改革选择了公益化路线,以公共税收作为全民医保的主要经费来源,以无差别的全民医保保障医疗权利的平等性,同时特别关注弱势群体的需求。

就第二个方面而言,医疗保险制度既有共通的难题,也有受特定因素影响的国别特殊性。我国医保体制的确有自身的特殊国情。我国应在宪法基本权利精神和法治框架之内建立“更加可靠、更可持续、更加成熟、更加定型”的医疗保险制度。医疗卫生法治可以“四更”为目标,通过统筹性和体系性的规范方式将医疗保险的筹资和支付模式固定化。

《基本医疗卫生与健康促进法》通过机构统合、职能分配和权利义务的明确划分来确立全民医保的基本方案，至于具体的实施方式，则需要结合我国现行的体制性要素，在报销政策、管理技术、筹资方案等方面，探索出能够实现体制性突破和能够实质上促进健康权之保护的整合性方案，既能提供一个有序整合的平台，又能借助互联网和新兴技术而迅速地弥合医保政策的地区性差异。2021 年 1 月，国家医保局、财政部发布了《关于建立医疗保障待遇清单制度的意见》，并附国家医疗保障待遇清单（2020 年版）。这一意见在全国十几亿参保人切身利益的医保待遇清单制度上实现了历史性突破，这也是国家基本公共服务民生支出清单管理改革的试点，具有重大的法治和现实意义。该意见提出的规定意味着我国医疗保障制度从基层探索到顶层设计、从分散化和碎片化走向统一化和规范化的重大转变，不断实现全国医疗保障水平一体化，引导地方和群众实现合理稳定的预期，确保医疗保障制度公平适度、可持续发展。[1]

第五节　公共卫生制度

公共卫生是以健康保障和健康促进为导向的公共事业，它的发展经历了从神灵与健康、巫医分离到医学发展、自由主义人权与健康保障到现代的福利国家制度与健康保障四个阶段。[2]

“二战”后以世卫组织为核心的一元权力治理结构的形成，包括多层级

〔1〕 参见林春霞：《医疗保障待遇清单划清政府和市场边界》，载《中国经济时报》2021 年 8 月 19 日，第 3 版。

〔2〕 参见付子堂、庞新燕：《我国公共卫生体系搭建历程与逻辑进路——以健康权保障为研究视角》，载《人权》2022 年第 6 期。

的规范性原则、有权威的跨国组织和各系统主体及要素之间的交互作用。该体系在多层级规范、治理机构(世卫组织)的国际权威性、多元主体参与的合法性等方面存在的问题,如规范与时代脱节、世卫组织权威受损、非官方力量难以参与等。突发公共卫生事件对全球卫生治理产生了重构意义。非典型肺炎、甲型流感、埃博拉和新型冠状病毒感染等事件对全球卫生治理体系提出了严峻挑战,全球公共卫生治理系统被迫做出一系列重大改革,如《国际卫生条例》的修订、世卫组织的角色调整、多元主体的合作机制等。[1]

新中国成立以来,我国公共卫生体系从初创(1919~1977年)到改革发展(1978~2011年)再到完善(2012年至今),逐渐向系统化、专项化的方向发展,建立了世界上规模最大的医疗卫生体系。《基本医疗卫生与健康促进法》的出台填补了公共卫生领域基本法缺失的空白。我国公共卫生体系存在独特的理论逻辑和实践逻辑。我国公共卫生体系的发展始终围绕着权利与义务相统一的理论逻辑和保障公民健康权利与规范国家权力相制衡的实践逻辑,根本目标是保障公民的健康权。与此同时,我国公共卫生体系仍旧存在不足和完善方向。我国公共卫生体系仍存在体系框架不够科学、重大突发性公共卫生事件防控预警机制不够健全、公民健康责任意识薄弱等问题。构建纵横交织的公共卫生法治体系,健全突发性公共卫生事件应急机制和预警机制,落实健康理念与各项政策将是完善公共卫生体系新的努力方向。

《基本医疗卫生与健康促进法》第19条规定,"国家建立健全突发事件卫生应急体系,制定和完善应急预案,组织开展突发事件的医疗救治、卫生

[1] 参见魏晓阳:《建构与重构——突发公共卫生事件下全球卫生治理体系历史变迁》,载《外国法制史研究》2022年第1期。

学调查处置和心理援助等卫生应急工作,有效控制和消除危害”。在新冠疫情的冲击之下,公共卫生制度成为医疗卫生制度中的热门领域,应对疫情成为公共卫生制度和应急法律体系的重中之重。如何在《基本医疗卫生与健康促进法》的基础上推进公共卫生法治建设,建构全球性健康共同体,俨然已经是全球卫生事业的一项关键议题。

虽然公共卫生制度与医疗制度在内容上存在较大差异,但按照上一章所分析的,公共卫生制度与医疗制度共同构成了健康权保护的防线,如果人为将二者相区分,反而不容易确定健康权的保护范围和政府在公民健康事务上所应承担的宪法责任。《基本医疗卫生与健康促进法》将公共卫生制度纳入规范之中,彰显出一种与医疗制度相匹配、突出政府在公共卫生体系建立之道义责任和监管角色的公共卫生理念。公共卫生治理体系背后的价值基础,即健康权的基础性人权地位,是公共卫生事务上政府所应承担的预防性和治理性国家责任的价值背景。

新冠疫情表明,公共卫生事务体系庞大,随着风险社会向纵深拓展,科学技术引发巨大社会变革,而环境与人类的互动形式也不断有新兴挑战出现,政府角色需要不断调整和更新,公共卫生法治应当既具有整合性,又具有前瞻性,也要有体系协调性。

首先,整合性指的是我国目前在公共卫生领域已经有大量立法,无论是在疾病预防、精神卫生、人口与生殖健康还是血液管理方面,医疗卫生法治应该对这些既有立法进行整合,使这些立法不再是一个松散的规范组合,而是一个突出公民健康权和强化政府的公共卫生治理责任的体系性规范体,因此在医疗卫生法治实践中,应当清晰地凸显出我国公共卫生事业的基本原则和政府角色。

其次,在医疗卫生立法中,公共卫生应当具有前瞻性,主要体现在公共卫生领域需要面对新兴卫生问题和突发公共卫生事件,无论是大规模疫情,还是环境污染,都需要确定政府在公共卫生危机中的财政、安全和具体实施方案方面的责任。健康权的最好体现是能力的观念,在公共卫生实践中也是如此。外在环境和公共卫生服务构成了个人能力发展的外在条件,国家通过创造和维护这些条件,来促进个人在能力上不断深化和拓展。如新冠疫情所示,每一次公共卫生危机都可能是个人能力发展的契机,因此前瞻性的公共卫生体系既与健康权的能力观相协调,也体现了政府在未完全理论化协议的框架下自我构建和完善的责任前景。

最后,体系协调性指的是公共卫生板块应当具有开放性,并且需要与其他部门的法律规范进行协调。上一章讨论到,食品安全、环境污染等都与健康权息息相关,而且也算是政府承担的公共卫生责任覆盖的范围,但为了分配国家责任、保障执法效率,食品、环境污染和水资源保护等应当进行单列,作为政府责任的独立领域,我国已经制定实施的《食品安全法》《环境保护法》《水法》等都体现了这一精神。

公共卫生服务体系的构建是当前国家治理和医疗卫生法治的一个努力方向。陈云良教授将公共卫生服务区分为纵向和横向两种逻辑模式。纵向模式强调公共卫生服务立法的纵向结构和体系完善,突出公共卫生服务的法体系建构和权力分配,以《宪法》为起点,以法律、行政法规和地方性法规作为构成部分,形成一个规范嵌套、纵向关联的规范体系,为公共卫生服务提供周密的规范支撑。横向模式则强调公共卫生服务的领域划分和类型建构,将公共卫生服务区分为健康促进、公共卫生监督、公共卫生服务、公共卫生危机管理等领域。针对每个领域的重点问题,可以进行相应的立法完善,比如,在健康促进领域,立法重点是促进个体身体健康,采取切实有效的方式营造健康促进的良好环境,比如,全面体育健身。国务院发布的《全民健身计划(2021—2025 年)》在八个方面制定了详细具体的健康促进规划,包括加大全民健身场地设施供给、广泛开展全民健身赛事活动、提升科学健身指导服务水平、激发体育社会组织活力、促进重点人群健身活动开展、推动体育产业高质量发展、推进全民健身融合发展、营造全民健身社会氛围等。这些措施在体育健身领域可以打造出健康受推崇、全民齐参与的社会氛围。

纵向和横向模式各有各的优势,但只是突出了公共卫生服务的某个侧面,因此陈云良教授建议采取横向和纵向相结合的公共卫生服务保障体系的建构。这种二元结合具有较大优势。一是可以促进公共卫生服务法律体系的完善;二是可以为公共卫生治理提供更为完善的法律法规依据;三是可以更为充分地促进公共卫生服务领域的社会参与,突出健康权的公共意义和维度,为人类卫生健康共同体提供参照。在理论层面,人类卫生健康共同体思想是对马克思、恩格斯关于健康权和共同体论述的继承与发展。马克思、恩格斯的著作中论述了资本主义生产方式对劳动者健康权的剥夺以及恶劣的工作、居住条件导致的社会机体的疾病。这样的共同体是“虚假的共同体”,而“真正的共同体”旨在是实现人的全面发展。人类卫生健康共同体思想正是在继承马克思主义关于健康权和共同体理论的基础上,将保障人民健康权的范围扩大到全球范围,将保障人群扩展到全部群体。[1]

---

〔1〕 参见鲁明川、张新颜:《人类卫生健康共同体的生成逻辑与世界意义》,载《浙江大学学报(人文社会科学版)》2022 年第 11 期。

第八章

《基本医疗卫生与健康促进法》的实施纲要

《基本医疗卫生与健康促进法》的制定实施,以全面深化医疗体制改革和应对新冠疫情为历史背景,展现出其特别的时代使命。法律的生命在于实施,一部法律只有在实施的过程中才能充分体现出其法治意义。《基本医疗卫生与健康促进法》共计110条,涵盖医疗卫生制度的各个方面,在具体实施中也需要全方位的法律实施机制。

本节尝试对《基本医疗卫生与健康促进法》的实施纲要进行探讨,展现出该部法律的实践面向和社会实践意义。基于健康权的能力观、未完全理论化协议的政府实践之正当性的理论框架、政府的国家责任的宪法依据和实现形态等理论学说,本书已经基本确立了理解《基本医疗卫生与健康促进法》的价值理念、基于社会公正观的各方主体权利与义务以及基本医疗卫生法治的框架结构。在此基础上,一个迫切的实践问题:《基本医疗卫生与健康促进法》应当如何实施?

立法质量与各种因素相关,取决于立法起草者的立法技术、立法过程中立法者与社会的互动以及对成熟经验的参照。法律的最后呈现形式不一定的是最完美的,总是会留下一些缺憾。医疗卫生法是后疫情时代最受关注的领域之一,但目前尚缺乏足够的理论支撑和制度体系,因此需要立足于医疗卫生法的本位论和类型化,重新界定其理论基础,统一和整合相关名称和概念,前瞻性地考量后疫情时代的发展方向。医疗卫生法名称和概念存在混乱和争论,包括"卫生""医疗""保健""健康"等术语的含义变化,以及"卫生法""医事法""生命法"等学科名称的争议。笔者认为这些争论反映了不同学科背景的研究人员未能就研究内容和界限达成共识的结果。有学者认为,对《基本医疗卫生与健康促进法》的适用应当突出其本位论和类型化,即以人类生存和健康为本位,将医疗卫生法划分为公共卫生法、医疗服务法、健康保障法、健康监管法、健康伦理法五大类型。[1]

当然,虽然立法存在各种不足,但通过在法律实施过程中加以展现,形成立法与法律实施的跨时空互动,可以充实法律规范的意义空间,赋予该部法律以更多鲜活的法治意义。

基本医疗卫生法的总则部分规定了立法的宪法依据、价值基础和立法宗旨,《基本医疗卫生与健康促进法》的效力依据是宪法,其价值基础是健康权和社会公正,立法宗旨是对公民的基本健康权进行保护,并确定政府、公民和医疗卫生机构的权利和义务关系。通过总则的规定,应当在健康中国的国家动员机制之下,在总则中实现三个方面的价值转变:由健康中国的政治动向转向公民健康权的宪法图景,突出医疗卫生法治的宪法意义;由政策驱动型转向法治驱动型,减轻政策的不确定性和权宜性,通过一部基本法律确保健康权保护的稳定性和长期性。

---

〔1〕 参见金成华:《医疗卫生法的本位论:后疫情时代的法理与导向》,载《中国卫生法制》2021 年第 6 期。

第一节 政府责任

在总则之后,《基本医疗卫生与健康促进法》对政府的角色进行了充分的定位,因为基本医疗卫生法主要是以健康权为线索,划定政府及其相应机构的责任形态。而政府的责任载体是相关机构,因此该法通过单独一章对政府的职责和责任机制作出规定(第16条至第31条)。主要有如下特色:

一是在卫生筹资维度上,设定基本医保及公共卫生资金筹资和管理机构的职责。在基本医疗保险制度上,通过法律的形式确认基本医疗保险一体化,将目前已有的三大主体制度进行整合,突破城乡二元结构的限制,实现全民医疗保险。

二是在医疗服务提供维度上,通过具体的法律规范突出政府机关和社会机构的医疗卫生责任,形成一个多元包容和权责明确的医疗服务体系;划定医疗卫生服务机构的职责范围,设定医疗卫生服务提供机构的职责,包括在卫生防疫、卫生检验、妇幼保健和药品检验等各个环节上服务提供机构的设置与职责;在医疗部分,分别明确各级各类公立和私立医疗服务机构的布局与功能,通过立法明确规定公立医院的公益性,通过具体规章规定公立医院如何在公益性和盈利性之间进行平衡,确立一个既能坚持公立医院的公益性质又不会损害公立医院的市场活力的方案。

三是在医药市场维度上,明确规定国家建立基本药物制度,促进医药公正。规定负责医药产品、医疗机构、医务人员市场准入的管理机构运作方式与工作内容,并规定市场交易监管机构的运作方式与工作内容。

四是在卫生治理维度上,基于问责、公开、参与、廉政和政策能力等要素,明确卫生相关职责在各级各类各行政部门之间的划分,卫生相关职责在行政部门和社会组织之间的划分,公民参与卫生决策的渠道和方式,以及医疗纠纷的沟通协调机制。公共卫生危机的全球治理和中国的成功经验反映出公共卫生治理的自反性逻辑。自反性现代化的认识论框架是一种对现代化的批判性反思和解构,也是一种对新的现代化之路的学理寻绎。这一框架凸显了现代性的“双重变奏”,即演进中的风险社会和制度化的个体主义。自反性现代化理论体现了对现实的意义世界的眷顾和关怀,为公共卫生法治提供了一种新的视角和思维方式。[1]

基于这种理解,公共卫生治理应该以追求生存安全性和社会控制为价值理念,以推进健康中国建设为目标导向,以高效防控公共卫生突发事件为实践载体。文章提出了具体的建议和措施,包括重新审视和评估相关法律法规的实施绩效,建立科学高效、形式理性与实质理性相统一的网格状公共卫生法律体系;打造安全型政府,强化激励性规制机制的效用,并合理平衡应急状态下公权与私权的关系,坚决维护国家公共卫生安全和社会稳定;以构建人类命运共同体为导向,熔铸公共卫生安全的复合治理机制,凸显公共卫生风险文化建设和国际合作一体化。

因此,以政府的宪法责任为引导线,应当实现政府角色的三重转变:一是从政策性向法治型转变,改变由行政部门主导医疗卫生事务的格局,而是由基本医疗卫生法作为医疗卫生事务发展的总纲;二是从管理型向治理性转变,管理型强调政府部门的权力,而治理型强调政府的治理责任,以及相应的追责机制;三是从碎片化的卫生管理体制转向一体化的卫生治理机制,分工明确,权责健全,由政府积极承担统筹和引导角色,在政府、市场和社会的三层结构中通过责任实践来有效地保护健康权;调整政府角色定

〔1〕 参见龙柯宇:《公共卫生法治的自反性现代化境遇与因应》,载《行政法学研究》2023年第6期。

位，鼓励社会力量进入医疗卫生事业发展的整体规划之中。

第二节　基本权利与义务

在健康权的授权理论架构下，以人的能力发展为中心，通过法律规定健康权的主体性责任，突出人在实现健康权的实践中所凸显出的能力发展和尊严，规定公民健康权利与义务。

在医疗服务提供上，《基本医疗卫生与健康促进法》确立了现代医院管理制度（第 45 条），确定医院的公益属性和政医分开的基本原则。医院应当制定医院章程，建立现代化的医院决策机制。政府应当调整自身角色，不得以行政手段干预医院发展，实现管办分开，政府行使公立医院举办权、发展权、重大事项决策权、资产收益权等，审议公立医院章程、发展规划、重大项目实施、收支预算等。制定区域卫生规划和医疗机构设置规划，合理控制公立综合性医院数量和规模。分别规定每个领域各级各类医疗卫生机构的权利与义务，以及医疗卫生人员的权利与义务。既要对相关主体的权利义务作出细致划分，同时通过多元机制鼓励和促进相关主体积极履行职责。

在医药市场维度上，政府应通过严格的医药市场审批和监管，建立有活力的医疗市场促进和发展模式，鼓励医药行业健康发展和技术创新，为医疗事务和公民健康提供坚实基础，并通过立法和部门规章详细规定参与市场运行的各主体的权利与义务。

在卫生治理维度上，以健康权为导向，建立分层次、多元综合的公共卫生治理体系，规定国家建立应急救护体系、公共卫生信息公开机制和公共卫生信用机制，确立严格和严密的事前事后监管机制，同时鼓励社会力量参与公共卫生事务。卫生行政部门简政放权、让权于民的机制，明确社会组织参与卫生治理的导向、权利与义务，并规定卫生行政部门与社会组织职责界定与分工合作。

例如，慢性病已成为当今世界最主要的公共卫生问题，吸烟、不当饮酒等不良生活习惯是造成慢性病的共同风险因素，慢性病防控的重要手段之一即改变个人生活习惯。公权力能否介入个人生活方式的形成？理由与边界在哪里？公权力干预个人健康选择的正当性可以从"健康社会决定因素"理论获得支持。该理论认为影响健康的因素不仅在于个人的行为，还包括社会、经济、政治、文化和环境等多个层面，这些因素会对个人生活方式的形成产生根本性影响。"健康机会平等"理论认为健康在道德上具有特殊重要性，因为它成为影响个人能否有效获取机会范围的重要因素。基于社会正义，国家有义务保障卫生保健需求的满足，也有义务对个人的生活方式加以积极干预。[1] 本书所探讨的公共意义上的健康权概念，强调国家在促进公共卫生目标方面的积极作用，也是个体健康权实现的必要条件。这些理论都说明，国家有理由为人们的健康而干预个人生活方式，也只有国家能够改善人群健康。

当然，公权力干预个人健康选择时应当保持必要的限度。《基本医疗卫生与健康促进法》中作出了有关饮食、运动、烟酒等方面的规定。这些法律规范主要采用健康教育、指导等柔性干预措施，对个人行为的规制较为温和，体现了立法者对个人自治的尊重。其次，对于公权力干预个人健康选择的模式界定，存在自由主义、家长主义、自由家长主义和管理型模式四种公权力与个人自由之间的关系类型。有学者提出，在判断公权力干预个

---

〔1〕 参见满洪杰、牛春燕：《公权力干预个人健康选择的限度——以慢性病防控中的健康权实现为视角》，载《人权》2022年第6期。

人健康选择的合法性时,可以将"干预阶梯"中的干预措施划分为强制性、综合性和柔性干预三类,分别提出不同类型的干预措施所应遵循的准则。[1]

第三节 筹 资

《基本医疗卫生与健康促进法》第82条规定,基本医疗服务费用主要由基本医疗保险基金和个人支付。国家依法多渠道筹集基本医疗保险基金,逐步完善基本医疗保险可持续筹资和保障水平调整机制。筹资是《基本医疗卫生与健康促进法》实施过程中面对的一个难题。2020年《中共中央、国务院关于深化医疗保障制度改革的意见》提出如下筹资安排:

"完善筹资分担和调整机制。就业人员参加基本医疗保险由用人单位和个人共同缴费。非就业人员参加基本医疗保险由个人缴费,政府按规定给予补助,缴费与经济社会发展水平和居民人均可支配收入挂钩。适应新业态发展,完善灵活就业人员参保缴费方式。建立基本医疗保险基准费率制度,规范缴费基数政策,合理确定费率,实行动态调整。均衡个人、用人单位、政府三方筹资缴费责任,优化个人缴费和政府补助结构,研究应对老龄化医疗负担的多渠道筹资政策。加强财政对医疗救助投入,拓宽医疗救助筹资渠道。"

医保筹资需要在《基本医疗卫生与健康促进法》基础上进行立法完善,须基于分配正义理念规定资金筹集、基金统筹的机制,对资金来源、个人基

---

〔1〕 参见满洪杰、牛春燕:《公权力干预个人健康选择的限度——以慢性病防控中的健康权实现为视角》,载《人权》2022年第6期。

本医保保费及共付缴纳方式作出规定。通过依法治理落实基本医疗保险责任分担机制，深化基本医疗保险支付方式改革，让其回归保险属性、发挥本质职能，在"健康中国"建设中做到不越位、不缺位，以全民医保促进全民健康。在医疗保险事务上，应建立以按病种付费为主的多元复合式医保支付方式。针对不同医疗服务特点，推进医保支付方式分类改革。对住院医疗服务，主要按病种、按疾病诊断相关分组付费，长期、慢性病住院医疗服务可按床日付费；对基层医疗服务，可按人头付费，积极探索将按人头付费与慢性病管理相结合；对不宜打包付费的复杂病例和门诊费用，可按项目付费。探索符合中医药服务特点的支付方式，鼓励提供和使用适宜的中医药服务。[1]

第四节 基本医疗卫生服务

医疗卫生法治需解决的一个核心问题是如何对符合宪法保护健康权之基本精神的基本医疗卫生服务体系进行建构，建立一套适合我国医疗卫生实践同时又能强化政府之宪法责任的综合体系。《基本医疗卫生与健康促进法》对基本医疗卫生服务体系做出了宏观设定，但仍然需要在细节上加以完善，辅之以配套的具体制度设计。

医疗服务既是私人品，又是权益品，市场主体追逐私利是一种合理性的存在，对医疗资源高效配置、提升整体社会福利有一定的积极影响。但是，医疗市场有别于一般市场，其逐利性带有一定的前提和限度。因此，需

〔1〕 参见《国务院办公厅关于进一步深化基本医疗保险支付方式改革的指导意见》，载中华人民共和国中央人民政府网站：http://www.gov.cn/zhengce/content/2017-06/28/content_5206315.htm，最后访问日期：2017年6月28日。

要政府积极发挥监管职能,使保障公众健康为导向,供给公平制度为手段的市场规制得以可能。

《基本医疗卫生与健康促进法》为公平正义的基本医疗卫生改革提供了制度动力。基本医疗卫生改革的未来走向并不是摒弃市场化,而是探寻将政府行政干预与市场竞争机制有效结合的新路径,走向政府总体导向下的市场有序竞争。这种将政府公利性创造与市场逻辑驱动相结合的改革旨趣在于对公平正义的执着追求,根本目的在于确保全民无差别享有可及优质高效的基本医疗卫生服务。[1]

在社会公正理念的指引下,应该通过规定基本医疗保障、分级诊疗和转移支付等方式,打破地区发展不均衡,确保基本医疗卫生服务的公平和均等化,并且本着健康权优位的立场,理顺医疗服务的基本性质,建立和谐的医患纠纷解决机制,以法治思维和法治方式改善医患关系。

在医疗救助方面,《基本医疗卫生与健康促进法》既体现了医疗救助的基本原则,同时也需要进一步明确其价值追求和含义。健康资源具有有限性、功能上的非齐率性和需要上的偏好性的特征,这些特征决定了国家在分配健康资源时面临的挑战,例如,如何在整体社会资源中分配健康资源、如何分配健康资源以满足不同健康需求、如何为每个社会成员分配健康资源的适当份额等。健康资源合理分配对于医疗救助法治化提出了一些具体要求,如避免过度保障、合理配置医疗资源、避免歧视性等。在《基本医疗卫生与健康促进法》的基础上,有学者提出医疗救助制度可以进一步法治化的建议。首先,应当对医疗救助法律规范体系进行结构性重塑。在立法形式与架构方面,建议将医疗救助作为医疗保障的组成部分,将医疗救

---

〔1〕 参见叶俊等:《基本医疗卫生改革的政治伦理、市场逻辑与未来走向》,载《医学与哲学》2022年第20期。

助与基本医疗保险、补充医疗保险相并列。[1] 医疗救助制度还存在与其他法律的衔接问题。其次,从救助对象范围、救助对象的确认程序、救助费用保障范围和救助水平、医疗救助筹资等方面,提出了具体的制度设计思路和建议。最后,通过司法途径为公民健康权提供救济的意义和价值以及司法救济的方式。

在卫生筹资维度,统筹城乡二元筹资模式,建立一体化的医疗保障体制,通过国家税收、社会保险和医疗救助三重筹资保障机制来实现卫生筹资。基于渐进主义的立法模式,可以设定一个过渡期,通过完善医疗卫生服务购买机制,促进卫生筹资的优化。

在服务提供维度,根据卫生筹资的规模和可承受能力,设定基本服务包的内容,规定基本服务包的提供方式,并对发展、利用非基本服务作出导向性规定。需要扩大财政转移支付力度以补充地方财政,采用专项拨款的方式保障基层卫生人力队伍的建设。政府应当根据人口密度设定相应比例,保障基本医疗卫生人力资源。

在医药市场维度,尊重医药市场发展的特殊规律,调整药品利益驱动机制;提高药品质量疗效,规范药品生产流通秩序,保障药品生产供应,促进合理用药,降低药品虚高价格、减轻全社会医药费用负担;强化政府基本保障和监管责任,健全基本药物制度。

第五节 医疗卫生人员

医疗卫生人员是一个多元复杂综合性群体,需要根据不同的职业属性

---

〔1〕 参见满洪杰:《从健康权角度看医疗救助的法治化》,载《西北大学学报(哲学社会科学版)》2022年第6期。

做出相应的规范。但从整体上来看,《基本医疗卫生与健康促进法》确定了医疗卫生人员的职责范围和保障机制,促进医疗卫生人员的专业化和职业化,形成医疗卫生人员的职业认同和社会认同。第52条规定,国家制定医疗卫生人员培养规划,建立适应行业特点和社会需求的医疗卫生人员培养机制和供需平衡机制,完善医学院校教育、毕业后教育和继续教育体系,建立健全住院医师、专科医师规范化培训制度,建立规模适宜、结构合理、分布均衡的医疗卫生队伍。但如何在医疗卫生实践中体现出对医疗卫生人员的权益保障,目前仍然存在很多空白。特别是防疫期间,医护人员做出巨大牺牲,但相关权益保障并不充分。2021年4月,国家卫生健康委、人力资源和社会保障部、财政部印发《关于建立保护关心爱护医务人员长效机制的指导意见》。根据该指导意见,医务人员参与处置突发公共卫生事件,要及时发放临时性工作补助,医疗卫生机构可根据医务人员参与突发公共卫生事件处置的时间长短、危重程度等因素,及时为其安排带薪休假。这一政策指导有助于为医疗卫生人员权益保障提供支持,但仍然需要通过法治化途径加以转化,以形成权利义务明确的法律规范。具体而言,在卫生筹资维度,应当规定医疗卫生人员的薪酬水平与来源。在服务提供维度,应当规定医疗卫生人员的执业管理制度,优化医疗卫生人员准入机制,鼓励社会力量进入医疗卫生服务领域。

第六节　法律责任

根据《基本医疗卫生与健康促进法》的基本价值取向,应当建立一个三元的法律责任体系,其责任承担程度从个人、社会和政府逐层递进,按照健康权的实现力度的层次,从个人的权利递进至政府的责任。个人是健康权享有的主体,同时也承担相应义务,然而由于个体对自身健康所拥有的主体性和自决性,因此个人承担法律责任的力度最低。在此之上,医疗机构、医药生产者和其他社会机构承担必要的私领域责任,比如,合同违约责任、侵权责任和特定的刑事责任。

政府作为医疗卫生事业的统筹者和监管者,承担着最为厚重的宪法责任和具体法律责任。《基本医疗卫生与健康促进法》对法律责任的承担方式作出了相对科学合理的规定。

在具体法律实践中,首先,应当对政府责任做出更为清晰的界定。国家的健康责任,包括营造健康大环境(包括社会环境和自然环境)、促进健康科技发展(如加强医学科学研究立法、制定医学科学研究规划)、引导全民健康生活(如构建国家健康教育制度、建立国家健康宣传制度、建立对公民的健康管理与督促制度等)、保障基本医疗卫生服务(如建立基本医疗卫生服务制度、建立疾病预防与控制制度)和做好公民健康顶层设计五个方面责任。[1]

政府责任包括行政给付责任和行政救济责任。其中行政给付责任的设置尤为关键,须实现以下目的:在全民健康覆盖之下,对于公共产品和公共服务造成的损害,广大群众有权要求国家赔偿;对于基本医疗服务和医药产品造成的损害,广大群众有权通过医保制度要求赔偿;对统筹地区医保方案、公共卫生服务、卫生行政服务和政府购买服务机制之下的服务提供情况不满的,有权通过行政给付机制进行申诉、投诉和待遇落实。[2]

其次,社会也需承担健康责任。承担健康责任的社会主体包括单位、医疗机构、保险公司等社会组织和机构。媒体应当肩负起引导公众形成正确

〔1〕 参见衡敬之:《健康中国视域下健康责任分担研究》,载《医学与哲学》2022 年第 16 期。

〔2〕 参见汪习根、宋大平:《基于分配正义的医疗卫生基本法立法构想》,载《新疆师范大学学报(哲学社会科学版)》2017 年第 3 期。

健康观的责任。单位应通过健康的工作制度和及时的劳资沟通承担其健康责任。医疗机构承担着健康公平增强的责任,保险公司承担着创新健康保险模式转化健康风险的责任。

再次,家庭也应承担健康责任。我们可以从父母对未成年子女、成年子女对父母、夫妻双方之间三个方面,分析家庭作为社会基本单位在保障和促进家庭成员健康的责任和方式。具体而言,这三方面责任包括父母应教育、引导、参与、维护子女的健康,成年子女应关爱、陪伴父母,夫妻之间应相互扶助、监督、倾听、疏导。

最后,个人自己也需要承担健康责任。个人是自己健康的第一责任人,应自主养成良好的健康意识、健康习惯、健康行为,合理规划人生,做好健康保障安排,适当购置医疗保险和健康保险等。

结论

作为健康权之保障的一部基础法律,《基本医疗卫生与健康促进法》在健康中国的宏伟战略之中出台,在新冠疫情中经历了考验。经济学家萨缪尔森和诺德豪斯在巨著《经济学》中曾给“医疗保健”下了一个“永不消失的问题”之“魔咒”,从世界各国的实践经验来看,这个魔咒的威力的确很大,除少数几个国家建立了比较理想和稳定的医疗保障制度,大多数国家仍然在苦苦摸索。医疗保健的体制构建问题,有着其长期性、复杂性和艰巨性,不可能也不会一蹴而就。

德国和英国等较为发达的国家的医疗保健体制也面临着很多难以克服的问题。在“永不消失的问题”面前,我国的医疗体制改革必然会经历一条艰辛的道路,需要在复杂的利益格局、尚不健全的医疗卫生法治和新冠疫情的冲击之下走出一条符合中国实践,同时又能最大限度实现公平的改革之路,需要很大的智慧和对医疗卫生事务之难题的精准把握。化繁为简,医改之难题无怪乎两点:医疗卫生事务之制度构建,交给市场还是交给政府?医疗卫生事业之良性发展,追求的是效率还是公平?

综观全书,本书努力构建出一种既符合宪法实践之基本原理,又能切合中国医疗卫生实践之复杂结构的法治构想。2016 年《国务院关于印发“十三五”深化医药卫生体制改革规划的通知》中提出,“特别是随着医改进入攻坚期和深水区,深层次体制机制矛盾的制约作用日益凸显,利益格局调整更加复杂,改革的整体性、系统性和协同性明显增强,任务更为艰巨”。2022年5月,国务院办公厅印发《深化医药卫生体制改革2022年重点工作任务》,其中提出加快推进分级诊疗,减少群众跨区域就医,“大病重病在本省就能解决,一般的病在市县解决,头疼脑热在乡镇、村里解决。这是均衡布局优质医疗资源、深化医药卫生体制改革的方向”。

医药卫生体制改革在我们这个时期的确具有划时代的意义,其成功与否与健康中国宏伟蓝图的实现有着紧密的关联。而要在制度上和实践上实现医疗卫生体制的突破,挖掘其宪法意义,并按照宪法精神的总纲来推进医疗卫生法治,是一条最为稳妥也最符合公正之要求的路径。尽管法律实施的实际社会效果是不可测的,而且也是变动的,但如果按照宪法之健康权的基本价值追求来贯彻实施《基本医疗卫生与健康促进法》,并在法律的具体实施过程中通过释放宪法之基本权利的教义学空间,为健康权的保障提供门槛性和整合式的制度环境。在政府积极承担宪法之国家责任的道义担当下,可以形成医疗卫生事业的双重保险,在未来不可预期和充满风险的社会发展长河之中,使权利保障不再是一种宣言,而是能够进入社会中每个个体的能力发展中,为个体的尊严实现创造条件。健康权应该成为医疗体制改革的价值驱动力。在法律实践中,健康权具有多重属性,存在多种救济途径。然而目前国内学界对于健康权的研究并不深入,本书通过对健康权的思想沿革和国内相关的研究成果,对基本医疗卫生法治的宪法教义学基础和宪法价值体系进行了分析和梳理,基于授权的健康权理论对《宪法》第21条进行了解读,并结合国外医疗卫生领域的成熟经验,对《基本医疗卫生与健康促进法》的立法意义和实践面向进行了整体探讨。

首先,立法的目的包含两个方面:第一,立法的宪法性控制,按照我国《宪法》第21条国家发展医疗卫生事业的规定,《基本医疗卫生与健康促进法》是国家在医疗卫生事业上的宪法责任的具体化,因此必须体现该条宪法条款的精神内涵和社会价值,从这个意义上来说,医疗卫生法治是国家在公民健康权上之宪法责任的立法落实,是我国宪法事业和法治事业的拓展。第二,立法的主要目的是保护正当权益得到有效的保护和促进,并且不受非法行为的侵害。在医疗卫生领域,立法仍需要恪守其“谦抑性”,即监督、控制和修正不良行为,而不应当被当作谋求额外福利的手段。按照授权理论的健康权观念,医疗卫生法治首先应该体现对健康权主体之个人的尊重,其次是通过政府的保护、促进、给付和救济对健康权进行保护。因此立法不是全能式的福利全包方案,否则既会加重政府的财政负担,也会带来执法上的无效和低能。

其次,医疗卫生法治应当具有内在一致性和整合性,既能体现出其合宪性和与其他基本法律的协调性,又能为新医改提供立法上的依据,促使我国医疗卫生事业从政策驱动型向法治型转化。整合型医疗服务模式不仅仅要求医疗卫生服务本身具有连贯性、系统性,同时也应当是对医疗卫生立法这一保障医疗卫生服务有序进行的手段在立法技术和模式方面的要求。

最后,公共卫生法治作为医疗卫生事业的重要组成部分,仍然存在较大的改善空间。对《基本医疗卫生与健康促进法》的贯彻实施,需要在全球疫情的背景之下着重强化公共卫生法治建设。我国公共卫生法律规范缺乏系统性和完整性。一方面,《传染病防治法》《突发事件应对法》等公共卫生法律仍然存在较大的改进空间,特别是面对新冠疫情引发的复杂形势,公共卫生法律需要进一步完善。另一方面,公共卫生法律规范与法律实施之间的良性互动在疫情防控之中仍然存在很大的提升空间。在实践中,以政策代替法律,或者不顾法律规定而采取层层加码防疫措施的现象时有发生,表明公共卫生法治依然没有深入人心,对医疗卫生法治构成消极影响。健康权、个体尊严和公共卫生法治是内生性的三维价值模型,三者不可分离。为了保障健康权,应当将医疗卫生法治作为全面推进依法治国之宏伟构图的有机组成部分,并在法治国家、法治政府和法治社会的工作布局之中加以全面开展。

参考文献

一、著作类

[1][奥]凯尔森:《法与国家的一般理论》,沈宗灵译,中国大百科全书出版社 1995 年版。

[2][美]劳伦斯·D. 戈斯廷:《全球卫生法》,翟宏丽、张立新主译,中国政法大学出版社 2016 年版。

[3][美]迈克尔·罗森:《尊严:历史和意义》,石可译,法律出版社 2015 年版。

[4][美]诺奇克:《无政府、国家与乌托邦》,何怀宏等译,中国社会科学出版社 2008 年版。

[5][美]富勒:《法律的道德性》,郑戈译,商务印书馆出版 2005 年版。

[6][美]罗尔斯:《正义论》,何怀宏等译,中国社会科学出版社 2001 年版。

[7][美]玛莎·C. 纳斯鲍姆:《正义的前沿》,陈文娟、谢惠媛、朱慧玲译,中国人民大学出版社 2016 年版。

[8][美]斯科特·伯里斯、申卫星主编:《中国卫生法前沿问题研究》,北京大学出版社 2005 年版。

[9][美]凯斯·R. 孙斯坦:《法律推理与政治冲突》,金朝武等译,法律

出版社 2004 年版。

[10][美]布雷思·Z. 塔玛纳哈:《论法治:历史、政治和理论》,李桂林译,武汉大学出版社 2010 年版。

[11][美]卡尔·威尔曼:《真正的权利》,刘振宇译,商务印书馆 2015 年版。

[12][印]阿马蒂亚·森、[美]詹姆斯·福斯特:《论经济不平等》,王利文、于占杰译,中国人民大学出版社 2015 年版。

[13][英]詹姆斯·格里芬:《论人权》,徐向东、刘明译,译林出版社 2015 年版。

[14][英]米尔恩:《人的权利与人的多样性——人权哲学》,张志铭、夏勇译,中国大百科全书出版社 1995 年版。

[15]白斌:《宪法教义学》,北京大学出版社 2014 年版。

[16]邓海娟:《健康权的国家义务研究》,法律出版社 2014 年版。

[17]林志强:《健康权研究》,中国法制出版社 2010 年版。

[18]莫纪宏:《现代宪法的逻辑基础》,法律出版社 2001 年版。

[19]姚建宗等:《新兴权利研究》,中国人民大学出版社 2011 年版。

[20]周旺生:《立法学》,法律出版社 2009 年版。

[21]周叶中主编:《宪法》,高等教育出版社、北京大学出版社 2000 年版。

二、论文期刊类

[1][德]莫沃·埃布森、殷晓鸣:《德国的基本法与社会保障》,载《社会保障研究》2005 年第 2 期。

[2]白斌:《传统医药在现行法秩序中的困境及其突围——以“假药”的

合宪性解释为例证》,载《华东政法大学学报》2016 年第 1 期。

[3]曹明德:《环境公平和环境权》,载《湖南社会科学》2017 年第 1 期。

[4]曹跃斌、晏萌蕾:《基本医疗卫生法立法模式研究》,载《医学与法学》2016 年第 1 期。

[5]曹治国:《宪法权利与民事权利关系辨》,载《河北法学》2008 年第 5 期。

[6]陈冰、赵敏:《论构建我国中医药专门法律体系之构想》,载《医学与法学》2016 年第 4 期。

[7]陈伟:《突发公共卫生事件治理模式探索——基于风险社会理论视角》,载《北京航空航天大学学报(社会科学版)》2023 年第 1 期。

[8]陈伟伟、刘毅:《论卫生法学:学科定位、逻辑起点与体系建构》,载《社会科学研究》2022 年第 1 期。

[9]陈一峰:《健康主义抑或安全主义?反思全球卫生法的理论基础》,载《国外社会科学》2021 年第 4 期。

[10]陈玉山:《论国家根本任务的宪法地位》,载《清华法学》2012 年第 5 期。

[11]陈云良:《基本医疗服务法制化研究》,载《法律科学(西北政法大学学报)》2014 年第 2 期。

[12]陈云良:《卫生立法需直面五个矛盾》,载《人民日报》2016 年 6 月 15 日,第 18 版。

[13]陈云良、寻健:《构建公共服务法律体系的理论逻辑及现实展开》,载《法学研究》2019 年第 3 期。

[14]陈云良:《论公民的疫苗接种义务——兼论〈基本医疗卫生与健康促进法〉第 21 条的理解与适用》,载《华东政法大学学报》2021 年第 4 期。

[15]陈真亮、连燕华:《“健康权优位”的环境法律规制——基于食品安

全问题的反思与检讨》，载《江苏大学学报(社会科学版)》2015 年第 4 期。

[16]代英姿、王兆刚:《中国医疗资源的配置:失衡与调整》，载《东北财经大学学报》2014 年第 1 期。

[17]邓海娟:《社会管理创新背景下医疗行政给付的发展》，载《贵州社会科学》2014 年第 2 期。

[18]董骏:《迈向一种能力进路的人权观——评纳斯鲍姆〈寻求有尊严的生活〉》，载《河北法学》2017 年第 2 期。

[19]董文勇:《论基础性卫生立法的定位:价值、体系及原则》，载《河北法学》2015 年第 2 期。

[20]杜承铭、谢敏贤:《论健康权的宪法权利属性及实现》，载《河北法学》2007 年第 1 期。

[21]杜创、朱恒鹏:《中国城市医疗卫生体制的演变逻辑》，载《中国社会科学》2016 年第 8 期。

[22]杜强强:《自由权的受益权功能之省思——以住宅自由的功能为例》，载《北方法学》2013 年第 4 期。

[23]冯燕、沈春明:《论我国精神卫生立法之衡平正义》，载《医学与哲学(人文社会医学版)》2011 年第 11 期。

[24][德]彼得·弗里德里希、郭小沙:《社会保险改革中的立法与利益平衡:2007 年德国医疗卫生改革》，载《社会保障研究(北京)》2007 年第 1 期。

[25]高秦伟:《论作为社会权的健康照护权》，载《江汉论坛》2015 年第 8 期。

[26]龚向和:《国家义务是公民权利的根本保障——国家与公民关系新视角》，载《法律科学(西北政法大学学报)》2010 年第 4 期。

[27]龚向前:《众善之首:健康权析论》，载《医学与哲学(人文社会医学

版)》2009 年第 3 期。

[28]龚宇:《气候变化损害的国家责任:虚幻或现实》,载《现代法学》2012 年第 4 期。

[29]余卫明:《论社会保障制度建立过程中的国家责任》,载《财经科学》2001 年第 5 期。

[30]顾昕、潘捷:《公立医院中的政府投入政策:美国经验对中国医改的启示》,载《学习与探索》2012 年第 2 期。

[31]顾昕:《全民免费医疗还是全民医疗保险——基于健康权保障的制度安排》,载《学习与探索》2011 年第 2 期。

[32]顾昕:《通向全民医保的渐进主义之路——论三层次公立医疗保险体系的构建》,载《东岳论丛》2008 年第 1 期。

[33]管仕廷、周世杰:《构建人类卫生健康共同体的多重意蕴与实现途径》,载《决策与信息》2021 年第 7 期。

[34]郭殊:《论宪法责任》,载《华东政法大学学报》2005 年第 5 期。

[35]郭小沙:《德国医疗卫生体制改革及欧美医疗保障体制比较——对中国建立全面医疗保障体制的借鉴意义》,载《德国研究》2007 年第 3 期。

[36]韩永红:《论我国宪法对"体育运动"保障之具体化》,载《法学评论》2013 年第 4 期。

[37]何汉洲、毕开顺:《欧美药品广告管理的启示和思考》,载《中国药事》2012 年第 4 期。

[38]贺鉴:《论中国宪法与国际人权法对三代人权的保护》,载《法律科学(西北政法大学学报)》2010 年第 2 期。

[39]洪秋妹、常向阳:《我国农村居民疾病与贫困的相互作用分析》,载《农业经济问题》2010 年第 4 期。

[40]胡博峰:《法国:药品监管突出政府职能》,载《经济日报》2012 年 6

月 18 日,第 15 版。

[41]胡国梁:《公立医院的运行逻辑与法理定位》,载《天府新论》2017 年第 2 期。

[42]胡玉鸿:《人的尊严的法律属性辨析》,载《中国社会科学》2016 年第 5 期。

[43]华颖:《英国全民医疗服务(NHS)的组织管理体制探析——兼论对中国的启示》,载《中国医疗保险》2014 年第 3 期。

[44]黄清华:《"基本医疗卫生立法"法理学研究——以中国卫生体系基本立法为目标》,载《法治研究》2014 年第 11 期。

[45]黄清华:《健康权:健康中国的法治理论》,载《中国卫生》2016 年第 10 期。

[46]黄清华:《健康权再认识——论健康权的民事、社会和政治权利属性》,载《社会科学论坛》2016 年第 1 期。

[47]黄清华:《论基本医疗卫生法治的人权标准——温岭杀医案的启示》,载《法治研究》2016 年第 3 期。

[48]黄清华:《新医改与中国卫生健康体系良法善治——兼评〈基本医疗卫生与健康促进法〉》,载《浙大法律评论》2021 年第 00 期。

[49]霍增辉:《行政应急责任体系化研究——以突发公共卫生事件应急为例》,载《求是学刊》2009 年第 3 期。

[50]霍原、尹梅:《〈中华人民共和国基本医疗卫生与健康促进法〉健康权功能的规范完善——基于处置突发公共卫生事件的视角》,载《中国医学伦理学》2021 年第 9 期。

[51]纪海龙:《法教义学:力量与弱点》,载《交大法学》2015 年第 2 期。

[52]蒋银华:《论国家义务的理论渊源:现代公共性理论》,载《法学评论》2010 年第 2 期。

[53]蒋浙安:《查德威克与近代英国公共卫生立法及改革》,载《安徽大学学报》2005 年第 3 期。

[54]焦洪昌:《论作为基本权利的健康权》,载《中国政法大学学报》2010 年第 1 期。

[55]解亚红:《西方国家医疗卫生改革的五大趋势——以英国、美国和德国为例》,载《中国行政管理》2006 年第 5 期。

[56]金江军、韦文英、姚卫浩:《食品安全领域的政府责任研究》,载《广西社会科学》2015 年第 10 期。

[57]金钟范:《韩国医疗保障制度演进》,载《中国医院院长》2014 年第 11 期。

[58]劳曦路:《为什么印度私立医院值得中国借鉴?》,载《中国卫生》2014 年第 2 期。

[59]乐虹等:《健康中国背景下构建医药卫生综合监管制度的思考》,载《中国医院管理》2016 年第 11 期。

[60]李崇善:《〈中医药条例〉的完善建议》,载《医学与法学》2011 年第 2 期。

[61]李福长、刘梨平:《我国抗生素滥用现状及其对策》,载《临床合理用药杂志》2014 年第 26 期。

[62]李广德:《我国公共卫生法治的理论坐标与制度构建》,载《中国法学》2020 年第 5 期。

[63]李广德:《社会权司法化的正当性挑战及其出路》,载《法律科学(西北政法大学学报)》2022 年第 2 期。

[64]李国民:《〈中华人民共和国基本医疗卫生与健康促进法〉的伦理学解读》,载《中国医学伦理学》2021 年第 9 期。

[65]李林:《依法治国与推进国家治理现代化》,载《法学研究》2014 年

第5期。

[66]李忠夏:《宪法教义学反思:一个社会系统理论的视角》,载《法学研究》2015年第6期。

[67]李忠夏:《作为社会整合的宪法解释——以宪法变迁为切入点》,载《法制与社会发展》2013年第2期。

[68]林莞娟:《中国医生诱导需求研究:一个减少抗生素滥用方法的田野实验》,载《经济科学》2013年第3期。

[69]林来梵:《从宪法规范到规范宪法——规范宪法学的一种前言》,法律出版社2001年版。

[70]林来梵:《民法典编纂的宪法学透析》,载《法学研究》2016年第4期。

[71]林玉玲、李寿星:《"传染病防治法"强制规定之比较法研究》,载《金陵法律评论》2013年第1期。

[72]刘翠霄:《德国社会保障制度》,载《环球法律评论》2001年第4期。

[73]刘丹、于忠辉:《国家基本药物制度试点中的问题及对策分析》,载《中国药物经济学》2017年第8期。

[74]刘广登.:《宪法责任研究》,苏州大学2005年博士学位论文。

[75]刘国:《宪法解释之于宪法实施的作用及其发挥——兼论我国释宪机制的完善》,载《政治与法律》2015年第11期。

[76]刘卉、顾勇伟:《国内外医药分开管理进展和政策建议》,载《中国药业》2014年第10期。

[77]刘茂林、秦小建:《论宪法权利体系理论的完善》,载《法商研究》2012年第3期。

[78]刘鹏:《风险社会视野下的美国药品规管体制变迁:教训与启示》,

载《公共行政评论》2008 年第 4 期。

[79]刘水林:《风险社会大规模损害责任法的范式重构——从侵权赔偿到成本分担》,载《法学研究》2014 年第 3 期。

[80]刘鑫:《精神卫生法的理想与现实》,载《中国卫生法制》2013 年第 5 期。

[81]刘耀辉:《国家义务的可诉性》,载《法学论坛》2010 年第 5 期。

[82]刘耀辉:《论生活政治视阈下国家给付义务的生成逻辑》,载《湖南警察学院学报》2012 年第 4 期。

[83]刘长秋:《论〈基本医疗卫生法〉的名称、定位与基本制度》,载《法学杂志》2017 年第 4 期。

[84]刘长秋:《有限开放代孕之法理批判与我国代孕规制的法律选择》,载《法治研究》2016 年第 3 期。

[85]刘子钰:《医疗卫生立法模式研究——美国卫生法发展的启示》,载《医学与哲学(A)》2017 年第 8 期。

[86]路艳娥:《健康权:法伦理视野的解读》,载《河北法学》2011 年第 3 期。

[87]吕建昆:《医疗服务的供给、需求和医疗保险》,载《当代医学(学术版)》2007 年第 9 期。

[88]马岭:《对〈宪法〉"序言"和"总纲"的修改建议》,载《法律科学(西北政法学院学报)》2003 年第 4 期。

[89]马特:《民法典人格权编争议问题探讨》,载《人民法院报》2003 年 9 月 12 日。

[90]马长山:《公共政策合法性供给机制与走向——以医改进程为中心的考察》,载《法学研究》2012 年第 2 期。

[91]满洪杰:《泰国〈全民健康保障法〉及其对我国医疗保障立法的启

示》,载《法学论坛》2016 年第 4 期。

[92]苗连营、郑磊:《民法典编纂中的宪法三题》,载《法制与社会发展》2015 年第 6 期。

[93][德]罗伯特·帕奎特、[德]沃尔夫冈·施罗德、俞宙明:《德国医疗卫生改革:行为体、利益与立法过程分析——以〈加强法定医保竞争法〉(2007)为例》,载《德国研究》2009 年第 4 期。

[94]庞新燕:《医疗卫生事业中的健康权——〈解读中华人民共和国基本医疗卫生与健康促进法〉相关规定》,载《行政与法》2021 年第 9 期。

[95]彭真:《关于中华人民共和国宪法修改草案的报告》,载《中华人民共和国国务院公报》1982 年第 20 期。

[96]秦国荣:《劳动权的权利属性及其内涵》,载《环球法律评论》2010 年第 1 期。

[97]秦前红:《略论中国公民社会经济基本权利的保障》,载《金陵法律评论》2009 年第 1 期。

[98]秦小建:《宪法为何列举权利?——中国宪法权利的规范内涵》,载《法制与社会发展》2014 年第 1 期。

[99]曲相霏:《外国宪法事例中的健康权保障》,载《求是学刊》2009 年第 4 期。

[100]曲相霏:《气候变化背景下的健康权保障》,载《人权》2016 年第 6 期。

[101]任梦华:《健康权宪法保障研究》,东南大学 2015 年博士学位论文。

[102]沈秋欢、彭翔:《德国药品参考价格制度及其对我国药价管理改革的启示》,载《现代经济信息》2016 年第 6 期。

[103]石文龙:《国家责任——中国宪法学新的理论支点》,载《上海师

范大学学报(哲学社会科学版)》2008 年第 4 期。

[104]史军、王巍:《公共健康保障中的政府责任》,载《河北学刊》2010 年第 1 期。

[105]史军:《功利与正义:公共健康的伦理选择初探》,载《学术论坛》2006 年第 7 期。

[106]宋方青:《立法质量的判断标准》,载《法制与社会发展》2013 年第 5 期。

[107]宋大平、王雨欣、赵怡璇:《作为发展权的健康权:构建健康人权国际话语体系的中国立场》,载《中国卫生法制》2022 年第 3 期。

[108]宋玉萍、王晨光:《从权利救济到权利请求——基本药物制度的法理学分析》,载《比较法研究》2013 年第 3 期。

[109]苏苗罕、宋华琳:《各国药品监管体制比较研究(续二)》,载《上海食品药品监管情报研究》2010 年第 2 期。

[110]孙娟娟:《食品安全的立法发展:基本需求、安全优先与“同一健康”》,载《人权》2016 年第 5 期。

[111]孙淑云:《新型农村合作医疗立法论纲》,载《南京社会科学》2011 年第 4 期。

[112]孙淑云:《中国基本医疗保险立法困局、症结及其出路》,载《山西大学学报(哲学社会科学版)》2017 年第 3 期。

[113]覃慧:《健康权视域下我国卫生法律体系建构的脉络》,载《医学与法学》2016 年第 2 期。

[114]陶凯元:《法治中国背景下国家责任论纲》,载《中国法学》2016 年第 6 期。

[115]谭浩、邱本:《健康权的立法构造?——以〈中华人民共和国基本医疗卫生与健康促进法(草案)〉为对象》,载《南京社会科学》2019 年第

3 期。

[116]汪习根、宋大平:《基于分配正义的医疗卫生基本法立法构想》,载《新疆师范大学学报(哲学社会科学版)》2017 年第 3 期。

[117]王晨光、饶浩:《国际法中健康权的产生、内涵及实施机制》,载《比较法研究》2019 年第 3 期。

[118]王芳等:《加拿大与澳大利亚公共卫生服务均等化经验与启示》,载《中国卫生政策研究》2010 年第 5 期。

[119]王广辉、陈根强:《试论政府的宪法责任》,载《法商研究》2003 年第 3 期。

[120]王后春:《医疗体制改革的法学思考——基于医改成果公平分享的视角》,载《行政与法》2007 年第 9 期。

[121]王启辉:《论我国免疫规划疫苗接种损害救济的国家责任》,载《东南大学学报(哲学社会科学版)》2022 年第 3 期。

[122]王旭:《劳动、政治承认与国家伦理——对我国〈宪法〉劳动权规范的一种阐释》,载《中国法学》2010 年第 3 期。

[123]文太林:《从罗斯福到奥巴马:美国医疗保险的百年变革》,载《天津社会保险》2014 年第 3 期。

[124][德]乌尔里希·贝克尔:《德国社会保障制度的文化背景——价值理念与法律在社会保障中的影响》,文姚丽译,载《中国人民大学学报》2010 年第 1 期。

[125]伍瑾:《宪法权利视角下健康权的尊重、保护和实现》,载《中国卫生法制》2016 年第 3 期。

[126]谢辉等:《德国卫生体系发展概况与启示》,载《首都公共卫生》2015 年第 4 期。

[127]徐国栋:《罗马公共卫生法初探》,载《清华法学》2014 年第 1 期。

[128]徐缓:《美国州公共卫生法律示范项目对我国立法启示》,载《中国公共卫生》2007 年第 5 期。

[129]许安标:《立法后评估初探》,载《中国人大》2007 年第 8 期。

[130]许安标:《加强公共卫生体系建设的重要法治保障——〈基本医疗卫生与健康促进法最新解读〉》,载《中国法律评论》2020 年第 3 期。

[131]许中缘、翁雯:《论基本医疗服务权的救济》,载《苏州大学学报(哲学社会科学版)》2016 年第 2 期。

[132]阎宇、孙德超:《西方发达国家医疗卫生服务均等化路径选择的经验及启示——以英国、美国、德国为例》,载《河南师范大学学报(哲学社会科学版)》2015 年第 6 期。

[133]杨春福等:《经济、社会和文化权利的法理学研究》,法律出版社 2014 年版。

[134]杨思斌:《论社会救助法中的国家责任原则》,载《山东社会科学》2010 年第 1 期。

[135]杨彤丹:《公共卫生法之现代阐释》,载《学习与探索》2012 年第 12 期。

[136]易小明:《分配正义的两个基本原则》,载《中国社会科学》2015 年第 3 期。

[137]殷希等:《美英两国医疗领域透明监管制度对我国合理用药监管的启示》,载《医学与社会》2014 年第 9 期。

[138]岳经纶、王春晓:《堵还是疏:公立医院逐利机制之破除——基于广东省县级公立医院实施药品零差率效果分析》,载《武汉大学学报(哲学社会科学版)》2016 年第 2 期。

[139]翟国强:《中国语境下的"宪法实施":一项概念史的考察》,载《中国法学》2016 年第 2 期。

[140]张博源:《〈基本医疗卫生与健康促进法〉立法原则的人权价值》,载《人权》2019年第2期。

[141]张杰等:《日本医疗信息技师体制对我国的启示》,载《医学信息学杂志》2007年第3期。

[142]张庆熠:《美国最高法院与〈医改法〉的命运》,载《南京大学学报(哲学·人文科学·社会科学版)》2012年第2期。

[143]张慰:《适应与自主之间的德国基本权利教义学——德国国家信息行为的宪法教义学建构》,载《法制与社会发展》2012年第3期。

[144]张翔:《基本权利的受益权功能与国家的给付义务——从基本权利分析框架的革新开始》,载《中国法学》2006年第1期。

[145]张翔:《基本权利的双重性质》,载《法学研究》2005年第3期。

[146]张翔:《基本权利的体系思维》,载《清华法学》2012年第4期。

[147]张翔:《宪法教义学初阶》,载《中外法学》2013年第5期。

[148]张艳梅:《论丹尼尔斯医疗保健公正理论》,载《医学与哲学(人文社会医学版)》2007年第4期。

[149]张震:《社会权国家义务的实践维度——以公租房制度为例》,载《当代法学》2014年第3期。

[150]章彦英:《全球化背景下的中国比较法:历史、困境与前路》,载《比较法研究》2014年第5期。

[151]赵长春:《芬兰医药监管"严"字当头》,载《质量探索》2009年第8期。

[152]郑贤君:《宪法实施:解释的事业——政治理论的宪法解释图式》,载《法学杂志》2013年第12期。

[153]郑晓曼、王小丽:《英国国民医疗保健体制(NHS)探析》,载《中国卫生事业管理》2011年第12期。

[154]郑永年、黄彦杰:《风险时代的中国社会》,载《文化纵横》2012 年第 5 期。

[155]郑智航:《论南非健康权的救济》,载《西亚非洲》2009 年第 2 期。

[156]钟东波:《市场与政府在配置医疗卫生资源中的作用》,载《中国卫生经济》2000 年第 11 期。

[157]钟裕民:《1949 年以来中国医改决策的基本历程及其评价》,载《天府新论》2011 年第 4 期。

[158]周毅:《德国医疗保障体制改革经验及启示》,载《学习与探索》2012 年第 2 期。

[159]朱凤梅:《1985—2015 年我国医疗卫生体制改革逻辑评述》,载《中国卫生经济》2016 年第 1 期。

[160]朱海林:《公共健康伦理:关于公共健康问题的伦理解读》,载《河南师范大学学报(哲学社会科学版)》2012 年第 1 期。

[161]朱继萍:《新时代中国社会权利发展及其法治化保障》,载《法律科学(西北政法大学学报)》2018 年第 5 期。

[162]朱庆生、周莉萍:《安徽医疗改革的发展现状及对全国医疗改革的启示》,载《江淮论坛》2014 年第 4 期。

[163]邹艳辉:《健康权的权利性质界定》,载《济南大学学报(社会科学版)》2015 年第 1 期。

[164]左权:《美国〈医改法案〉中的宪法决断》,载《河北法学》2013 年第 2 期。

三、英文类

[1] Imrana Qadeer and Indira Chakravarthi, "The Neo-liberal

Interpretation of Health", *Social Scientist*, Vol. 38, No. 5/6, 2010, p.51.

[2] Jennifer Prah Ruger, "Toward a Theory of a Right to Health: Capability and Incompletely Theorized Agreements", *Yale Journal of Law & the Humanities*, Vol. 18, No. 2, 2006, p. 274.

[3] Jeremy Waldron, "Socioeconomic Rights and Theories of Justice", 48 *San Diego L. Rev.*, 2011, p. 783.

[4] Jonathan M. Mann, Lawrence Gostin, Sofia Gruskin, Troyen Brennan, Zita Lazzarini and Harvey V. Fineberg, *Health and Human Rights*, Vol. 1, No. 1, Autumn, 1994, pp. 11 – 12.

[5] Jonathan wolff, "the human right to health: Norton & Co.", *New York* (2013), pp. 12 – 13

[6] Paul Hunt and Judith Mesquita, "Mental Disabilities and the Human Right to the Highest Attainable Standard of Health", *Human Rights Quarterly*, Vol. 28, No. 2, May, 2006, p. 333.

[7] Phillip J. Cooper, "The Duty to Take Care: President Obama, Public Administration, and the Capacity to Govern", *Public Administration Review*, Vol. 71, No. 1, January | February, 2011, pp. 7 – 18.

[8] Adorno R., "International Policy and a Universal Conception of Human dignity", in S. Dilley and N. J. Palpant (eds), Human Dignity in Bioethics: From worldviews to the public square, New York and London: Routledge, 2013, p. 136.

[9] Stephanie Woolhandler and David Himmelstein, "The Body and the State: How the State Controls and Protects the Body, Part II", *Social Research* Vol. 78, No. 3, 2011, pp. 723 – 724.

[10] Tokuko Munesue, "The Right to Health in Japan: Its Implications

and Challenges", in Brigit Toebes ed., "The Right to Health. A Multi-Country Study of Law, Policy and Practice", *Springer*, 2014, pp. 125 – 127.

[11] Zahara Nampewo, Jennifer Heaven Mike & Jonathan Wolff, "Respecting, protecting and fulfilling the human right to health", *International Journal for Equity in Health*, Vol. 21, Issue 1, 2022, p. 7.

四、网站及其他

[1]《急不可耐　特朗普为何叫停奥巴马医保计划》,载新浪财经:http://finance.sina.com.cn/stock/usstock/c/2017 – 01 – 24/doc-ifxzuswq3309188.shtml? cre = tagspc&mod = g&r = user&pos = 4_1,最后访问日期:2024 年 6 月 15 日。

[2]《深入推进科学立法民主立法》,载人民网:http://npc.people.com.cn/n/2014/1031/c14576 – 25948933.html,最后访问日期:2024 年 6 月 15 日。

[3]《健康与人权》,载世界卫生组织:http://www.who.int/mediacentre/factsheets/fs323/zh/,最后访问日期:2024 年 6 月 15 日。

[4]《香烟背后的账单》,载和讯网:http://news.hexun.com/2015 – 07 – 03/177261577.html,最后访问日期:2024 年 6 月 15 日。

[5]《温州一批 20 年产权土地使用权到期需三分之一房价续地》,载新浪浙江:http://zj.sina.com.cn/news/d/2016 – 04 – 15/detail-ifxriqqv5812435.shtml,最后访问日期:2024 年 6 月 15 日。

[6]《天价乌木的归属之争》,载法制网:http://www.legaldaily.com.cn/zmbm/content/2012 – 07/10/content_3697368.htm? node = 20349,最后访问日期:2024 年 6 月 15 日。

[7]《卫生立法应凝聚社会共识——访清华大学法学院教授王晨光》,载人民网:http://health. people. com. cn/n1/2016/0518/c398004 - 28358829. html,最后访问日期:2024 年 6 月 15 日。

[8]《中国的医改这些年做了什么?》,载新浪财经:http://finance. sina. com. cn/zl/china/20140501/115918982894. shtml,最后访问日期:2024 年 6 月 15 日。

[9]《中共中央国务院关于深化医药卫生体制改革的意见》,载中华人民共和国中央人民政府官网:http://www. gov. cn/test/2009 - 04/08/content_1280069. htm,最后访问日期:2024 年 6 月 15 日。

[10]李波、郑志丹:《医疗卫生领域的市场失灵和政府干预:中美医疗体制改革的经济学分析》,载财新周刊:http://magazine. caixin. com/2012 - 02 - 08/100354296_all. html,最后访问日期:2024 年 6 月 15 日。

[11]《"健康中国 2030"规划纲要》,载新华网:http://news. xinhuanet. com/health/2016 - 10/25/c_1119786029. htm,最后访问日期:2024 年 6 月 15 日。

[12]《究竟谁"害死"了魏则西?》,载百家号网:https://baijia. baidu. com/s? old_id = 434643,最后访问日期:2024 年 6 月 15 日。

[13]《环球网:英国指责布洛芬止痛药广告误导消费者》,载环球网:http://health. huanqiu. com/health_news/2016 - 06/9105605. html,最后访问日期:2024 年 6 月 15 日。

[14]《公共卫生全球化的挑战与机遇》,载汕尾是食品药品信息网:http://www. swfs. gov. cn/shownews. aspx? nid = 1853,最后访问日期:2024 年 6 月 15 日。

[15]《健康与人权》,载世界卫生组织:http://www. who. int/mediacentre/factsheets/fs323/zh/,最后访问日期:2024 年 6 月 15 日。

[16]《正起草的基本医疗卫生法已更名为医疗卫生与健康促进法》,载人民政协网:http://www.rmzxb.com.cn/c/2017-01-10/1276682.shtml,最后访问日期:2024年6月15日。

[17]《国务院医改办有关负责人解读〈关于建立现代医院管理制度的指导意见〉》,载新华社:http://www.gov.cn/xinwen/2017-07/26/content_5213541.htm,最后访问日期:2024年6月15日。

[18]《卫计委:医疗领域"放管服"改革顺利取得积极成效》,载新浪网:http://news.sina.com.cn/o/2017-08-12/doc-ifyixipt1213106.shtml,最后访问日期:2024年6月15日。

[19]《加快推进医疗体制改革的思考和建议》,载南海网—海南日报:http://news.163.com/15/0505/07/AOR9NFKN00014Q4P.html,最后访问日期:2024年6月15日。

[20]《解读〈关于进一步改革完善药品生产流通使用政策的若干意见〉》,载中国投资咨询网:http://www.ocn.com.cn/chanjing/201702/ochoz04113526.shtml,最后访问日期:2024年6月15日。

[21]《医保改革最新消息2017:医保支付将迎重要改革》,载网易新闻:http://forex.cngold.com.cn/gnrd/20170629d11024n159262283.html,最后访问日期:2024年6月15日。